教育部人文社会科学研究青年基金项目 （11YJC790152）研究成果

环境全要素生产率视角下的
中国省际经济差距研究

石风光 著

经济科学出版社

图书在版编目（CIP）数据

环境全要素生产率视角下的中国省际经济差距研究 /
石风光著 . —北京：经济科学出版社，2014. 12
ISBN 978 - 7 - 5141 - 5261 - 6

Ⅰ. ①环… Ⅱ. ①石… Ⅲ. ①区域经济发展 - 区域
差异 - 研究 - 中国 Ⅳ. ①F127

中国版本图书馆 CIP 数据核字（2014）第 281933 号

责任编辑：凌 敏 张 力
责任校对：隗立娜
责任印制：李 鹏

环境全要素生产率视角下的中国省际经济差距研究
石风光 著
经济科学出版社出版、发行 新华书店经销
社址：北京市海淀区阜成路甲 28 号 邮编：100142
教材分社电话：010 - 88191343 发行部电话：010 - 88191522
网址：www. esp. com. cn
电子邮件：lingmin@ esp. com. cn
天猫网店：经济科学出版社旗舰店
网址：http://jjkxcbs. tmall. com
北京密兴印刷有限公司印装
710×1000 16 开 13 印张 220000 字
2014 年 12 月第 1 版 2014 年 12 月第 1 次印刷
ISBN 978 - 7 - 5141 - 5261 - 6 定价：32. 00 元
（图书出现印装问题，本社负责调换。电话：010 - 88191502）
（版权所有 侵权必究 举报电话：010 - 88191586
电子邮箱：dbts@ esp. com. cn）

前　言

自改革开放以来，我国经济取得了前所未有的发展成就，为世界所瞩目。但在经济快速增长的同时，我国地区之间也形成了较大的发展差距。中国经济高速增长背后的关键因素是什么？这些因素对中国经济增长的地区差距又会产生怎样的影响？如何缩小中国地区经济差距？这些都是当前政府和学术界所关注的热点问题。

全要素生产率是促进经济增长的重要因素，因而研究地区经济增长差距问题就不能绕开全要素生产率。特别在当前我国正处于转变经济发展方式，实现经济的全面协调可持续发展的关键时期，从资源节约、环境友好的角度出发，研究全要素生产率对地区经济增长的贡献，从而进一步分析其对地区经济差距的影响及作用机制，显得十分必要。本书主要探讨环境全要素生产率水平、环境全要素生产率增长率以及环境全要素生产率的收敛性对中国省际经济差距的影响，在此基础上提出促进中国省区经济协调可持续发展的对策建议。本书在考虑包括多种投入、多产出因素（包括环境污染）的条件下，对我国省区经济的增长进行核算和分解，从而客观地测评我国省区经济增长的效率和模式，进而运用动态计量方法和空间计量方法分析环境全要素生产率和投入因素对我国省际经济差距的影响并提出相应对策，这些成果可为政府决策和相关政策的制定提供一些借鉴和参考。

笔者过去曾对全要素生产率与地区经济差距的关系做过初步研究，并取得了一些研究成果，但这些研究均不系统、不深入，并且没有考虑环境因素的影响。在国家大力提倡经济转型发展的大背景下，从资源环境角度出发重新审视全要素生产率与地区经济差距问题将有着更重要的现实意义。承蒙教育部人文社会科学研究青年基金的资助，笔者才得以顺利地完成这项研究，并将研究成果以学术专著的形式出版，在此对于所有给予我帮助的单位和人员表示衷心感谢！

石凤光

2014 年 9 月 17 日

目　　录

第一章 导   论

一、选题的背景及意义

地区经济差距一直是我国政府和学术界关注的热点问题。尽管国家实施的"中部崛起"和"西部大开发"战略在一定程度上遏制了20世纪90年代以来我国地区差距持续扩大的势头，但地区差距问题并未得到根本性的解决。经济发展不平衡是区域发展过程中客观存在的现象，几乎每个国家和地区在经济发展中都会碰到这一问题。适度的地区差距可以成为地区发展的动力，但这种差距的长期存在和过分拉大不但会极大地妨碍资源的有效配置和整体经济效率的提高，而且也会妨碍社会整体福利水平的提升和稳定政治局面的实现。因而，缩小地区发展差距对于保持我国经济持续快速增长和社会繁荣稳定具有十分重要的现实意义，它不仅是一个重大的经济问题，而且也是一个重大的社会和政治问题。当前是我国地区经济系统承前启后、实现均衡发展的关键时期。如何在这一时期有效地缩小地区经济差距，实现区域协调发展，已成为关系到社会主义现代化建设进程的历史性课题。

要缩小地区经济差距就必须先通过对经济增长源泉的分析来探寻地区差距的来源。尽管影响地区经济增长的因素众多，但总体上可以将其分为两大类：一是投入因素，二是效率因素。投入因素是指资本、劳动力及自然资源的投入数量和质量；效率因素即全要素生产率（TFP），是指除投入因素以外的促进经济增长的因素，它不但包括先进的工艺、专利、技术创新、高技术设备等直接技术因素，还包括资源配置效率、组织制度变迁、经济周期以及社会文化等非技术因素。近年来，众多学者对中国地区差距进行了细致的研究，并且尝试用固定资产投资、外商投资、人力资本等因素解释其形成原因，但现有的研究大部分都集中于对地区产出和要素投入差异的分析，没有将全要素生产率特别是考虑环境因素的全要素生产率作为地区差距问题的研究对象。

环境全要素生产率是考虑非期望产出条件下，剔除生产要素有形投入贡献后得到的"残差",它能够有效地反映经济活动的投入产出效果,是衡量一个国家或地区经济增长质量、效益及可持续发展水平的重要指标。从理论上看,由于投入要素具有边际报酬递减的性质,一个国家和地区的经济要获得持久地增长还必须依靠环境全要素生产率的提高。而从现实来看,随着现代经济的快速发展,在许多国家和地区,特别是发达国家和地区,用资本和劳动投入要素来说明经济增长的部分越来越小,而用环境全要素生产率来说明的部分则越来越大。可见,环境全要素生产率在地区经济增长中扮演着越来越重要的角色,而从环境全要素生产率的视角来研究地区经济增长差距问题也显得十分必要。

本书的总体研究目标是利用省区面板数据来测算各省区的环境全要素生产率水平、环境全要素生产率增长率及其构成,从而揭示出省区环境全要素生产率的差距及变化规律,进而分析其对经济增长和地区差距的影响及作用机制,为缩小地区经济差距、实现区域协调发展政策的制定提供实证支持。本书的具体目标是:第一,利用多种指标和方法测算中国省际经济差距的变化趋势和特点,为进一步深入研究地区差距的成因做好铺垫;第二,测算环境全要素生产率水平、环境全要素生产率增长率及其构成,分析它们对地区经济增长和地区差距的影响及贡献;第三,分析环境全要素生产率与产出的收敛性及其相互关系;第四,分析环境全要素生产率的影响因素,确定其来源;第五,提出缩小省际经济差距的相关对策建议。

全要素生产率是宏观经济学的重要概念,也是分析经济增长源泉的重要工具,尤其是政府制定长期可持续发展政策的重要依据。从环境全要素生产率视角研究地区差距丰富了地区差距的研究内容,使地区差距成因的研究更加全面合理,同时也可以进一步验证 Hall 和 Jones(1999)的"欠发达地区与发达地区的巨大收入差距的主要根源是全要素生产率的巨大差距"这一著名论断在中国是否成立,因而具有重要的理论意义。另外,环境全要素生产率有助于进行经济增长源泉分析,即分析各种因素(投入要素增长、技术进步和能力实现等)对地区经济增长的贡献,从而能够识别要素投入和环境全要素生产率分别在多大程度上造成了地区经济差距,以确定经济政策是应以增加资本积累(物质资本和人力资本)为主,还是应以调整经济结构、促进技术进步实现转型发展为主,因而环境全要素生产率研究可以为政府决策提供理论支持。

近年来,我国经济快速增长,各项建设取得巨大成就,但也付出了巨大的资源和环境代价，经济发展与资源环境的矛盾日趋尖锐，这种状况与经济结构不合理、增长方式粗放直接相关。转变经济发展方式、实现经济社会的全面协调可持续发展，已成为我国当前和今后较长时期内的一项重要战略任务。2005 年召开的党的十六届五中全会明确提出了"建设资源节约型、环境友好型社会"的目标，并首次把其确定为国民经济与社会发展中长期规划的一项战略任务，使之成为我国的一项基本国策。2007 年，党的十七大进一步提出了加快转变经济发展方式的战略任务，2010 年"两会"期间，党和国家又将加快经济发展方式的转变提到了前所未有的高度。2012 年，党的十八大对加快转变经济发展方式进行了新部署，提出了"一个立足点"、"四个着力"和"五个更多"的要求，这为我国当前和未来经济发展进一步指明了方向。

"十二五"时期是我国全面建设小康社会的关键时期，是深化改革开放、加快转变经济发展方式的攻坚时期，同时也是地区经济系统承前启后、化解各种深层次矛盾、实现区域协调发展的关键时期。为加快转变经济发展方式，促进区域经济的全面协调可持续发展，从资源节约、环境友好的角度出发，研究地区经济增长的源泉和效率，从而进一步分析其对地区经济差距的影响及作用机制，则显得至关重要。转变经济发展方式强调要促进经济增长由主要依靠增加物质资源消耗向主要依靠科技进步、劳动者素质提高、管理创新转变，这关系到改革开放和社会主义现代化建设的全局，是我国经济领域的一场深刻变革。我国当前经济发展整体上还处在"要素驱动型"而不是"技术、创新驱动型"阶段，资源消耗过大，环境污染严重，科技贡献率低。要实现我国经济发展方式的转变就必须大力促进技术创新，努力提高环境技术效率和资源配置效率，并进一步完善组织结构，提高管理水平。因此，重视环境全要素生产率，从环境全要素生产率这一视角研究我国的经济增长和地区差距，对于当前贯彻落实科学发展观，实现我国经济发展方式的根本转变和区域经济的协调发展具有极其重大的现实意义。基于这一考虑，本书拟开展这一具有重要理论意义和实践意义的尝试性研究。

第一，本书能够在考虑环境因素的条件下，科学地评价我国省区经济增长的源泉和效率。本书通过构建考虑多投入（包括物质资本、人力资本、劳动力）、多产出（包括 GDP 及环境污染物）的经济增长绿色分解模型，对中国省区的经济增长进行核算和分解，在此基础上，对各省区的经济增长来源和效率进行比较与评估。这比不考虑环境和效率因素的相关研究更为客观更为科学。

第二，本书能够从动态和空间视角揭示各经济增长源泉对中国省际经济差距的影响及作用机制。本书在中国省区经济增长绿色分解的基础上，运用动态计量方法和空间计量方法分析省际经济差距的决定机制，这可以弥补相关研究仅把各经济体视为孤立个体而进行静态分析的缺陷，在计量方法上是对地区差距研究的一个拓展。

第三，本书能够为实现我国区域经济的全面协调可持续发展政策的制定提供理论支持。本书在经济增长绿色分解基础上，分析各增长源泉对中国省际经济差距的影响及作用机制，并深入探讨转变经济发展方式，缩小区域经济差距，实现我国经济的全面协调可持续发展，这可以为相关政府部门的决策提供科学依据和重要参考。

二、研究的主要内容

本书在梳理总结全要素生产率理论及计量方法的基础上，对国内外的相关研究进行了评述，突出了环境全要素生产率在地区经济增长和地区差距研究中的重要地位。同时利用省区面板数据对中国省际经济差距进行了测算，并对其进行了细致的分析与描述。本书重点分析了环境全要素生产率水平、环境全要素生产率增长率及其构成对地区差距的影响，同时对省区环境全要素生产率的来源进行了计量分析。具体内容安排如下。

第一章导论。首先介绍选题的背景及意义，突出从环境全要素生产率视角研究地区经济增长和地区差距的必要性和重要性，然后介绍本书的研究内容及框架安排，给出了相关研究方法、数据来源及技术路线。

第二章理论与文献综述。首先，对全要素生产率的内涵及理论发展进行介绍，并从要素投入和全要素生产率两个方面介绍了有关经济增长源泉的论争。其次，对全要素生产率测算方法进行梳理，并对各种测算方法的优缺点进行了评析。最后，从总量、具体部门或行业以及区域三个方面对全要素生产率的相关研究文献进行综述。

第三章中国省际经济差距概况。本章首先介绍中国省际经济差距的状况、趋势，然后对地区差距测量方法进行介绍，接着将利用泰尔指数、增长回归法及马尔可夫链方法对中国省际经济差距进行实证检验，最后分析中国省际经济差距的成因。

第四章环境全要素生产率水平与中国省际经济差距。本章首先采用考虑环境因素的修正索洛模型测算中国省区环境全要素生产率水平，然后利用动态分布法分析要素投入、环境全要素生产率及劳均产出的分布状态；为进一步明确要素投入、环境全要素生产率与省际经济差距之间的长短期关系，本章内容利用协整技术检验了三个变量的长期均衡关系，同时还进行了格兰杰因果检验、脉冲响应分析和方差分解分析。

第五章环境全要素生产率构成与中国省际经济差距。本章利用前沿技术方法对我国 1985～2010 年各省区环境全要素生产率及其构成进行测算和分析，在此基础上，利用经济增长的四重分解模型对中国省区劳均产出进行分解。本章利用核密度方法分析要素投入、环境全要素生产率及其构成对省区经济增长贡献的动态分布状况，同时还利用状态空间模型的 Kalman Filter 方法分析环境全要素生产率各成分对省际经济差距的影响程度及变化趋势。

第六章环境全要素生产率收敛性与中国省际经济差距。本章的具体安排是：首先对中国省区劳均产出和环境全要素生产率进行 σ 收敛和绝对 β 收敛分析和比较，然后建立基于空间面板数据的空间滞后和空间误差 β 收敛模型，利用这两种模型对中国省区劳均产出和环境全要素生产率的收敛性进行测算分析。最后在 Maudos 等（2000）所用方法的基础上，建立基于空间面板数据的收敛性贡献分析模型，测算环境技术进步、环境技术效率、环境全要素生产率、劳均资本积累和人力资本效应对劳均产出收敛性的影响。

第七章中国区域协调可持续发展的路径选择。本章选定研发投入、人力资本、进口、出口、外商直接投资以及工业化水平六个变量作为解释变量，省区环境全要素生产率水平、环境全要素生产率增长率及其构成作为被解释变量，利用基于 Panel Data 模型对中国省区环境全要素生产率的影响因素进行计量分析。在此基础上，结合美国、日本区域协调发展的成功经验，提出缩小我国地区经济差距，实现区域协调可持续发展的对策建议。

三、 主要研究方法与技术路线

（一）主要研究方法

通过大量的检索、阅读和分析国内外有关全要素生产率和地区差距的研究文献，了解国内外对这一问题的研究现状、研究方法及研究不足，形成本书的研究思路。在利用国家和省区统计年鉴收集整理相关数据的基础上，采用理论分析与实证检验相结合、定性分析与定量分析相结合的办法，大量采用统计学、计量经济学方法进行有关环境全要素生产率与省际经济差距的实证分析和测算，其中用到了 Eviews6.0、DEAP、Front、Stata10.0、Matable6.5、Lingo 及 Geoda095i 等软件。

具体来看，本书采用修正索洛模型测算中国省区 1985～2010 年的环境全要素生产率水平，通过协整检验建立了要素投入、环境全要素生产率水平及劳均产出 VAR 模型，在此基础上进行了格兰杰因果检验、脉冲响应分析和方差分解，以检验环境全要素生产率水平对中国省际经济差距的影响。采用数据包络分析法（DEA）测算中国省区环境全要素生产率增长率及其构成，并利用经济增长的四重分解模型分析各变量对省区经济增长和地区差距的贡献。同时利用劳均产出核密度分布"标杆法"分析要素投入、环境全要素生产率、环境技术进步、环境技术效率、资本深化及人力资本对省区经济差距的影响，为了将这些因素对省际经济差距的影响具体化，本书还通过建立状态空间模型，运用 Kalman Filter 方法分析了各变量对省际经济差距的动态影响及趋势。对于环境全要素生产率收敛性对省际差距的影响，本书采用了基于空间面板数据的空间滞后模型和空间误差模型进行相关分析，对于环境全要素生产率来源采用了 Panel Data 模型进行测算分析。本书所采用的研究方法可简单总结如下：

第一，基于方向性距离函数的数据包络分析法和经济增长的四元分解法：用于环境全要素生产率测算和经济增长源泉的分解。

第二，动态分析法和空间分析法：利用虚拟增长分布法、脉冲响应及卡尔曼滤波方法分析经济增长源泉对中国省际经济差距的动态影响及变化趋势。利用空间收敛分析方法分析经济增长源泉的空间特征及收敛机制。

第三，增长回归法和面板数据回归法：利用增长回归法对各经济增长源泉进行 β 收敛分析，以确定造成中国省际经济差距持续扩大的根本原因。利用面板数据回归法分析省区环境全要素生产率影响因素，为对策建议的提出提供理论支持。

（二）数据来源

实证计量分析是本书的重要组成部分，由于本书研究的是 1985～

2010 年中国内地 28 个省区的经济增长和地区差距①，因而需要用到大量的统计数据，而数据的来源和数据的质量对研究结论的可靠性至关重要。本书的研究数据主要来源于权威的出版物，包括历年全国和各省区统计年鉴、《新中国 60 年统计资料汇编》、《中国科技统计年鉴》、《中国环境统计年鉴》等。

有些指标个别省区个别年份的数据缺失，我们采用插值法进行了弥补。由于统计年鉴上的数据大多是按当年价格计算的，不能够直接用于计算分析，因而我们对其按 1978 年不变价格进行了折算，而其他的一些比率数据则均是按当年价格计算得来的。

另外，本书还将中国 28 个省区按照传统方法划分为三大地区，其中东部地区包括北京、天津、河北、辽宁、山东、江苏、上海、浙江、福建、广东这 10 个省区；中部地区包括山西、吉林、黑龙江、安徽、江西、河南、湖北、湖南这 8 个省区；西部地区包括内蒙古、广西、四川、贵州、云南、陕西、甘肃、青海、宁夏、新疆这 10 个省区。

（三）研究的技术路线

本书按照"问题的提出——▶环境全要素生产率的测算——▶环境全要素生产率对中国省际经济差距的影响机制分析——▶相关对策及路径设计"的总体思路展开研究。第一，利用修正索洛模型测算出各省区历年的环境全要素生产率水平，并通过计量方法分析其对省际经济差距的影响；第二，利用数据包络分析法对环境全要素生产率进行分解，分析各构成部分对省区经济增长和地区差距的影响；第三，分析省区劳均产出、环境全要素生产率的收敛性及相互关系；第四，又对省区环境全要素生产率影响因素进行了计量分析；第五，对实证分析结果进行总结，结合发达国家的区域协调发展经验给出相关政策建议。遵循上述思路，给出研究的技术路线如图 1-1 所示。

---

① 西藏和海南相关数据缺失较多，本书未将其列入分析范围；重庆成立直辖市的时间较短，按照通常做法我们将其相关数据并入四川计算。为了行文方便，本书将所有的省、自治区和直辖市统称为"省区"。

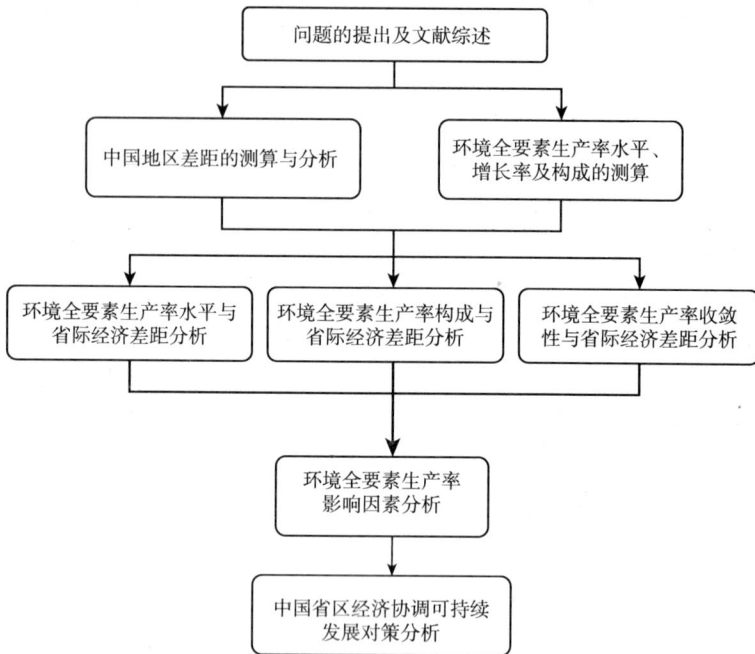

图 1-1 研究技术路线

第二章　理论与文献综述

　　全要素生产率是探求经济增长源泉的重要工具，同时又是衡量经济增长质量和效益的重要标准，正因为如此，全要素生产率越来越被人们所重视。自第二次世界大战以后，国际上生产率研究的重点从偏要素生产率转向全要素生产率，这标志着现代生产率问题研究的开始。在短短几十年里，全要素生产率理论得到了不断的充实和完善，特别是在先进计算软件的支持下，全要素生产率的计算分析更加准确和细致。当今在以信息技术为基础的新技术革命推动下，世界经济得到极大发展，人们将目光更多地投向了全要素生产率，使之成为学术界研究的热点，相关成果层出不穷。本章首先介绍全要素生产率内涵及其理论发展过程，然后对全要素生产率的测算方法进行总结和梳理，最后对相关实证研究进行评述。

一、技术效率及构成

　　技术效率是用来衡量在现有的技术水平下，在相同的投入规模、投入比例及市场价格条件下生产者获得最大产出（或投入最小成本）的能力，表示生产者的实际生产活动接近前沿面的程度。它本质上是一种适应性效率，反映了现有技术使用的有效程度，即生产者的技术效率越高，对现有技术的利用程度越高。技术效率的高低更多地受到管理水平、管理方法、经济体制、市场结构、产权制度等制度性因素的影响，组织现行的相关制度对企业目前拥有的技术适应性越强，越有利于完全释放现行生产技术的潜能，从而提高组织的产出（魏世红，2008）。由技术效率的定义可以看出，在现有的技术水平下，生产者的产出能否达到理论最大产出，依赖于技术效率水平的高低。因此，在投入不变，不考虑技术进步的情况下，一个评价单元的产出取决于技术效率的高低。

　　如图 2-1 所示，假设规模经济不变，X_1 和 X_2 表示两种投入，Y 为产出。

在固定规模报酬下，有技术效率的决策单元（DMU）的投入组合会落在 SS′线上（称为包络线），相对无效的决策单元则落于 SS′线右上方。假定决策单元生产 Y 使用投入量为 P 点，则 QP 距离称为技术无效率，通过效率提升后，可将该部分投入完全减少而不会影响产出水平；一般是以百分比 QP/OP 衡量投入可减少的比率，而其对应技术效率值（TE）为：

$$TE = \frac{OQ}{OP} = 1 - \frac{QP}{OP} \tag{2.1}$$

TE 的值介于 0～1 之间，1 代表有技术效率，若其值小于 1，则代表存在无效率情况，这即 CCR 模型。

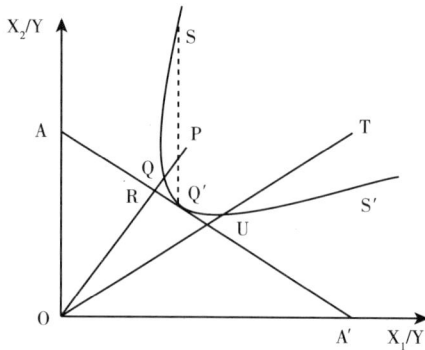

图 2-1 技术效率示意

CCR 模型将决策单元分为两类：有效和无效，对于多个同时有效的决策单元则无法作出进一步的评价与比较。而超效率模型则弥补了这一缺陷，使有效的决策单元之间也能进行比较。其基本思想是：在评价某个决策单元时，将其排除在决策单元的集合之外。如图 2-1 所示，在计算 Q 点的效率值时，将其排除在决策单元的参考集之外，则有效生产前沿面就由 SQQ′S′变为 SQ′S′，Q 点的效率值变为 TE = OP/OQ > 1，而原来就是 DEA 无效的 T 点，其生产前沿面仍然是 SQQ′S′，评价值与 CCR 模型一致，仍为 TE = OU/OT < 1。由以上分析可知，超效率模型测算的技术效率水平可以超过 1，从而使多个地区具有相同效率水平的可能性大大降低，满足了我们对所有决策单元评价和排序的需要，其合理性和适用性大大增强。

技术效率又可以进一步分解为纯技术效率和规模效率。纯技术效率是指在考虑规模报酬影响的情况下，各决策单元在给定资源投入下输出最大产出的能力。它测度当规模报酬可变时，企业与生产前沿面的距离。规模效率是指决策单元由于处于规模报酬递增或递减阶段时，偏离固定规模报酬的程度。即只有处于固定规模报酬阶段的决策单元才是规模有效的，处于递增规模报酬阶段及递减规模报酬阶段的决策单元都是规模相对无效的。它测度当规模报酬可变时，生产前沿面与规模报酬不变时的生产前沿面的距离。

上述含义可由 Banker、Charnes 和 Cooper 于 1984 年提出 BCC 模型加以描述，BCC 模型与 CCR 模型相比，将效率评估从处于固定规模报酬的决策单元扩展到了处于变动规模报酬的决策单元。我们以单一投入（X）及单一产出（Y）的简化形式说明 BCC 模式下的效率情况。在图 2－2 中，第 P 个决策单元，在固定规模报酬情况（CRS）下，为生产 OA 的产出，其技术无效率为 PcP，但在变动规模报酬（VRS）下，其技术无效率仅为 PvP，两者之差距为 PcPv，这个差距源于规模无效率。

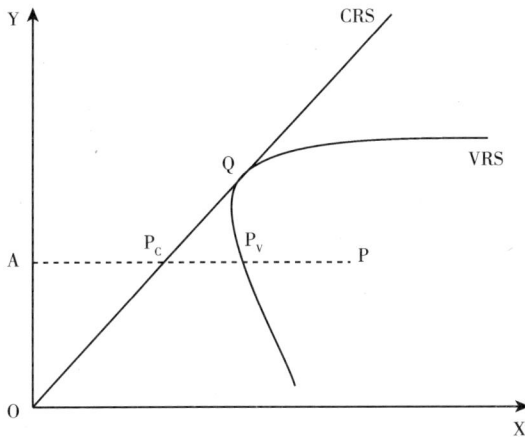

图 2－2　BCC 模型下的效率衡量

这样我们就可以把式（2.1）中的技术效率分解为纯技术效率（PEC）和规模效率（SEC）：

$$PEC = \frac{AP_V}{AP} \tag{2.2}$$

$$SEC = \frac{AP_C}{AP_V} \tag{2.3}$$

$$TE = PEC \times SEC \tag{2.4}$$

即：

$$技术效率 = 纯技术效率 \times 规模效率$$

二、全要素生产率的内涵

判断一个国家和地区经济增长状况，不仅要看增长速度，更要看其增长质量。经济增长质量的核心内容是效率，而生产率则是衡量经济增长质量和效率的重要指标，因而生产率的研究自然被人们所重视，并始终是经济研究的一个热点问题。所谓生产率，就是产出与投入之比，根据分析对象及其度量复杂程度的不同可以把其分为单要素生产率和全要素生产率两类。单要素生产率是指一个经济系统在一定时期内，总产出与某一单项要素投入量的比率，即单位要素投入的产出量，如劳动生产率、土地生产率以及资本生产率等。单要素生产率具有计算简便、灵活和直观等优点，缺点是它只能孤立、片面和静止地反映经济系统的经济效率和管理效率。全要素生产率又称综合要素生产率，它是指总产量与全部要素结合在一起的投入量之比，是衡量单位总投入的总产量的生产率指标。由定义可知，全要素生产率的提高与生产要素单纯量的扩大没有关系，它的增长实际上是一种"余值"增长，即产出增长率中不能用劳动和资本等投入的增加来解释的剩余，这就意味着全要素生产率具有非常广泛的内涵，不仅包括先进的工艺、专利、技术创新、高技术设备和人才等直接技术因素，还包括经济周期、社会文化以及经济、社会制度的变迁等非技术因素。全要素生产率把一个经济系统的全部投入要素综合起来，全面地反映系统的投入、产出总体转换效率，能够比较客观地反映这一经济系统的宏观综合经济效益，是经济增长质量评估和经济增长源泉分析的重要工具。一些有影响的国际机构在进行经济研究时，经常把全要素生产率的变动作为考察经济增长质量的重要内容，如世界银行（WB）、经合组织（OECD）的有关中国发展的研究报告中都估算了中国全要素生产率的变动趋势。

全要素生产率的提高是技术进步、技术效率的改善以及要素配置效率的提高和规模经济等因素共同作用的结果。技术进步包括广义和狭义的两种。广义的技术进步是指新知识创造、新技术发明在社会生产中得到推广运用，并产生物质财富增值，从而不断提高社会经济效益的全部过程。它通常包括科学研究的新进展、新科技成果的推广应用和管理方法的改进，以及社会生产者本身的知识进展等方面。狭义的技术进步主要是指生产工艺、中间投入品以及制造技能等方面的革新和改进，从而可以实现用较少的投入生产出与以前一样多的产品，或者同样多的投入能够生产出更多的产品。一定的技术水平决定了从一定量的资源中能够得到的产品数量和质量的极限，技术水平可由一定的生产函数表现出来，而技术进步则可用等产量曲线的移动来表示。

20 世纪 50 年代，Koopsmans、Debreu 和 Shephard 等人提出了有关技术效率的定义，即在不减少其他产品产量或不增加投入成本的条件下，不可能再增加某种产品的产量，生产才是具有技术效率的。Nishinizu 和 Page（1982）最先把技术效率引入经济增长的分析，并把全要素生产率分解为技术进步与效率变化两个部分。而在技术效率概念被提出之前，生产率的变化一直都被认为是由技术进步引起的，而技术的利用效率则被长期忽略了。

Farrell（1957）进一步给出了成本效率（Cost Efficiency）的定义，并说明了如何将成本效率分解为技术效率（Technical Efficiency，TE）和配置效率（Allocative Efficiency，AE）两部分。其中技术效率反映给定投入时企业获取最大产出的能力，配置效率反映给定投入价格时企业以适当的比例使用各项投入的能力。若已知投入价格比，如 AA′，则 P 点的配置效率为：

$$AE = \frac{OR}{OQ} \tag{2.5}$$

这里，R、Q 代表了与处于技术有效的 Q 点相比，处于配置有效（同时也是技术有效）的 Q′点所能节约的生产成本。Farrell 的总经济效率由技术效率和配置效率构成：

$$EE = TE \times AE = \frac{OQ}{OP} \times \frac{OR}{OQ} = \frac{OR}{OP} \tag{2.6}$$

由于生产单位的生产函数事实上是未知的，Farrell（1957）建议可以根据样本数据来估计函数，使用的方法为参数函数法，如柯布—道格拉斯生产函数，或者线性规划法。前一种方法被 Aigner 等研究者采用，随后发展出随机前沿方法（SFA）；后一种种方法被 Charnes、Cooper 等研究者采用，发展出数据包络分析方法。前者以回归分析为主要分析工具，后者采用的最重要的分析方法是线性规划技术（贺胜兵，2009）。

三、全要素生产率理论的发展

定量研究生产率对经济增长的作用始于道格拉斯提出的生产函数理论，早期生产率的研究主要是单要素的生产率分析，如劳动生产率、资本生产率等。荷兰经济学家丁伯根（Tinbergen）1942 年在《世界经济文献》杂志上发表了一篇题为《关于趋势运动的理论》的著名论文。在该文中，丁伯根定义了全要素生产率，并比较研究了法国、德国、英国和美国 4 个国家 1870 ~ 1914 年的实际产出、实际要素投入和要素生产率的变动趋势。所以，西方经济理论界公认丁伯根不仅首次提出了全要素生产率，而且开创了比较研究不同国家全要素生产率的先例。丁伯根在生产函数模型中增加了一个用以表示生产效率的时间趋势，把产出作为劳动投入、资本和时间的函数，并将经济增长的原因分为投资和生产率两大类，但他提出的全要素生产率中只包括劳动与资本的投入，没有考虑研究与发展、教育与培训等无形要素的投入。由于丁伯根的研究最初是用德文发表的，因此，直到 1955 年才为英语国家的经济学家所了解。美国著名经济学家施蒂格勒（G. J. Stigter）也于 1947 年独立地提出了全要素生产率，并对其进行了研究。他计算了美国制造业的全要素生产率，其研究方法是用边际产品加权实际资本投入和劳动投入以测度实际要素投入，在此基础上测度全要素生产率。

以丁伯根和施蒂格勒的研究为开端，国外的学者开始了对全要素生产率的理论、方法、应用等各方面的研究。1957 年，索洛进一步扩展了生产函数的概念，提出了具有规模报酬不变特性的总量生产函数和增值方程，从数量上确定了产出增长率、技术进步率与各投入要素增长率的产出效益之间的联系。在技术进步条件下，柯布—道格拉斯生产函数可以表示如下：

$$Y(t) = A_0 e^{\lambda t} L(t)^{1-\alpha} K(t)^{\alpha} \qquad (2.7)$$

其中，λ 取决于技术进步的状况；A_0 为基年技术水平。将式（2.7）两边取对数，得：

$$\ln Y(t) = (1-\alpha)\ln L(t) + \alpha \ln K(t) + \lambda t + \ln A_0 \qquad (2.8)$$

两边对 t 求导，有：

$$\frac{dY/dt}{Y} = (1-\alpha)\frac{dL/dt}{L} + \alpha\frac{dK/dt}{K} + \lambda \qquad (2.9)$$

式（2.9）中，$\dfrac{dY/dt}{Y}$就是收入增长率；$\dfrac{dL/dt}{L}$是劳动增长率；$\dfrac{dK/dt}{K}$是资本增长率。现分别改用 G_Y 表示收入增长率；G_L 表示劳动力增长率；G_K 表示资本增长率。则有：

$$G_Y = (1 - \alpha) G_L + \alpha G_K + \lambda \qquad (2.10)$$

其中，α 表示在收入的增量中，有多大份额是资本增长带来的；$1 - \alpha$ 表示在收入的增量中，有多少份额是由劳动力增长引起的。λ 的值不可能直接测定出来，因为技术进步融合在劳动和资本设备中，但是可以利用公式估算出来。

令 $G_A = \lambda$，由式（2.10）可得：

$$G_A = G_Y - (1 - \alpha) G_L - \alpha G_K \qquad (2.11)$$

后人将此种计算技术进步（生产率）的方法称为索洛余值法。索洛于1957 年发表了《技术变化和总量生产函数》一文，文章以上述理论为基础，分析美国 1909～1949 年的统计数据发现，在这 40 年间，技术进步大致是希克斯中性；技术进步率每年平均为 3.1%；技术进步对经济增长的贡献为87.5%，而资本投入的贡献仅占 12.5%。索洛余值法通过一些前提假设将复杂的经济问题简化处理，主要包括：市场条件为完全竞争市场；技术进步是非体现型的、希克斯所定义的中性技术进步；生产要素投入主要是资本和劳动，且资本和劳动在任何时候都可以得到充分利用等。然而，索洛余值法也正是由于这些前提假设，带来了它在使用上的局限性。首先，为了理论上的需要，他在前提假设中要求资本、劳动力得到充分利用，这与实际生产情况差别较大。其次，索洛的方法是借助经济计量和数学推导，用总生产函数间接地测定"余值"作为技术进步的贡献。这个"余值"是总产出增长率与各要素投入增长加权总和的差额。显然，"余值"不仅包含了狭义的技术进步，还包括了其他因素的影响，如创新、制度改进、管理水平的提高等。如果不能区分这些因素，将直接导致技术进步贡献率的高估。

在索洛研究的基础上，美国经济学家肯德里克（Kendrick）进一步完善了全要素生产率的概念，指出单要素生产率仅能测度某一生产要素的投入效率，而不能反映全部要素的效率变化，因此，只有将产出和全部要素联系起来，才能更为全面地衡量生产效率变化。他于 1961 年发表了一部划时代的著作——《美国的生产率趋势》，被理论界公认为是第一部把全要素生产率的理论方法应用于实际经济问题的著作。在该书中，肯德里克把全要素生产率定义为

"经济增长中不能被要素投入增长解释的部分"，即"增长余值"，其包含技术进步、技术创新的扩散程度、资源配置的改善、规模经济和管理水平的提高等因素。他运用全要素生产率对美国的国民收入统计资料进行了历史分析，把国民收入的增长区分为投入量的增加和生产率的提高两大因素，进而分析各自对经济增长所做的贡献。其全要素生产率是通过运用某时期产出量的动态相对数同该时期各种生产要素投入量的动态相对数之加权平均数相比较得出，具体计算公式为：

$$TFP = \frac{Y^{(t)}/Y^{(0)}}{\alpha(K^{(t)}/K^{(0)}) + (1-\alpha)(L^{(t)}/L^{(0)})} \qquad \alpha = \frac{\partial Y}{\partial K}\frac{K}{Y} \qquad (2.12)$$

式（2.12）中，Y 为产出；K 为资本投入；L 为劳动投入；上标 t 和 0 分别表示第 t 期和基期；α 为产出的资本弹性。肯德里克拓展了全要素生产率的内涵，使全要素生产率不仅包括技术进步因素，还包括其他的一些非技术因素，但其有关全要素生产率的计算过程并没有突破索洛所提供的核算框架。

丹尼森（Denison）在肯德里克的全要素生产率概念基础上，发展了索洛的"余值"测算方法，将投入要素分类更加细化。丹尼森把经济增长因素分为两大类：生产要素投入量和生产要素生产率。关于生产要素投入量，丹尼森把经济增长看成是劳动、资本和土地投入的结果，其中土地是不变的，其他两个则是可变的。单位投入量的产出量（即产量与投入量之比），也就是要素生产率，主要取决于资源配置状况、规模的节约情况和知识进展。具体而言，丹尼森把影响经济增长的因素归结为七个。即：一是就业者人数和他们的年龄性别构成；二是工作时数；三是就业人员的受教育程度；四是资本存量的规模；五是资源配置状况；六是规模的节约（以市场扩大来衡量）；七是知识进展。其中前四个是投入量方面的因素，而后三个为要素生产率方面的因素。在1974 年出版的《1929 ~ 1969 年美国经济增长的核算》一书中，丹尼森根据美国国民收入的历史统计数字，对上述各个经济增长因素进行了考察和分析。根据丹尼森的计算，1929 ~ 1969 年的 40 年中，总投入量对经济增长的贡献为54.4%，要素生产率的贡献是 45.6%。就总投入量来看，劳动投入量所占比重最大，高达 72% 以上。从单位投入量来看，知识进展所占的比重最大，达到 60% 以上。另外，按照丹尼森的计算，通过比较 1929 ~ 1969 年知识进展和劳动力完成的工作量在总的平均增长率中所占的比重发现，知识进展所占的27.6% 的比重高于包括就业和工时在内的劳动力完成的工作量所占 25.8% 的比重。据此，丹尼森得出其研究结论：影响经济增长的因素主要有要素投入量和要素生产率两大类。要素生产率的增长对经济增长起着越来越重要的作用，而知识进展（技术、管理及其应用）则是对经济增长影响最大、最重要的因素。

美国经济学家乔根森（Jorgenson）对全要素生产率的研究从某种意义上说是从对丹尼森研究方法的详细考察开始的。乔根森1967年发表了一篇评论丹尼森方法的论文《解释生产率的变动》，文中指出了该研究方法中的几个明显的问题：一是在丹尼森的研究中混淆了折旧与重置的区别；二是在处理总产品的测定中的折旧时和处理资本投入测定中的重置时存在方法上的不一致。同时，他提出了新的资本投入测定方法，克服了丹尼森方法中的内部不一致性。此后，乔根森采用比丹尼森更为精确的方法对1948～1979年美国经济增长进行了估算，将全要素生产率增长率对美国经济增长的贡献缩减到了23.6%，位居资本与劳动之后。

四、 经济增长源泉的论争

（一） 西方经典理论的经济增长源泉观

在古典经济增长理论中，决定经济增长的因素被归纳为三要素，即土地、劳动力和资本。由于土地是固定的，而劳动力和资本是相对可变的，因而对经济增长的解释主要集中在劳动力和资本两要素上，也就是说，在古典经济增长理论中，经济增长取决于劳动力投入和资本投入。亚当·斯密认为，分工引起的劳动生产率的提高和生产劳动在全部劳动（包括生产劳动和非生产劳动）中所占比例是决定国民财富增长的主要因素，而生产劳动则依存于资本积累的数量。由此不难看出，斯密虽然认为劳动是一切财富的源泉，但其分析最终还是滑向了"资本决定论"，得出资本和资本积累才是经济增长根本推动力量的结论。李嘉图的经济增长理论尽管是从收入分配的角度来考虑地租、工资和利润对经济增长的影响，但这实际上强调了资本在经济增长中的决定性作用，其观点与斯密基本上是一致的。

从凯恩斯理论发展起来的哈罗德—多马模型把经济增长过程中的中心问题看作是预期的投资如何能够不断地和增长着的储蓄相等，即经济增长率的确定就是要实现长期化、动态化的投资等于储蓄，这实际上是把资本积累看作是促进经济增长的唯一因素。由索洛创立的新古典经济增长理论则不认同哈罗德—

多马模型的"资本积累决定因素论"，提出技术进步对经济增长具有重大贡献的观点。索洛在 1957 年提出全要素生产率分析方法，并应用这种分析方法检验新古典增长模型时发现，资本和劳动的投入只能解释 12.5% 左右的产出增长，另外 87.5% 的产出增长被归为一个外生的、用以解释技术进步的余数，从而确立了"技术进步决定经济增长"的观点。新古典增长理论把技术进步置于增长过程的核心地位，认为技术进步是经济增长的主要动力。但它同时认为技术进步是外生的，从而否认了经济分析可以说明技术进步过程。新剑桥经济增长理论认为，在既定的技术水平下，经济增长率决定于利润率的高低以及资本家和工人两个阶级的储蓄倾向，即强调资本积累对经济增长的重要性，这实际上是哈罗德—多马模式的延伸。新剑桥经济增长理论还否定了新古典经济增长理论的思路——持续稳定增长决定于要素投入比例的变化和技术进步，认为要实现持续稳定增长必须靠国家政策对分配比例失调进行干预。

新经济增长理论认为，除了资本和劳动外，技术进步是促进经济增长的又一重要动力。该理论认为，技术是经济体制的主要部分，技术进步是经济运行中的内生变量，它与投入生产中的人力物力资源是成正比的。投资促进技术进步，技术进步反过来又使投资收益提高，这样一个良性循环能够长期稳定地提高经济增长率。因此，经济要保持增长，就要注重发明创新，不断提高科技水平。

（二）外国经济增长源泉经验研究简述

继索洛开创了经济增长源泉的经验研究先河之后，国外许多著名经济学家如库兹涅茨、丹尼森、查尔斯·琼斯（Charles Jones）等也都相继开展了对经济增长源泉的相关计量研究。库兹涅茨于 20 世纪 50 年代，在早年从事国民收入核算体系研究的基础上，通过对英、法、美等 14 个国家近百年的经济增长统计分析，发现人均 GNP 的增长，25% 归因于投入要素的增长，75% 归因于投入要素的效率，即生产率的提高，而投入要素生产率的提高主要是由技术进步引起的。因此，科学技术进步为现代经济增长开发了新的源泉。丹尼森也是一位研究增长核算的杰出学者，他在 1961 年发表的《美国经济增长的源泉》一书中，分析了美国 20 世纪前期的经济增长路径。利用美国 1905～1957 年的历史数据，丹尼森首先估算出资本和劳动力报酬占国民经济收入的比率、GDP年均增长值、资本和劳动力的年均增长值然后将估算值代入增长核算公式，结果发现，在美国年均 2.9% 的增长率中，有 1.575% 来自资本和劳动力数量的增加，剩下的 1.325% 是生产函数中要素投入所不能解释的，即来源于全要素生产率的变化。在考虑劳动力的质量即人力资本后，丹尼森研究发现，在美国年均 2.9% 的增长率中，有 2.25% 来自资本和劳动力数量及其质量的增加，残缺项即全要素生产率的贡献则缩小到 0.65%，这说明要素投入量的积累和质的提高可以解释大部分经济增长的源泉。查尔斯·琼斯对美国 20 世纪后半期经济增长源泉进行了分析（Jones，2002），研究发现，20 世纪六七十年代，美国全要素生产率以年均 1.9% 的速度增长，从而带动了总体经济的高速发展。但在 20 世纪七八十年代，西方发达国家的全要素生产率增长逐渐趋缓，美国的增长率突降到 0.2%，这一时期美国经济增长速度也随之下落。1960~1990 年这 30 年间，资本和劳动力数量的积累大约可以解释经济增长 2/3 的份额。如果再考虑资本和劳动力的质量，则全要素生产率的贡献会进一步缩小。因此，要素投入的增长可以解释一个国家大部分的经济增长，这和丹尼森的结论基本一致。美国学者赫尔坦（Hulten，2000）研究认为，美国在 1948~1973 年全要素生产率对经济增长的贡献高达 52.5%，而投入因素的贡献则为 47.5%，全要素生产率的提高是这一时期的最主要的经济增长源泉；而1948~1996 年全要素生产率对经济增长的贡献为 35.3%，这主要是 20 世纪 70 年代以来全要素生产率增长放慢所致。

（三）对中国经济增长源泉的论争

日本、新加坡、韩国等国家或地区为代表的东亚经济，在 20 世纪 50~90 年代曾先后取得了令人称羡的成就，创造了"东亚奇迹"。而克鲁格曼（Krugman，1994）则认为所谓的"东亚奇迹"就像 20 世纪五六十年代苏联的经济增长一样是不可持续的，因为增长中找不到全要素生产率的贡献，东亚经济的增长是依靠投资的增长而不是效率的增长，因此他认为"东亚无奇迹"。从此以后，关于中国经济增长源泉问题的探讨也逐渐引起了国内外学者的普遍关注，一些学者通过估算我国不同时期的全要素生产率来探寻经济增长的源泉，各类成果层出不穷。

李京文等（1996）首次对中国的生产率与经济增长问题进行了全面系统的分析，定量研究了 1978~1995 年资本、劳动和全要素生产率对经济增长的贡献，其结论是：1978~1995 年全要素生产率增长对经济增长的贡献为 39.85%，资本投入对经济增长的贡献为 46.84%，劳动投入对经济增长的贡献为 13.31%，要素投入是中国经济增长的主要源泉。王小鲁（2000）利用索洛余值法估算我国 1953～1999 年间全要素生产率增长率，得到的结论是：1953～1978 年间全要素生产率增长率为 -0.17%；1979～1999 年全要素生产率增长率为 1.46%，对经济增长的贡献率为 14.9%。张军和施少华（2003）通过对 1952～1998 年中国经济统计数据的回归发现，中国经济的全要素生产率呈现上升趋势，年均全要素生产率增长率大约为 1.07%，对产出增长贡献率为 13.9%，其中改革前全要素变动对产出增长的贡献为负值，改革开放后的 1979～1998 年间平均全要素生产率增长率大约为 2.81%，对产出增长的贡献上升到大约 28.9%。郭庆旺和贾俊雪（2005）在分析比较了全要素生产率四种估算方法的基础上，估算出我国 1979～2004 年的全要素生产率增长率，认为 1979～2004 年我国全要素生产率平均增长率为 0.891%，对经济增长平均贡献率仅为 9.6%。他们指出，我国经济增长主要是要素驱动的投入型增长方式。郑京海和胡鞍钢等（2008）通过包含人力资本的增长核算（资本份额为 0.5）发现，中国 1978～1995 年要素投入对 GDP 增长的贡献为 63%，全要素生产率的贡献为 37%，1995～2005 年要素投入对 GDP 增长的贡献增加到 81%，全要素生产率的贡献则下降至为 19%，投入因素是我国改革开放以来经济增长的最主要源泉。

由以上所述可以看出，尽管研究的时间范围和研究方法存在一些差异，多数学者仍得出一个大致相同的结论，即自改革开放以来，要素投入是中国经济增长的首要源泉，全要素生产率对经济增长的贡献相对较小，这和克鲁格曼的结论基本上是一致的。但也有些学者则对通常的研究结论持有疑义。易纲和樊纲等（2003）针对许多研究，特别是克鲁格曼的观点"亚洲经济增长是资源投入的结果，而不是效率的提升"进行了反驳。他们认为，像中国这样的新兴经济国家，由于投资中相当一部分用于基础设施建设，而且其技术进步主要依靠引进技术、从发达国家购买设备，所以传统的计算方法低估了中国全要素生产率的增长。邹至庄（Chow, 1993）使用索洛残差法计算了中国的全要素生产率，结果显示，中国改革开放前后的全要素生产率有明显的差别，全要素生产率在中国经济增长中扮演了重要的角色。

虽然对中国改革开放 30 年来经济增长的源泉存在一些争议，但有一点是形成共识的，那就是全要素生产率在经济增长中的作用会继续加大，未来经济增长主要取决于全要素生产率，一些部门和学者的研究也体现了这一点。科技部研究中心（1999）通过测算发现，全要素生产率对我国经济增长的贡献，1979～1997 年是 47%，预测 2000～2005 年是 56%，2006～2010 年是 58%，

2010～2015 年是 60%。胡鞍钢（2003）认为，改革开放以来的中国经济高增长得益于全要素生产率的大幅增长。尽管未来劳动力供给的绝对数还会增加，但增长率并不会很高，低于 1%。从资本增长率来看，中国国内的储蓄率在40%，也不大可能再进一步提高，因为中国是一个高储蓄率国家，也是高投资率国家，在这方面已经是世界最高水平国家之一。因此，中国今后经济高增长的关键，主要是提高全要素生产率。邓翔和李建平（2004）通过对中国各省区投入产出与要素收入份额的测算，分析了要素投入与全要素生产率增长对各地区经济增长的作用，结果发现，中国各地区的经济增长源自于自改革开放以来要素投入的增加和全要素生产率的增长。投入的增加是我国近 20 年来各地区经济起飞的最本源的动力，但一个地区要想获得长期、持续的快速增长，必须同时得到要素投入与全要素生产率增长两个方面的有力支撑。如果仅靠高的投入，边际报酬递减的法则终将起作用，高增长势必难以持久。

五、全要素生产率测算方法

总的来说，全要素生产率的测算方法大体可分为两大类：参数方法和非参数方法。参数方法需要确定生产函数的具体形式，然后通过对生产余值的相关计算来获得全要素生产率的变化率；非参数方法不需要设定生产函数的具体形式，而是利用多投入和多产出模型直接从投入产出的角度来考虑全要素生产率的变化。参数方法可分为索洛余值法和随机前沿分析方法。索洛余值法不能直接计算出全要素生产率，随机前沿分析方法可以很好地处理度量误差，通过使用面板数据，可以分析观测对象的效率差异以及随时间的变化情况。非参数方法可分为代数指数法和数据包络分析方法。代数指数法无须具体的估计模型，计算也较为简便，因而使用比较广泛。数据包络分析法用线性规划技术进行效率的测度，避免了较强的理论约束，是一种较为客观科学的计量方法。

（一）代数指数法

代数指数法最早由 Abramvitz（1956）提出，其基本思想是把全要素生产率表示为产出数量指数与所有投入要素加权指数的比率。

若商品价格为 P_t，数量为 Q_t，则总产出为 P_tQ_t。生产中资本投入为 K_t，劳动投入为 L_t，资本价格即利率为 r_t，工资率为 w_t，则总成本为 $r_tK_t + w_tL_t$。在完全竞争和规模收益不变假设下，有总产出等于总成本，即：

$$P_t Q_t = r_t K_t + w_t L_t \tag{2.13}$$

考虑技术进步等因素影响，上式往往不成立，可将其改写为：

$$P_0 Q_t = TFP_t (r_0 K_t + w_0 L_t) \tag{2.14}$$

其中，r_0、w_0 和 P_0 为基年利率、工资和价格。参数 TFP_t 为全要素生产率，反映技术进步等因素对产出的影响。由式（2.14）可得：

$$TFP_t = \frac{P_0 Q_t}{r_0 K_t + w_0 L_t} \tag{2.15}$$

式（2.15）就是全要素生产率的代数指数公式。

后来一些学者又提出了其他的测算全要素生产率的指数方法，如 Laspeyres 指数法、Paasche 指数法、Fisher 指数法和 Tornqvist 指数法等，其中 Fisher 指数法和 Tornqvist 指数法使用最为普遍。Laspeyres 指数法和 Paasche 指数法的函数形式是线性的，计算起来比较容易，而且能把真实的指数限定在经济理论范围之内，所以在实际统计中计算一些指数时用得较多。然而在计算两期之间的全要素生产率增长率时，这两种指数法则存在一些差异，Laspeyres 指数法把基期数量作为权重，而 Paasche 指数法则把当期数量作为权重。这两种方法的权重分别处于两个极端，当相对价格发生变动时，计算结果往往有很大的偏差。

Fisher 指数为：

$$F = \left(\frac{\sum p_t q_s}{\sum p_s q_s} \frac{\sum p_t q_t}{\sum p_s q_t} \right)^{1/2} \tag{2.16}$$

其中，p 为产品或要素价格；q 为产出或投入要素的数量；s 和 t 分别为基期和现期，将用此法求出的产出和投入的 Fisher 指数相比即可求得全要素生产率。Fisher 指数法实际上是通过计算 Laspeyres 指数和 Paasche 指数的几何平均来估算全要素生产率的，所以 Fisher 指数法是介于 Laspeyres 指数法和 Paasche 指数法两者之间的一种方法，其计算结果同样不可避免地会产生很大的偏差。

Tornqvist 指数为个体数量指数的加权几何平均值，而权重则是基期和现期价格的简单算术平均值，即：

$$Q_{st}^T = \frac{q_t}{q_s} = \prod_{i=1}^{N} \left(\frac{q_{it}}{q_{is}} \right)^{\frac{p_{is}+p_{it}}{2}} \tag{2.17}$$

Tornqvist 指数一般写成其对数形式：

$$\ln Q_{st}^{T} = \ln\left(\frac{q_t}{q_s}\right) = \sum_{i=1}^{n}\left(\frac{p_{is} + p_{it}}{2}\right) \times (\ln q_{it} - \ln q_{is}) \qquad (2.18)$$

若产出为 M 种，价格和数量分别为 p 和 q，投入要素为 N 种，价格和数量分别为 p′和 q′，按照 Tornqvist 的定义，从第 s 年到第 t 年的对数形式的全要素生产率增长率可以由下式表示：

$$\ln\left(\frac{TFP_t}{TFP_s}\right) = \ln\left(\frac{q_t}{q_s}\right) - \ln\left(\frac{q'_t}{q'_s}\right) = \ln\left[\prod_{i=1}^{M}\left(\frac{q_{it}}{q_{is}}\right)^{\frac{p_{is}+p_{it}}{2}}\right] - \ln\left[\prod_{j=1}^{N}\left(\frac{q'_{jt}}{q'_{js}}\right)^{\frac{p'_{js}+p'_{jt}}{2}}\right]$$
$$(2.19)$$

因此，全要素生产率增长率为：

$$\frac{TFP_t}{TFP_s} = \prod_{i=1}^{M}\left(\frac{q_{it}}{q_{is}}\right)^{\frac{p_{is}+p_{it}}{2}} \bigg/ \prod_{j=1}^{N}\left(\frac{q'_{jt}}{q'_{js}}\right)^{\frac{p'_{js}+p'_{jt}}{2}} \qquad (2.20)$$

Tornqvist 指数具有两个重要的性质：一是能够为任意二阶可微分线性齐次的生产函数提供一个二次近似值的估计；二是该指数满足逆向时间原则来识别比例检验。这些性质使 Tornqvist 指数能够在比价发生变化时以滚动权值的形式进行调节，从而能有效消除采用固定权重时出现的偏差。另外，把当前价格作为权重时，Tornqvist 指数法还能够反映出要素质量的改进情况。基于以上性质，Tornqvist 指数法一般被认为在指数法中是"最优的"。

代数指数法是衡量在特定条件（技术、规模）下所有要素投入有机组合的综合生产效率，这种测算方法能够很直观地体现出全要素生产率的内涵，但其一个主要的缺陷就是不能把生产率指数进行再分解。另外，它虽然没有明确设定生产函数，但暗含着资本和劳动力之间完全可替代，且边际生产率是固定的，这显然缺乏合理性，所以这种方法更多的是一种概念化方法，并不适于具体实证分析（Caves，Christensen and Diewart，1982）。

（二）索洛余值法

索洛（Solow，1957）把生产函数和指数方法结合起来，用来研究全要素生产率的增长。其基本思路是估算出总量生产函数后，采用产出增长率扣除各种投入要素增长率后的余值来测算全要素生产率的增长，故也称为生产函数法。索洛并没有设定生产函数的具体形式，而是在规模报酬不变、希克斯中性

技术假设条件下给出生产函数的一般形式:

$$Q_t = A_t F(X_t) \tag{2.21}$$

其中, Q_t 为产出; $X_t = (x_{1t}, \cdots, x_{Nt})$ 为要素投入向量; A_t 为希克斯中性技术变化系数, 这表示技术进步不影响投入要素之间的边际替代率。假设 $F(\cdot)$ 为一次齐次函数即规模报酬不变。对生产函数两边关于时间 t 取全微分, 两边同除以 Q_t 可得:

$$\frac{\dot{Q}_t}{Q_t} = \frac{\dot{A}_t}{A_t} + \sum_{n=1}^{N} \gamma_n \frac{\dot{x}_{n,t}}{x_{n,t}} \tag{2.22}$$

其中, $\gamma_n = \frac{\partial Q_t}{\partial x_{n,t}} \frac{x_{n,t}}{Q_t}$ 为各投入要素的产出份额。由上式可以进一步得到:

$$\frac{\dot{A}_t}{A_t} = \frac{\dot{Q}_t}{Q_t} - \sum_{n=1}^{N} \gamma_n \frac{\dot{x}_{n,t}}{x_{n,t}} \tag{2.23}$$

其中, $\frac{\dot{A}_t}{A_t}$ 即所谓的 "索洛余值", 即不能被投入增长所解释的剩余的产出增长率, 索洛认为它是由于技术进步而产生的。

在具体计算全要素生产率时, 函数常采用柯布—道格拉斯生产函数、超越对数生产函数及常替代弹性生产函数等形式。柯布—道格拉斯生产函数为: $Y_t = AK_t^{\alpha} L_t^{\beta}$, Y_t 为产出, K_t 为资本存量, L_t 为劳动投入, α、β 分别为资本和劳动的投入产出弹性系数。对柯布—道格拉斯生产函数两边同时取自然对数有:

$$\ln(Y_t) = \ln(A) + \alpha\ln(K_t) + \beta\ln(L_t) + \varepsilon_t \tag{2.24}$$

其中, ε_t 为误差项。若规模报酬不变, 即 $\alpha + \beta = 1$, 则有:

$$\ln(Y_t/L_t) = \ln(A) + \alpha\ln(K_t/L_t) + \varepsilon_t \tag{2.25}$$

对式 (2.25) 利用 OLS 估算, 可以求出 α、β, 然后将其代入全要素生产率增长率计算公式:

$$dA/A = dY_t/Y_t - \alpha dK_t/K_t - \beta dL_t/L_t \tag{2.26}$$

即可算出全要素生产率增长率。

超越对数生产函数形式为：

$$\ln Y = \alpha_0 + \alpha_k \ln K + \alpha_l \ln L + \alpha_t t + \frac{1}{2}\beta_{kk}\ln^2 K + \beta_{kl}\ln K \ln L + \beta_{kt}(\ln K)t$$

$$+ \frac{1}{2}\beta_{ll}\ln^2 L + \beta_{lt}(\ln L)t + \frac{1}{2}\beta_{tt}t^2 \qquad (2.27)$$

其中，α_i、β_{ij} 为相应的参数，在等规模收益及生产函数性质的约束下，参数必须满足：

$$\alpha_k + \alpha_l = 1；\beta_{kk} + \beta_{kl} = 0；\beta_{ll} + \beta_{kl} = 0；\beta_{kt} + \beta_{lt} = 0$$

对于离散的数据样本，在超越对数生产函数形式下，全要素生产率的增长率可以表示为相邻两个时间点上的产出增长率减去各投入要素对产出的贡献：

$$\bar{V}_t = \ln Y(t) - \ln Y(t-1) - \bar{V}_k\big[\ln K(t) - \ln K(t-1)\big]$$

$$- \bar{V}_l\big[\ln L(t) - \ln L(t-1)\big] \qquad (2.28)$$

式（2.28）中，$\bar{V}_k$、$\bar{V}_l$ 即为相应资本与劳动投入的平均份额，全要素生产率增长率的平均值 $\bar{V}_t$ 即可由式（2.28）直接求得。

常替代弹性生产函数（包含两种投入要素）基本形式为：

$$Y = A\big[\delta K^{-\rho} + (1-\delta)L^{-\rho}\big]^{-\frac{\mu}{\rho}} \qquad (2.29)$$

其中，A 表示效率系数；δ 为分配系数，$0 < \delta \le 1$；ρ 为替代系数，$-1 \le \rho < \infty$；μ 为反映规模报酬的参数。该生产函数的要素替代弹性为：$\sigma = 1/(1+\rho)$。当 $\rho = 0$ 时，常替代弹性生产函数趋近于柯布—道格拉斯生产函数形式：$Y = AK^{\delta}L^{1-\delta}$。对常替代弹性生产函数取对数，并在 $\rho = 0$ 处作泰勒级数展开，取关于 ρ 的线性部分可得：

$$\ln Y = \ln A + \mu\delta\ln K + \mu(1-\delta)\ln L - \frac{1}{2}\mu\rho\delta(1-\delta)\ln^2\frac{K}{L} \qquad (2.30)$$

这即为假定 $\beta_{kk} = \beta_{ll} = -\beta_{kl}$，且不含时间参数的超越对数生产函数，可用计量经济学方法估计出各参数。对上式取微分，可得全要素生产率增长率的表达式：

$$\frac{\dot{A}}{A} = \frac{\dot{Y}}{Y} - \mu\delta\frac{\dot{K}}{K} - \mu(1-\delta)\frac{\dot{L}}{L} + \mu\rho\delta(1-\delta)\ln\frac{K}{L}\left(\frac{\dot{K}}{L} - \frac{\dot{L}}{L}\right) \qquad (2.31)$$

索洛首先进行了经济增长源泉的分析,这是对新古典增长理论的一个重要贡献。但该方法也存在一些缺陷:一是在分析时设定了生产函数的具体形式,生产函数的合理性影响全要素生产率测算的准确性;二是仅能得到全要素生产率增长率,掩盖了其他信息;三是此方法不能分解出全要素生产率增长的技术进步成分和效率变化成分,忽视无效率的存在;四是利用资本存量代替资本服务,忽视了新旧资本设备生产效率的差异以及能力实现的影响;五是用残差来度量全要素生产率,无法剔除测算误差的影响。

(三) 数据包络分析法

索洛余值法在估算全要素生产率时,包含一个重要的假设即资源得到充分利用,所有的生产者都能实现最优的生产效率,从而将产出增长中要素投入贡献以外的部分全部归结为技术进步的结果,这样,全要素生产率的增长就等于技术进步率。这种假设不太符合现实情况,而且两种方法都忽略了全要素生产率增长的一个重要组成部分——能力实现改善即技术效率提升的影响。基于这种考虑 Aigner 和 Chu (1968) 提出了前沿生产函数法 (frontier production function),其基本思路遵循 Farrell (1957) 的思想,将经济增长归为要素投入增长和生产者效率 (全要素生产率) 提升两个方面,而生产者效率又可以分解为技术前沿或技术进步和技术效率两个部分,前者刻画所有生产者投入—产出函数的边界,后者描述个别生产者实际技术与技术前沿的差距。用这种方法测算全要素生产率关键在于前沿生产函数的估算以及观测值到生产前沿距离的度量。依据前沿生产函数和距离函数估算方法的不同,前沿生产函数法可以分为两类:一是非参数数据包络分析法;二是参数随机前沿分析法。

数据包络分析法是一种数据驱使方法,依靠投入产出的数据挖掘出两大信息:技术前沿和相对于参照技术的效率评价,它的概念最初由 Farrell (1957) 提出,其基本思想是用"最小的"或"匹配最紧密"的凸面球壳包络投入产出数据集,所得到的数据集合的边界就代表"最佳实践"的技术前沿。利用数据包络分析方法测算全要素生产率关键在于估算距离函数,因为距离函数不仅可以描述多产出—多要素投入的生产前沿技术,也可以对不同生产者、不同时期生产活动的生产效率进行比较评价。距离函数分为产出型和投入型距离函数。产出型距离函数衡量了给定投入下实际产出向量相对于所参照的技术前沿能够扩张的最大比例。按照 Shephard（1970）的思想，相对于参照技术 S^t，生产者在 t 时期的产出距离函数可以定义为：

$$D_o^t(x^t, y^t) = \inf\{\theta : (x^t, y^t/\theta) \in S^t\} = (\sup\{\theta : (x^t, \theta y^t) \in S^t\})^{-1} \quad (2.32)$$

产出距离函数定义了在给定投入 x^t，产出向量 y^t 在技术 S^t 范围内能够扩张的最大比例的倒数。$D_o^t(x^t, y^t) \leqslant 1$ 当且仅当 $(x^t, y^t) \in S^t$，$D_o^t(x^t, y^t) = 1$ 当且仅当 (x^t, y^t) 为技术前沿上的点，这意味着生产技术效率为 100%，即在给定投入的情况下产出达到最大。

Fare 等（1994）在 CCD 理论研究的基础上，采用非参数线性规划方法测算距离函数。下面就用这种方法求解四个与生产率变化有关的产出型距离函数值：$D_o^t(x^t, y^t)$，$D_o^{t+1}(x^t, y^t)$，$D_o^t(x^{t+1}, y^{t+1})$，$D_o^{t+1}(x^{t+1}, y^{t+1})$。在固定规模报酬的技术 S^t 下，生产者 (x^t, y^t) 在 t 期的产出型距离函数：

$$(D_o^t(x^{h',t}, y^{h',t}))^{-1} = \max \theta^{h'} \quad (2.33)$$

$$\text{s. t. } \theta^{h'} y^{h',t} \leqslant \sum_{h=1}^{H} z^{h,t} y^{h,t}, \ \sum_{h=1}^{H} z^{h,t} x^{h,t} \leqslant x^{h',t}, z^{h,t} \geqslant 0 \quad (2.34)$$

其他距离函数的计算方法是一样的，只是需要变换一下时刻。

在估算出距离函数后，便可以求出全要素生产率增长率。目前，比较流行的度量方法为 Malmquist 指数。该指数最早由 Malmquist 作为一种消费指数提出，后来，Caves 等（1982）将其应用到生产率变化的度量。t 到 t + 1 时刻全要素生产率增长的 Malmquist 指数为：

$$M_o(x^{t+1}, y^{t+1}, x^t, y^t) = \left[\frac{D_o^t(x^{t+1}, y^{t+1})}{D_o^t(x^t, y^t)} \frac{D_o^{t+1}(x^{t+1}, y^{t+1})}{D_o^{t+1}(x^t, y^t)} \right]^{1/2} \quad (2.35)$$

当 Malmquist 指数大于 1 时，意味着全要素生产率增长为正，反之则意味着全要素生产率增长为负。

进一步可将 Malmquist 指数分解为：

$$M_o(x^{t+1}, y^{t+1}, x^t, y^t) = \frac{D_o^{t+1}(x^{t+1}, y^{t+1})}{D_o^t(x^t, y^t)} \left[\frac{D_o^t(x^{t+1}, y^{t+1})}{D_o^{t+1}(x^{t+1}, y^{t+1})} \frac{D_o^t(x^t, y^t)}{D_o^{t+1}(x^t, y^t)} \right]^{1/2}$$

$$= TE \cdot TP \quad (2.36)$$

其中，第一项 TE 为 t + 1 期的效率变化指数；第二项 TP 为 t + 1 期的技术进步率指数。若 TE 和 TP 大于 1，表示效率和技术都得到改善；反之则表示技术和效率出现恶化。

数据包络分析法是一种应用非常广泛的非参数方法，这种方法直接利用线性规划给出边界生产函数与距离函数的估算，不需要设定生产者最优行为目标，也不需要对生产函数的形式和分布作出假设，从而了避免较强的理论约束。但该方法也有一个明显的缺陷，那就是数据包络分析法经常不允许随机误差的存在，而随机误差一般是在测度中带来的，在数据包络分析法中，任何存在的随机误差都被认为是效率的不同，这显然会影响其测算的准确性。

（四）随机前沿分析法

数据包络分析法可将生产者的全要素生产率分解为前沿技术和技术效率，从而能够进一步分析生产率的变化和经济增长的源泉。但是，人们对生产者行为的实际观测受受到随机误差扰动，而且个别生产者与最优生产率的差距也会受到各种随机因素的影响。基于这一考虑，Aigner、lovell 和 Schmidt（1977）以及 Meeusen 和 Borekc（1977）在确定性前沿模型基础上引入随机扰动项，分别独立提出随机前沿方法，将实际生产面与前沿生产面的偏离分解为两项：一项是随机误差项，另一项是技术无效率项。随着随机前沿方法的广泛应用，许多学者又对该模型进行了改进和完善。Jnodrow（1982）首次应用了实际生产与前沿生产面偏离的分离技术。Battese 和 Coelli（1988）对 Jnodrow 的工作作了进一步拓展，使其可以适用于面板数据，改变了随机前沿方法仅适应于跨界面数据的状况，但其仍然假设无效率项是不随时间变化的。后来，Comwell，Schmidt 和 Sickles（1990）、Kumbhakar（1990）、Battese 和 Coelli（1992）等学者又将随机前沿方法发展为允许无效率项随时间变化的模型，而且无效率项的分布可以服从均值不为零的正态分布，从而使随机前沿方法更接近于生产与经济增长的实际情况。就生产函数形式的选择而言，早期的随机前沿方法多采用柯布—道格拉斯生产函数，这种模型处理起来较为简便，但其要素产出弹性固定不变的假设与实际生产情况不符。当前研究中较多地采用超越对数生产函数形式，该函数中要素产出弹性是可变的，且可以作为任何生产函数的近似，具有广泛的适用性。此外，Färe，Primont（1995）和 Kumbhakar（1996）分别提出成本函数随机前沿模型和利润函数随机前沿模型来代替生产函数模型，克服了生产函数模型难以处理多产出生产者行为以及相关数据获得困难的缺陷，使随机前沿方法得到更为广泛的应用。

目前应用较为广泛的随机前沿模型是 Battese 和 Coelli （1995） 提出的，其定义的生产函数形式如下：

$$\ln(y_{it}) = f(x_{it}, t, \beta) + v_{it} - u_{it}, \ i = 1, 2, \cdots, N, t = 1, 2, \cdots, T \qquad (2.37)$$

其中，y_{it} 表示产出；x_{it} 表示投入向量；t 是时间趋势，代表技术进步；β 为待估计的参数向量。式 （2.37） 中误差项由两个独立部分组成：v_{it} 为随机误差项；$v_{it} \sim N(0, \sigma_v^2)$；$u_{it}$ 为代表技术非效率的非负随机变量。$u_{it} \sim N(m_{it}, \sigma_{it}^2)$，其中，$m_{it} = z_{it}\delta$，$z_{it}$ 表示一组影响经济体效率的变量，δ 为这些变量的待估参数，通过最大似然法估计得出。

第 i 个经济体在第 t 年的技术效率定义为 $TE_{it} = E(\exp(-u_{it}) \mid e_{it})$，因此从 t_0 期到 t_1 的效率变化可通过下式计算：

$$TE = \frac{E(\exp(-u_{it_1}) \mid e_{it_1})}{E(\exp(-u_{it_0}) \mid e_{it_0})} \qquad (2.38)$$

两个时期的技术进步指数可通过式 （2.37） 对时间趋势 t 的估计参数计算出来，由于技术进步不是中性时，技术进步指数会随投入向量的不同而改变，因此，可采用两个时期的技术进步的几何平均值：

$$TP = \left[\left(1 + \frac{\partial f(x_{it_0}, t_0, \beta)}{\partial t_0} \right) \times \left(1 + \frac{\partial f(x_{it_1}, t_1, \beta)}{\partial t_1} \right) \right]^{1/2} \qquad (2.39)$$

在计算出了技术效率和技术进步率后，就可以通过相乘得出全要素生产率增长率。

相比数据包络分析法而言，随机前沿方法的优点在于它允许随机误差的存在，同时考虑了无效率项和随机扰动，并将其作为实际生产没有处于前沿生产面的原因，这比较符合现实情况。但是随机前沿方法也存在一定的缺陷，如事先设定一定形式的前沿函数和无效率项分布，这些设定的合理性值得考虑。

六、传统全要素生产率计量研究综述

中国生产率的研究始于 20 世纪 50 年代，但研究的重点在偏要素生产率，特别是劳动生产率的研究。改革开放以后，特别是 20 世纪 80 年代以来，随着国外各种经济增长和生产率理论的介绍和引入，我国全要素生产率的研究逐渐展开。中国全要素生产率的研究大体可分为三个阶段：第一阶段（20 世纪 80

年代），这一阶段主要介绍、引进国外全要素生产率理论，并对现有的理论方法进行评价、思考和改进；第二阶段（20 世纪 90 年代），这一阶段主要是进行全要素生产率研究方法的重构以及对有关现实问题的初步关注。第三阶段（21 世纪后），这一阶段主要进行全要素生产率的实证计量研究，内容包括全要素生产率增长、分解及决定因素以及全要素生产率与地区经济增长和地区差距的研究等方面。就具体研究范围而言，当前对中国全要素生产率的研究主要集中在总量、部门或行业以及省区三个方面。

（一） 对总量全要素生产率的研究

对总量全要素生产率的研究是通过分析中国加总时间序列数据来进行的，主要关注全要素生产率随时间波动和变化的态势。中国经济增长源泉开创性研究者之一是 Chow （1993），他认为在 1952～1980 年中国经济增长的主要原因是资本积累。Chow （2002） 发现，1952～1978 年全要素生产率保持不变，1978 年以后全要素生产率大约以每年 2.7% 的速度增长；1978～1998 年资本、劳动、全要素生产率对经济增长的贡献分别为 62%、10%、28%。世界银行集团（1997）、Maddison （1998） 研究了中国经济总量的生产率增长，认为全要素生产率增长是中国产出增长的重要因素，占总产出的 30%～55%。李京文和钟学义 （1998） 采用超越对数函数形式分析了中国生产率的变动，结果是：1953～1995 年的全要素生产率年均增长 1.006%，1953～1977 年年均为 -1.19%，1978～1995 年年均为 3.623%，生产率的增长对产出增长的贡献达到 36.23%。张军和施少华 （2003） 通过对 1952～1998 年中国经济统计数据的回归分析，计算了中国经济的全要素生产率及其增长率。他们发现，在改革开放前，中国经济的全要素生产率波动很大，1978 年的全要素生产率水平与1952 年相比，不仅没有增长，反而有所下降。但是在改革后，中国经济的全要素生产率有了明显的提高，1979～1998 年平均增长率大约为 2.8%，生产率的提高贡献了产出增长中的大约 28.9%。Wang 和 Yao （2003） 加入了人力资本因素后，发现在改革前全要素生产率对中国经济增长的贡献是负的，1978～1999 年，全要素生产率对经济增长的贡献达到了 25.4%；而整个 1953～1999年，全要素生产率对经济增长的贡献仅仅有 0.2%。

以上研究尽管所采用的分析方法不同，但大多数学者都得出一个比较一致的结论：改革开放前中国全要素生产率几乎没有增长或只有很少的增长，而改革开放后全要素生产率则有较显著的增长；要素投入是经济增长的主要源泉，全要素生产率对经济增长的贡献相对较小。

（二） 对具体部门或行业全要素生产率的研究

对具体部门或行业全要素生产率的研究主要集中于农业和工业部门。对于中国农业部门生产率的研究，大多数文献如 Lin（1992）、Allan Rae 和 Hengyun Ma（2003）等，得到的结论基本一致，即自 1978 年改革开放以来，尤其在 20 世纪 80 年代前半期，中国农业全要素生产率有极大的提高；20 世纪 80 年代后期，全要素生产率增长速度明显放慢，甚至是负增长；20 世纪 90 年代，中国农业全要素生产率增长主要在前半期，后半期增长又明显放慢（颜鹏飞、王兵，2004）。

相比农业部门而言，对中国工业部门全要素生产率研究结论则存在较大差异。世界银行在 1985 年的考察报告中认为，中国的国有企业全要素生产率在 1952～1957 年虽有过增长，但 1957～1982 年则停滞不前，甚至有所倒退。Chow（1994）研究认为，中国工业部门的全要素生产率没有增长的趋势，产出的增长主要源自生产要素投入的增加，而不是归功于技术进步。Huang 等（1997）用随机前沿分析法对中国 967 个国有企业的调查数据进行实证研究，发现 1986～1990 年全要素生产率的增长为 −2.2%。孔翔等（1999）运用随机边界方法，利用建材、化工、机械和纺织四个行业 1990～1994 年的数据发现：化工和纺织业的全要素生产率出现了负增长，建材行业几乎没有增长，机械行业每年有 1.5% 的增长。黄勇峰和任若恩（2002）运用乔根森的度量生产率的方法，对我国制造业及其 15 个分行业 1985～1994 年的全要素生产率增长率进行了测度。他们研究发现，在这期间，中国制造业全要素生产率增长极不显著，平均增长率实际上是 −0.67%，有不明显的减退。

但也有一些学者认为，中国工业部门全要素生产率是存在一定增长的，而不是停滞不前的。如史清琪（1985）认为，资本—劳动比率的增长快于劳动生产率的增长减去资本的产出弹性与资本—劳动比率增长率的积，除非资本的产出弹性等于 1，否则全要素生产率就应该增长。通过研究，他估计出中国工业的资本产出弹性在 0.2～0.3 之间，认为中国工业的全要素生产率对产出增长的贡献为 20% 左右。郑京海和刘小玄等（2002）对 1980～1994 年的 700 个国有企业样本，采用 Malmquist 指数法，考察了企业的全要素生产率。研究结果表明，我国国有企业全要素生产率是有所增长的，但主要来源是技术进步而不是技术效率。涂正革和肖耿（2005）运用随机前沿的分析方法对我国大中型工业企业 1995～2002 年的技术效率、技术进步、资源配置效率、规模经济性和全要素生产率增长进行了估计，研究发现，1996～2002 年大中型工业企业总体全要素生产率年均增长 6.8%。1996 年和 1997 年两年，全要素生产率增长分别下降 4.3% 和 0.7%。此后，总体全要素生产率加速增长，1998～2002 年，全要素生产率分别以 3.0%、7.5%、11.2%、8.2% 和 14.0% 年均速度增长。

由上述分析可以看到，中国工业全要素生产率研究结论并不统一，其原因可能是资本的产出弹性是根据经验估计得出，存在较大的随意性，而且使用固定资产原值来计算资本存量，夸大了固定资本的存量。另外，一些原始数据的非生产性因素并未扣除，从而造成计算偏差。

（三）对省区全要素生产率的研究

有关于中国省区全要素生产率研究的文献比较多，它们主要是运用索洛增长核算法或生产前沿分析方法对省级面板数据进行实证分析，从而对地区经济差异作出解释。

彭国华（2005）、李静（2006）以 Hall 和 Jone（1999）的核算方法为基础分析了全要素生产率和要素投入在中国地区差距形成中的作用，虽然在样本选择和数据处理方面略有不同，但二者得出了基本一致的结论，即全要素生产率在地区经济差距的贡献份额为 75% 左右，是中国地区经济差距的主要决定因素。而傅晓霞（2006）则认为，二者采用的 Hall 与 Jones 方法假定经济处于"稳态"，劳均产出增长全部是外生技术进步的结果，对非稳态经济而言会高估全要素生产率的作用；另外，二者对各地区资本产出弹性的设定（0.4 或 1/3）远低于资本在中国经济增长中的实际贡献份额，也会造成要素在经济增长中贡献的低估。傅晓霞（2006）在探讨资本产出弹性的基础上，依据 1978～2004 年的省级数据，采用索洛余值法对中国改革开放以来的经济增长进行了核算，并以此对地区差异进行了方差分析，结果发现，要素投入和全要素生产率对地区差距的贡献分别为 60%～75% 和 25%～30% 的大致范围，资本等生产要素的差异是造成中国地区发展不均衡的主要原因。

其他的一些文献主要是利用生产前沿方法对全要素生产率分解来研究地区差距问题。颜鹏飞和王兵（2004）运用数据包络分析法测度了 1978～2001 年中国 30 个省（自治区、直辖市）的技术效率、技术进步及曼奎斯特生产率指数，并且对人力资本和制度因素同技术效率、技术进步和生产率增长的关系进行了实证检验。其主要结论是：总体来说，中国全要素生产率是增长的，主要原因是技术效率的提高；由于技术进步减慢，1997 年之后，全要素生产率的增长出现了递减；1992 年以前，中国经济出现了效率的趋同，1992 年以后追赶效应消失，技术进步成为各个地区生产率差异的主要原因。郭庆旺等（2005）利用非参数的 DAE – Malmquist 指数方法估算出中国各省区 1979～2003 年间的全要素生产率增长、技术效率变化和技术进步率，分析了省区经济的全要素生产率增长差异。他们的结论是，中国省区经济的全要素生产率增长和技术进步率较低，而且普遍存在效率恶化的现象；中国省区经济增长存在较大差异，究其原因，主要是全要素生产率增长存在较大差异，其中技术进步率差异尤为显著，效率变化差异相对较小。郑京海和胡鞍钢（2005）运用数据包络分析方法，通过对省际全要素生产率增长及其组成部分的测算，从技术效率提高和技术进步这两个不同的方面来考察中国改革开放以来的全要素生产率增长性质和近几年来的变化趋势，他们的研究结果表明，中国经济增长在1978～1995 年经历了一个全要素生产率高增长期（为 4.6%）；而在 1996～2001 年出现低增长期（为 0.6%），其变化的具体特征是：技术进步速度减慢、技术效率有所下降。王志刚等（2006）采用超越对数生产函数的随机前沿模型，对改革开放以来中国地区间生产效率演进进行了研究。通过对1978～2003 年分省数据的实证检验发现：东部地区的生产效率最高，其次是中部和西部；各地区生产效率具有一定的波动性，但地区间差异基本保持不变；全要素生产率增长率主要由技术进步率决定，而且从 20 世纪 90 年代中期以后有所下降。郝睿（2006）采用数据包络分析方法和随机前沿方法两种生产前沿方法将中国大陆 30 个省区 1978～2003 年的劳均 GDP 增长分解为物质资本积累、效率改善、技术进步和人力资本投入所贡献的经济增长，然后采用绝对收敛方程考察了这四个因素的收敛效应。实证结果表明，地区差距发展趋势不容乐观，效率改善是唯一使得地区间差距趋于缩小的因素，但是其作用随时间推移逐步减小。

　　综上所述可以看出，近年来生产前沿方法在全要素生产率的研究中得到了较为广泛的应用，其研究结论大致可归结为如下几点：第一，自改革开放以来到 20 世纪 80 年代中期，中国全要素生产率增长率在降低；80 年代中期到 90 年代中期，全要素生产率在上升；90 年代中后期增速开始下降，到 2001 年又开始急剧上升，如郑京海、胡鞍钢（2005）、王志刚等（2006）。第二，全要素生产率增长差异对地区差距有重大影响，如郭庆旺（2005）。第三，全要素生产率增长率由技术进步率决定，技术进步是导致地区生产率差异的原因，如颜鹏飞、王兵（2004）、郭庆旺（2005）、王志刚等（2006）。

七、环境全要素生产率计量研究综述

改革开放以来，中国经济的快速增长引起了众多的学者对中国经济增长绩效和环境污染的关注。早期的经济增长核算是在索洛余值核算框架下展开的，相关研究如 Chow（1993）、Zheng 等（2009）、王小鲁等（2009）。索洛增长核算法尽管应用较为广泛，但其在核算过程中并未考虑环境因素，同时该方法假定所有生产者在技术上都充分有效，这都会造成技术进步估计的偏差。为克服索洛增长核算方法的缺陷，数据包络分析法和随机前沿分析法等生产率测算前沿技术方法逐步发展起来并广泛应用。相关研究如颜鹏飞等（2004）、郑京海和胡鞍钢（2005）、岳书敬等（2006）、王志平（2010）等。上述研究虽然考虑到了技术效率差异，但仍然只包含"好"产出，而没有涉及环境污染这种"坏"产出。

Pittman（1983）在测度威斯康星州造纸厂的效率时，第一次尝试在测算生产效率时引入"坏"产出，此后，大量的学者开始将环境污染变量引入模型中。其思路大致有两个：一是将环境污染变量作为一种投入因素引入生产函数模型，相关研究如 Qi（2005）、陈诗一（2009）、李胜文等（2010）、匡远凤和彭代彦（2012）等。二是将环境污染变量作为一种具有弱可处置性的"坏"产出引入方向性距离函数中，这类相关研究较多。第一种思路将"好"产出和"坏"产出的不平衡处理，可能会使经济绩效和社会福利水平评价有欠准确；而第二种思路比较符合实际生产过程，为多数学者所接受。

在测度包含"坏"产出的全要素生产率时，传统的 Shepard 距离函数已无能为力。Chung 等（1997）在测度瑞典纸浆厂的生产率时引入了一个新的函数——方向性距离函数。这种方法不仅允许在减少环境污染的同时增加期望产出，还继承了传统距离函数方法不需要价格信息的优点，比传统的全要素生产率测算方法具有明显的优势。同时他们还在方向性距离函数基础上构建了 ML 生产率指数，该指数可以分解为技术进步和技术效率变化。

近年来，运用考虑了"坏"产出的 ML 生产率指数实证分析全要素生产率的研究逐渐增多。相关研究如 Fare 等（2001）、Jeon 和 Sickles（2004）、Yoruk 和 Zaim（2005）、Kumar（2006）、杨俊和邵汉华（2009）、叶祥松和彭良燕

（2011）、沈可挺和龚健健（2011）等。上述优秀成果丰富了生产效率和全要素生产率研究内容，但它们大都运用的是当期数据包络分析方法，这种方法仅以当期的观测值来构造生产边界，产出的短期波动会对生产边界造成影响，从而在生产率分析中可能会得到技术退步的结论，而采用序列数据包络分析方法则可以克服这一问题，但相关研究较少，相关文献主要是王兵等（2008）、杨文举（2011）、田银华等（2011）。

Malmquist 指数法及其变体 ML 指数法均是基于比值的测算方法，这种方法适合考察总产出的变化情况，但对于诸如利润的"差值"变量则难以反映其变化状况，Chambers（1996，2002）提出一种基于差值的全要素生产率测算指标——Luenberger 生产率指标，它是利用基于 SBM 方向性距离函数的数据包络分析方法求解。相关研究有王兵等（2010）、董敏杰等（2012）、李玲和陶锋（2012）、刘瑞翔和安同良（2012）等。王兵等（2010）、董敏杰等（2012）在测算 Luenberger 生产率指标时都选择二氧化硫和化学需氧量作为非期望产出，而没有考虑全部"三废"，而李玲和陶锋（2012）虽将"三废"作为非期望产出，但其分析的对象仅是中国制造业，而不是对省区经济增长的分析。刘瑞翔和安同良（2012）结合 SBM 方向性距离函数和 Luenberger 生产率指标的特点，发展了一种新型的生产率指数构建与分解方法，分析资源环境约束下的省区经济增长绩效，其采用的非期望产出为废水、二氧化硫、二氧化碳及烟尘排放，没有包括固体废弃物。

由上述分析可以看到，随着全要素生产率理论和研究方法的日益成熟和完善，我国全要素生产率经验研究成果也愈加丰富，这对我国宏观经济政策的制定起到了重要的指导作用，但还应该看到我国全要素生产率研究中还存在以下问题：

第一，中国全要素生产率的研究主要还是直接借用国外的一些现成的方法和模型进行实证分析，缺乏对全要素生产率的基础理论和方法的深入研究。

第二，考虑环境污染因素的全要素生产率计量研究成果相对较少，在当前国家大力倡导经济转型发展的大背景下，进一步加强这方面的研究显得十分必要。

第三，全要素生产率是衡量经济增长质量和经济实力的一个重要指标，但由于各国社会经济制度、文化环境、价值观念等因素存在差异，不能将全要素生产率在国际范围内简单加以比较。

第三章 中国省际经济差距概况

中国地区差距究竟是怎样的状况？近 20 多年来众多学者对其已进行过大量的研究，所得出的结论也基本是一致的，即随着改革开放以来我国经济的快速增长，地区差距也逐渐扩大，并自 20 世纪 90 年代以来呈现显著扩大趋势。尽管这一结论几乎众所周知，但我们仍需要对中国地区差距的状况进行介绍和测算，以作为下一步研究的铺垫。本章具体安排是：首先对中国地区差距的状况、趋势及成因进行简单描述和分析，然后对地区差距的测度方法及相关计量研究文献进行综述，最后对中国地区差距进行测算。

一、中国省际经济差距状况及趋势

在改革开放以前，中国在东、中、西部地区之间就存在显著的经济差距。总体而言，东部沿海地区和一部分中部地区的经济发展水平和人均收入均高于西部地区。为了缩小地区差距，中央政府在 20 世纪 50～70 年代之间实行了转移财政支付、平衡收入差距的政策，并在中西部地区进行了大量投资，但这并没有显著缩小东西部地区间的经济差距。20 世纪 80 年代，为了扩大地方政府和企业的经济自主权和积极性，中央政府对各省实行了财政"分灶吃饭"，减小了经济较发达地区的财政上缴比重，从而在一定程度上减小了东西部之间财政转移支付的力度，这促进了东部地区的经济发展。尽管各地区在改革期间都有不同程度的经济增长加速，但总体而言，东部沿海地区的经济增长率在过去30 年中显著高于中西部地区。因此出现了区域间收入差距扩大的趋势，特别是在 20 世纪 90 年代以来，地区差距扩大非常明显。

如图 3 - 1 所示，就三大地区来看，1985 年全国劳均 GDP 为 1650.04 元，东部地区劳均 GDP 为 2422.08 元，中部地区为 1355.68 元，西部地区为1113.48 元。东部地区大约是中部的 0.79 倍，是西部的 1.18 倍，三大地区劳均 GDP 的差距较小。东部地区与中西部地区劳均 GDP 的差距从 20 世纪 90 年

代后显著扩大，到 2010 年全国劳均 GDP 为 15261.33 元，东部地区劳均 GDP
为 25053.63 元，中部地区劳均 GDP 为 11058.17 元，西部地区劳均 GDP 为
8831.55 元，东部是中部的 2.27 倍，是西部的 2.84 倍。

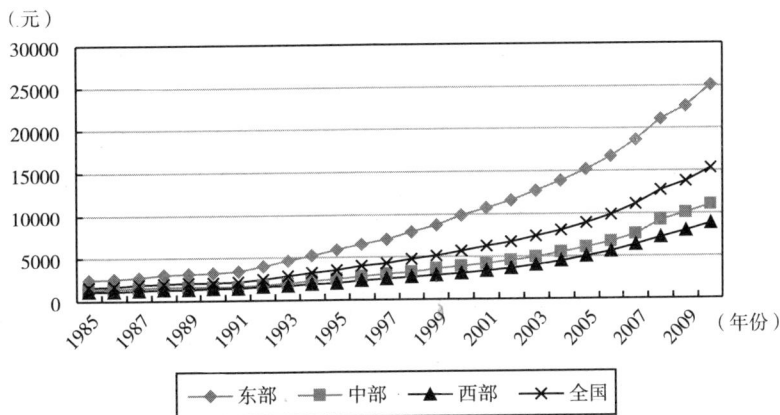

图 3 - 1   1985 ~ 2010 年中国三大地区劳均产出

资料来源：笔者按相应年份《中国统计年鉴》数据计算得来。

就各省区之间的差距来看，如图 3 - 2 所示，1985 年，除了北京、天津和
上海三个直辖市的劳均产出水平略高以外，其他省区产出点的连线几乎是一条
水平线，省区间产出差距非常小。2010 年各省区劳均产出水平与 1985 年相比
都有所提高，但东部省区提高的幅度要明显大于中西部省区，而且各省区产出
点连线波动幅度较大，特别是上海，其劳均产出远远高于其他省区，这说明
2010 年中国省际产出差距与 1985 年相比明显扩大。

二、 地区经济差距的测度方法

(一) 统计指标法

地区经济差距可以通过一系列的统计指标来进行测度，这些指标方法基本
上都是借用发展经济学中关于收入分配差异的测算方法，以衡量差异为核心，
对数据资料进行统计分析和处理，其中使用比较普遍的方法有（加权）变异
系数、基尼系数、广义熵指数及泰尔指数，下面分别予以介绍。

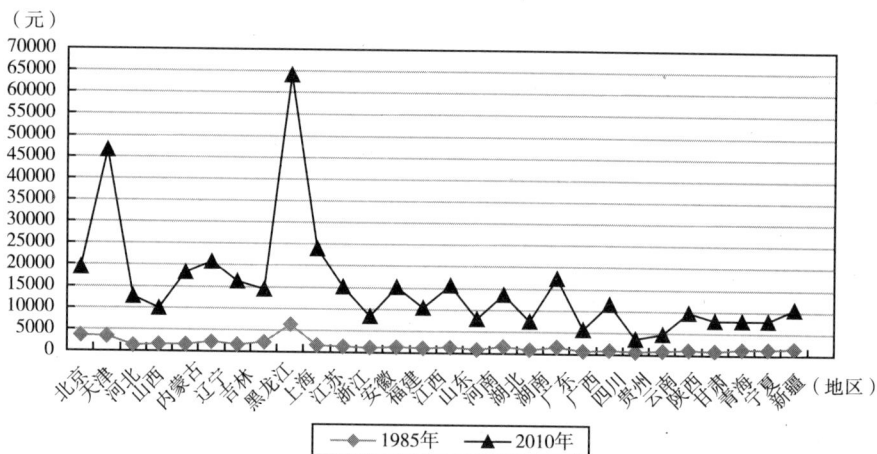

图 3 - 2　1985 年和 2010 年各省区劳均产出

资料来源：笔者按相应年份《中国统计年鉴》数据计算得来。

1.（加权）变异系数

变异系数即标准差与平均值的比值，是反映总体差异的相对指标，其公式如下：

$$CV = \frac{1}{X} \cdot \left[\sum_{i=1}^{N} (X_i - \bar{X})^2 / N \right]^{1/2} \qquad (3.1)$$

其中，CV 代表变异系数；N 为地区个数；$\bar{X}$ 为变量 X 的平均值。

加权变异系数就是加权标准差与平均值的比值。计算公式为：

$$CV' = \frac{1}{\bar{X}} \cdot \left[\sum_{i=1}^{N} (X_i - \bar{X})^2 \cdot P_i / \sum_{i=1}^{N} P_i \right]^{1/2} \qquad (3.2)$$

其中，CV′为加权变异系数；P_i 为 i 地区的人口。

加权变异系数就是著名的反映区域收入水平差异的威廉姆森（J. G. Williamson，1965）系数，它是国际学术界测度地区间人均收入水平相对差异的一种最常用的方法，它同样也可以用来测度区域经济发展差异状况。（加权）变异系数值越大，就表明样本中不同地区间的差距越大，反之则越小。（加权）变异系数的特点是不能分解，但能灵敏地反映收入分布两端的状况，因而是衡量地区差距的一个重要的工具。

2. 基尼系数（G）

基尼系数是一个从整体上衡量一定范围（一国或地区）内居民收入分配不均等程度的相对量统计指标，这一指标最初由意大利经济学家基尼（Gini C.）于1912年在洛伦茨曲线的基础上提出，后经阿特金森（1970）和森（1973）等进行了完善和拓展，目前在国内外有关经济发展差距的研究文献中得到了极为广泛的运用。基尼系数的算法比较多，其中的直接计算法是基尼于1912年提出的，计算公式如下：

$$G = \frac{1}{2n(n-1)u} \sum_{j=1}^{n} \sum_{i=1}^{n} |y_i - Y_i| \tag{3.3}$$

其中，y_i 表示第 i 个区域单元的真实人均 GDP；$|y_i - Y_i|$ 是任何两个区域单元真实人均 GDP 离差的绝对值；n 为样本容量；u 表示区域单元真实人均 GDP 均值。

另外，还有一种更为直观简便的计算方法。假定样本人口可以分成 n 组，设 w_i、m_i 和 p_i 分别代表第 i 组的人均收入份额、平均人均收入和人口频数（i = 1，2，…，n），对全部样本按人均收入 m_i 由小到大排序后，基尼系数（G）可由下式表示：

$$G = 1 - \sum_{i=1}^{n} 2B_i = 1 - \sum_{i=1}^{n} p_i(2Q_i - w_i) \tag{3.4}$$

其中，$Q_i = \sum_{k=1}^{i} w_k$ 为从 1 到 i 的累积收入比重；B 为洛伦茨曲线右下方的面积；w_i 表示从 1 ~ n 的和为 1。使用 Dagum（1997）方法还可以把基尼系数所表示的地区差距分解为三部分：区域内差距的贡献（G_{wt}）、区域间超变净值差距的贡献（G_{nbt}）和超变密度的贡献（G_{trt}）。[①]

基尼系数能够直观地反映出收入差距的总体状况，而且可以很容易地进行收入构成的分解分析，但它的缺陷是不能够确定系数值的变化是由哪个阶层收入变动所引起的。

---

① 具体分解方法可参考：Dagum Camilo, "A new approach to the decomposition of the Gini income inequality ratio", Empirical Econ., 1997, 22 (4), 515 – 531。

3. 广义熵指数 (GE) 与泰尔指数 [I (0)]

广义熵指数具有把整体差异划分成组内与组间差异的特性，可用于区域差异的地区构成分解，其计算公式为：

$$GE = \begin{cases} \sum_{i=1}^{k} f(y_i)\left(\left(\dfrac{y_i}{u}\right)^c - 1\right), c \neq 0,1 \\ \sum_{i=1}^{k} f(y_i)\left(\dfrac{y_i}{u}\right)\log\left(\dfrac{y_i}{u}\right), c = 1 \\ \sum_{i=1}^{k} f(y_i)\log\left(\dfrac{u}{y_i}\right), c = 0 \end{cases} \qquad (3.5)$$

$$GE = \sum_{g=1}^{k} W_g I_g + I(u_1 e_1, \cdots, u_k e_k), \text{其中} W_g = \begin{cases} f_g(u_g/u)^c, c \neq 0,1 \\ f_g(u_g/u), c = 1 \\ f_g, c = 0 \end{cases} \qquad (3.6)$$

其中，I_g 是 g 类内部的差异；u_g 是 g 类所有地理区域的人均收入的平均值；e_g 是与第 g 类人口有关的向量；f_g 是第 g 类所有地理区域的人口占全部区域总人口的比重；y_i 是 i 地理区域的人均收入；$f(y_i)$ 为 i 地理区域的人口占全部区域的比重；u 为全部区域的人均收入；k 为地理区域个数；c 为参数，若 $c = 0$，则这与衡量区域差异的另一著名指标——泰尔指数相一致。

泰尔指数又称"泰尔熵"，是由泰尔等人于 1967 年首先提出，因其可以分解为相互独立的组间差异和组内差异而被广泛用于经济发展相对差距的度量。泰尔指数的计算公式为：

$$I(0) = \frac{1}{N} \sum_{i=1}^{N} \log \frac{\bar{y}}{y_i} \qquad (3.7)$$

其中，N 为区域个数；y_i 是 i 地理区域的人均收入；$\bar{y}$ 是 y_i 的平均值。

如果将所有区域按照一定的方法划分为 G 组，则泰尔指数可以进一步分解如下：

$$I(0) = \sum_{g=1}^{G} P_g I(0)_g + \sum_{g=1}^{G} P_g \log \frac{P_g}{Q_g} \qquad (3.8)$$

其中，P_g 为第 g 组人口在区域总人口中的比重；Q_g 为第 g 组收入在总收入中的比重。

式（3.8）第一项表示各组内部各区域间的人均收入差距，第二项为各组间的人均收入差距。泰尔指数越大，就表示各地区间的经济发展水平差距越大；反之，泰尔指数越小，表明地区间经济差距越小。泰尔指数能够进行比基尼系数更为灵活的分解分析，但它极限值不确定，因而不能像基尼系数那样直观地反映出收入差距的状况。

总的来看，统计指标法能够表明不同年度的收入不平衡程度的变化，即能够表明区域增长不平衡的动态过程，而且可以按照产业、组间和组内差异的分解进一步说明差距的来源（如基尼系数和泰尔指数）。但统计指标法也存在一些局限性：一是所采用的指标的科学性和可靠性有待检验；二是区域范围的划分方法及区域数量的多少都会影响测量结果；三是它没有揭示可能的非线性收敛特性，而这对于区域经济差异的研究可能是很有意义的。

（二）　增长回归法

新古典增长理论提出了收敛假说，其主要思想是，具有相似技术和偏好的经济体最终会有相同的稳态，而它们暂时表现出人均产出的不同是资本劳动比不同的结果。新古典生产函数假定资本边际产出是递减的，在给定储蓄率的情况下，较低的资本劳动比则意味着较高的经济增长率，从而在理论上可以预期有更低人均产出的欠发达经济会有更高的经济增长率。β 收敛即国家或地区的经济增长速度与其初始经济水平成反比关系的经济增长，测度 β 收敛的方法即为增长回归法。Baumol（1986）依据新古典经济增长理论建立了 β 收敛模型，其基本形式为：

$$g_{i,T} = \alpha + \beta y_{i,0} + \prod X_i + \varepsilon_{i,T} \tag{3.9}$$

$$g_{i,T} = T^{-1}(y_{i,T} - y_{i,0}), E(\varepsilon_{i,T} \mid \phi_0) = 0 \tag{3.10}$$

其中，$y_{i,0}$ 和 $y_{i,T}$ 分别为地区 i 在初期和 T 期取对数后的人均产出；$g_{i,T}$ 为地区 i 从初期到 T 期人均产出的平均增长率；X_i 为影响地区经济增长的其他控制变量，如储蓄率、人口增长率等；$\varepsilon_{i,T}$ 为误差项；ϕ_0 表示初期可获得的所有信息。

Barro R. J. 和 Sala-I-Martin X.（1991）又进一步发展了 Baumol 的方程式，其基本回归方程式为：

$$\frac{1}{T-t} \cdot \log\left(\frac{y_{iT}}{y_{it}}\right) = x_i^* + \frac{1 - e^{-\lambda(T-t)}}{T-t} \cdot \log\left(\frac{y_i^*}{y_{it}^0}\right) + u_{it} \tag{3.11}$$

其中，i 为经济单位；t 和 T 代表期初和期末时间；$T-t$ 为观察时间长度；$y_{i,t}$ 和 $y_{i,T}$ 分别为期初和期末的人均产出或收入；x_i^* 为稳定状态的人均产出增长率；y_{it}^0 为每个有效工人的产出；y_i^* 为稳定状态每个有效工人的产出水平；系数 λ 为收敛速度；u_{it} 为误差。因此，λ 收敛系数表示 y_{it}^0 接近 y_i^* 的速度。

如果假定 x_i^* 和 y_i^* 保持不变，则由式（3.11）可以得到通常的估算公式为：

$$\frac{1}{T-t} \cdot \log\left(\frac{y_{iT}}{y_{it}}\right) = \alpha - \frac{1 - e^{-\lambda(T-t)}}{T-t} \cdot \log y_{it} + u_{it} \qquad (3.12)$$

其中，u_{it} 为误差项；α 为常数。

由式（3.11）可知，λ 值取决于初期的人均收入水平，而与其他参数的变化无关。因此，由该模型测算出来的 λ 系数，反映的是一种无条件或绝对 β 收敛，也就是说，在长期内地区间经济增长将会趋于收敛，所有的地区具有相同的增长路径和稳态。但是，地区人均收入的增长不仅仅取决于初期的人均收入水平，同时也会受到资源禀赋、产业结构、投资水平以及地区间要素流动等其他因素的影响。对于这种影响，可以通过设计一些新的控制变量加入到式（3.12）中进行分析。当加入这些新控制变量后，λ 系数衡量的实际上是一种条件收敛，即地区经济收敛的速度还会取决于其他参数的差异。加入一组新控制变量 x_{it} 后的回归方程如下：

$$\frac{1}{T-t} \cdot \log\left(\frac{y_{iT}}{y_{it}}\right) = \alpha - \frac{1 - e^{-\lambda(T-t)}}{T-t} \cdot \log y_{it} + \Phi(x_{it}) + u_{it} \qquad (3.13)$$

虽然绝对收敛和条件收敛是两种典型的经济增长收敛状态，但很多实证研究证明，区域间并不存在这两种收敛趋势，但却发现某些区域集团内部存在收敛趋势，区域间却没有收敛的迹象，通常把这种收敛称为"俱乐部收敛"。

增长回归法是一种典型的收敛检验方法，它能够表明在一定时期及一定条件下区域收入（产出）收敛的存在，同时能够揭示许多影响地区经济增长差异的因素，从而可以帮助我们寻找造成地区经济差距的根源和机制。但增长回归法也存在一些缺陷：一是增长回归法在因变量具有内生性的时候具有严重的偏倚问题，且该方法不能够表明区域的异质性；二是增长回归法多采用横截面数据，它不能够反映差异的动态变化过程；三是它无法区分收敛与发散之间的中间状态；四是该分析方法通常假设各区域的劳动和技术是同比例增长的，这一假设与事实不符。

（三）时间序列分析法

增长回归法是横截面分析的主要方法，但这种横截面分析方法的计量合理性受到 Quah（1993）等人的质疑，并建议采用时间序列方法来研究地区间的经济收敛。Bernard 和 Durlarf（1995，1996）也指出横截面分析是一个相对于时间序列分析而言较弱的命题，横截面收敛检验具有不理想的规模性质，且内生增长模型与多重均衡模型经常拒绝非收敛假说。Carlino 和 Mills（1993）及 Bernard 和 Durlarf（1995，1996）分别采用时间序列方法来研究地区间的收入差距的持续性和收敛性，并提出了随机收敛的概念。随机收敛分析是从各国人均产出时间序列所显示的关系出发，通过单位根和协整检验来判断国家间人均产出的差异在长期会不会消失，从而确定各国经济增长之间的收敛性和共同趋势。由于随机收敛分析取决于单位根和协整检验，因而通常被认为在使用长期数据分析时才相对更为有效。

1. 单位根（ADF）检验

单位根（ADF）检验即平稳性检验，可以通过该方法检验各个区域人均收入占全国的比重的时间序列平稳性，来确定其收敛的趋势。单位根检验可以用下面公式表示：

$$\Delta y_t = \alpha + \rho y_{t-1} + \sum_{i=1}^{k} \theta_i \Delta y_{t-i} + \varepsilon_i \tag{3.14}$$

$$\Delta y_t = \alpha + \beta t + \rho y_{t-1} + \sum_{i=1}^{k} \theta_i \Delta y_{t-i} + \varepsilon_i \tag{3.15}$$

其中，y_t 表示某区域在 t 时期相对人均 GDP 对数值；Δy_t 为 y_t 的一阶差分；k 为 Δy_t 的滞后期；ε_i 为一系列不相关的随机扰动项，其均值为零，方差相等。

如果式（3.14）估计的 $\rho < 0$，表示外部冲击对相对收入的影响是暂时的，俱乐部的相对收入将收敛于一个长期的稳定状态；如果 $\rho = 0$，则表示外部冲击对相对收入的影响可能是持久的，并且俱乐部的相对收入可能不会收敛。式（3.15）在式（3.14）的基础上附加了一个时间趋势项 βt。式（3.15）的估计结果的含义与式（3.14）的结果有所不同。如果式（3.14）中的 $\rho < 0$，它在式（3.15）中仍然会小于 0。但若式（3.14）中 $\rho = 0$，那么它在式（3.15）

中可能等于也可能不等于 0。

2. 协整检验

为了研究经济增长的收敛，Bernard 和 Durlarf 在人均收入（人均产出）序列线性确定性趋势和随机性趋势的假定下，给出收敛和共同趋势的定义。

收敛：对于 p（p = 1，…，n）个国家或地区的人均实际 GDP（人均产出），如果有：

$$\lim_{k \to \infty} E(y_{1,t+k} - y_{p,t+k} | I_t) = 0, \forall p \neq 1 \tag{3.16}$$

其中，I_t 为 t 时刻的信息集，则认为这 p 个国家或地区的产出存在随机收敛。

由收敛的定义可以看出，国家或地区间的人均实际 GDP（人均产出）差异将会随时间趋于无穷而接近于 0。若两个国家或地区存在收敛关系，则两者的人均实际 GDP（人均产出）将以向量 [1，-1] 的形式协整。另外，若产出序列为趋势平稳，则每个地区有相同的时间趋势。

共同趋势：对于 p = 1，…，n 个国家的人均产出序列 $y_{p,t}$，若：

$$\lim_{k \to \infty} E(y_{1,t+k} - \alpha'_p \bar{y}_{t+k} | I_t) = 0 \tag{3.17}$$

其中，$\bar{y}_t = (y_{2,t}, \cdots, y_{p,t})$，$I_t$ 为 t 时刻的信息集，则称这 p 个国家的经济增长具有共同趋势。

共同趋势的经济意义是 t 时刻人均产出的长期预测值成比例变化。在技术上，具有共同趋势的序列之间有 r(0 < r < p-1) 个协整关系，受 p - r 个共同冲击的影响，且其协整向量的形式为 [1，-α]。

通过以上定义可以看出，研究国家间经济增长收敛性的关键在于确定这些国家人均产出序列的协整关系。当人均产出序列协整关系的个数 r 等于 p-1 时，各国间的经济增长有收敛趋势。当人均产出序列的协整关系个数 r 小于 p-1 时，各国家间的经济增长不存在收敛趋势，只有 p - r 个共同趋势。

协整检验的常用方法是 Johanson（1988）的极大似然法，其模型如下：

$$\Delta Y_t = \Gamma_1 \Delta Y_{t-1} + \Gamma_2 \Delta Y_{t-2} + \cdots + \Gamma_{q-1} \Delta Y_{t-q+1} + \prod Y_{t-q} + \varphi D_t + U_t \tag{3.18}$$

其中，Y_t 是包含了 p 个一阶单整 I（1）时间序列变量的向量；Δ 表示一阶差分；Γ_1，Γ_2，…，Γ_{q-1} 是 $p \times p$ 系数矩阵；q 是滞后阶数；D_t 是确定性变量 I（0）；U_t 是向量白噪声；$\prod$ 为压缩矩阵。

　　根据 Johanon 的检验原理，判断变量之间协整关系的关键是确定上式中压缩矩阵 $\prod$ 的秩 r 的大小。Johanson 检验提供了两个统计量对 $\prod$ 矩阵的秩进行检验。若 $\prod$ 矩阵为非满秩阵，即 r＜p，则 $\prod$ 矩阵有 p－r 个特征值为零。因此，对于这最小的 p－r 个特征值，可构造迹检验统计量 $-T \sum_{i=r+1}^{p} \ln(1-\lambda_i)$ 和最大特征根检验量 $-T\ln(1-\lambda_{r+1})$。在迹检验中设计原假设 H_0：协整向量个数为 r 个，备择假设 H_1：协整向量个数为 p 个；在最大特征根检验中设计原假设 H_0：协整向量个数为 r 个，备择假设 H_1：协整向量个数为 r＋1 个。通过对上述假设检验，我们就可以得到协整向量的个数。

　　时间序列分析法虽然克服了增长回归法（横截面分析法）的一些缺陷，但它本身也存在一些不足，如没考虑到横截面单位的异质性，人均收入序列中又存在转移成分，这些不足在一定程度上减弱了该方法的解释力和检验力，使得采用该方法的实证研究往往拒绝收敛假说。针对这一情况，Levin（2002）、Kutan 和 Yigit（2005）等学者提出采用面板数据，通过面板单根测试的方法解决横截面单位的异质性问题，这样就可以不必让所有地区收敛于同一稳态，从而在一定程度上增强了时间序列对收敛的检测力。

（四）动态分布法

　　20 世纪 90 年代，Quah 首次提出采用动态分布法（MEDD）这种非参数估计方法研究地区经济发展差距问题。动态分布法包括马尔可夫链方法和核密度估计法，前者将人均收入序列作为离散状态处理，而后者将人均收入序列作为连续状态处理。马尔可夫链方法从人均收入内部分布的流动性来评估地区经济增长分布的演进，其分析原理如下：

　　X_t 为 t 期地区人均 GDP，人均 GDP 分布演化过程类似于时间序列中的一阶自回归：

$$\phi_{t+1} = T^*(\phi_t, \mu_{t+1}) = T^*_{\mu t}(\phi_t) \qquad (t \geq 1) \qquad (3.19)$$

其中，算子 T^* 描述了从 t 期到 t＋1 期地区人均 GDP 的分布演化；μ_{t+1} 为干扰序列；$T^*_{\mu t}$ 为吸收干扰项的算子。因此，下一期人均 GDP 的分布状况由下一期干扰项及目前的分布状况共同决定，而且，要求 T^* 具有稳定性。

如果 X_t 为离散变量，则算子 T^* 为马尔可夫过程的转移概率矩阵 M_t，将人均 GDP 视为离散的马尔可夫过程，并按某地区人均 GDP 占所有区域人均 GDP 均值的比重，将各地区经济水平离散化为 k 种类型，然后计算各类地区的概率分布及时段变化，得到近似逼近地区经济水平演变整个过程的转移概率矩阵，通常用 M（k×k）表示，其中的元素 P_{ij} 表示初始年份属于类型 i 的地区在 s(s≥1) 年后转移到 j 类型的一步转移概率，$P_{ij} = n_{ij}/n_i$，其中，n_{ij} 表示在整个考察期内，由初始年份属于 i 类型的地区在 s 年后转移为 j 类型的地区数量之和，n_i 是所有年份中属于类型 i 的地区数量之和。

假设马尔可夫转移概率在时间上平稳，即两个类型之间的转移概率与时间无关，就有：

$$F_{t+s} = M^* F_t \tag{3.20}$$

其中，M^* 是转移概率矩阵 M 的 s 次幂；F_t 和 F_{t+s} 分别是时间 t 和时间 t＋s 上的概率分布。

同样，在时间不变性假设条件下，马尔可夫转移概率矩阵 M 还可以用来研究 F_t 的遍历分布，即当 s 趋于无穷时该向量的极限分布。遍历分布意味着在长期里当转换概率矩阵保持不变时，人均收入的分布状态会演变成一种稳定的状态而不再变化，它是按照某种发展趋势所形成的长期均衡结果。

核密度估计法是使用核密度估计量来估计横截面的分布，从而反映地区经济增长的分布形态及随时间的变化。其原理如下：

设 p 维随机向量 X 的密度函数为 $f(x) = f(x_1, \cdots, x_n)$，$X_1, X_2, \cdots, X_n$ 为它的一个独立同分布的样本，则 $f(x)$ 的核估计为：

$$\hat{f}_n(X) = \frac{1}{nh^p} \sum_{i=1}^{n} K\left[\frac{x - X_i}{h}\right] \tag{3.21}$$

其中，K（ · ）为核函数，h 为带宽。在计算时需要选取带宽和核函数，最佳带宽选取的基本思想是使得均方误差最小。核函数的形式很多，常用的有 Epanechnikov 核函数[①]：

$$K(u) = \frac{p(p+2)}{2S_p}(1 - u_1^2 - u_2^2 - \cdots - u_p^2)_+ \tag{3.22}$$

---

① 式（3.22）和式（3.23）右式中的（ · ）$_+$ 和 [·]$_+$ 为零化算子。

其中，$S_p = 2\pi^{p/2}/\Gamma(p/2)$。当 $p = 1$ 时，$K(u) = 0.75(1 - u^2)I(|u| \leqslant 1)$，其中 I 为显性函数，当括号内的不等式成立时，取值为 1，否则取值为 0。其样本形式为：

$$K_h(x - X_i) = \frac{p(p+2)}{2hS_p}\left[1 - \left(\frac{x_1 - X_{il}}{h}\right)^2 - \cdots - \left(\frac{x_p - X_{ip}}{h}\right)^2\right]_+ \quad (3.23)$$

利用相关软件（如 STATA）通过核密度算法可得出某个时期地区收入分布状况的核密度图，再通过若干年份的核密度图对照，可进一步考察地区差距的长期变化趋势。

三、 中国地区差距研究综述

（一）计量方法视角的中国地区差距研究综述

地区差距是经济学界研究的热点问题，相关研究文献众多，但其研究手段不外乎统计指标法、增长回归法、时间序列分析法和动态分布法这四种，下面我们根据这几种方法对中国地区差距的研究文献进行梳理和评述。

1. 统计指标法实证研究

应用统计指标法进行地区经济差距研究的文献比较多。杨开忠（1994）分析了我国各省份人均 GNP 的加权变异系数，其结论是：省际差异的变化以 1978 年为转折，大致服从威廉姆森的"倒'U'形曲线规律"，即 1978 年以前差异扩大，而 1978 年以后差异缩小。林毅夫、蔡昉、李周等（1998）通过对人均 GDP 和人均收入的基尼系数分解发现：中国地区之间的差距在总差距中占主导地位，而且地区之间的差距在总差距中所占的比重呈上升趋势；而地区内部各省份之间的差距在缩小。Kanbur 和 Zhang（2003）按沿海和内陆，对 1952 ~ 2000 年的人均真实消费 GE 指数进行的分解和世界银行（1995）按 7 类地区划分进行的分解也发现类似的结论。林光平、龙志和与吴梅（2006）采用 Anselin（1988），Anselin 和 Rey（1991）有关空间经济计量方法，将地区间的相互作用关系引入中国区域经济差距的研究中，结果发现，中国经济体制改革以来，省区间经济收敛性可分为三个阶段：1978 年至 20 世纪 90 年代初，总体呈收敛趋势；1992 年至 20 世纪末，省区间经济表现出趋异性，不存在收敛；近几年省区间经济再次呈现收敛趋势。总的来看，采用统计指标法对中国改革开放以来地区经济差距的研究得出了一些比较一致的结论：一是我国经济增长呈现出一个先收敛后发散的趋势，其转折点在 1990 年左右；二是三大地带间的差距一直在扩大，并且从 90 年代以来在总差距中占据主要地位。而对于三大地带内部收敛性的研究则存在较大争议，Tusi（1991，1993）、蔡昉和都阳（2000）等认为，东、中部内部地区差距在明显缩小，西部地区的内部收敛趋势则相对较弱。而林毅夫、刘明兴（2003）认为，我国东部地区呈现出强劲的收敛趋势，中部地区相对较弱，西部地区则处于差距逐步拉大的状态。

也有不少学者是从城乡和产业的角度进行地区差距研究的。林毅夫等（1998）通过对中国地区差距的城乡分解发现，城乡差距所占的比重，由 1978 年的 53.36% 下降到 1995 年的 49.51%，农村内部贡献由 23.82% 上升到 27.02%，城镇内部的贡献由 22.82% 上升到 23.47%。Ravi（1999）等通过对基尼系数和泰尔指数分解，发现 1983~1995 年，我国农村与城市之间的差异大于沿海与内陆之间的差异。魏后凯（1997）应用加权变异系数法对地区差距进行了按六大行业分解，得出改革开放至 1994 年期间工业对地区差距的贡献份额均在 50% 以上，且在时间趋势上工业的贡献份额处于下降的态势。Tusi（1996）、林毅夫等（1998）、范剑勇（2002）通过地区差距按产业分解发现，第二产业对基尼系数的贡献远远超过其他产业，其次是第三产业，第一产业显得很不重要。从变化趋势来看，第二产业的贡献稍有下降趋势，但仍然很高，第三产业的贡献则在上升。

2. 增长回归法实证研究

增长回归分析法是研究经济增长收敛问题的主要方法，国内相关研究文献非常丰富，其研究的着眼点主要集中在地区经济增长的 β 收敛检验与地区差距形成原因及机制的分析两个方面。丁琳、陈平（1998）利用 Baumol 模型对我国 1952~1995 年的人均 GDP 的平均增长率与 1952 年的人均 GDP 之间的相关性进行了分析，认为在东、中、西部地区内部两者存在负相关关系。刘强（2001），张胜、郭军和陈金贤（2001），马栓友和于红霞（2003）等也做了类似的工作并得到了相似的结论。徐现祥和李郇（2004）采用 Barro 回归方程和 Dowrick 和 Rogers 框架分析中国城市经济增长的趋同情况。他们研究认为，中国城市经济增长存在绝对收敛的趋势。张焕明（2004）用扩展的索洛模型对中国经济增长的地区性差异与趋同所做的研究认为，中国地区经济不存在收敛。林光平、龙志和与吴梅（2005）利用空间计量模型研究中国 28 个省市 1978～2002 年间人均实际 GDP 的 β 收敛情况，发现省区间经济存在收敛性，但是 β 的估计值表现出增大的趋势。在条件 β 收敛模型中可以通过控制变量的引入来寻找我国地区经济增长差异扩大的原因。蔡昉和都阳（2000）引入了人力资本、投资率、市场化程度、投资效率及对外开放度等来做控制变量，沈坤荣和马俊（2002）引入了人力资本、贸易依存度、工业化进程等变量，林毅夫和刘培林（2003）选择了技术选择指数、储蓄倾向、劳动力的平均增长率，人力资本、外商直接投资额等指标，此外还包含一个表示不同地区类型的虚拟变量。以上研究结果表明，在控制了绝对收敛模型的一系列外生变量后，省区收敛回归模型的拟合效果大大改善，且具有统计上显著的收敛性。

一些研究者还注意到，某些在一定区域内部一致而在区域间产生差异的外生因素，对全国整体收敛性有着重要影响，即各区域内部促进经济增长的某种同质性，使得各省区经济向其所在地带稳态趋同，从而形成东、中、西三个"俱乐部收敛"。魏后凯（1997）、沈坤荣和马俊（2002）等研究都得出了相同的结论。

3. 时间序列分析法实证研究

采用基于时间序列的随机收敛分析法进行经验研究的文献比较少，其中，比较有代表性的是陈安平，李国平（2004）通过对我国 1952～2001 年东、中、西部三大地区和地区间人均产出序列的协整关系检验，发现东部和西部地区内的经济增长具有收敛性，而中部地区内和三大地区间的经济增长不存在收敛趋势。程建和连玉君（2005）根据 1952～2003 年各省人均实际 GDP 数据，运用随机收敛方法对我国地区经济增长的收敛性进行了检验。研究发现，我国西部地区具有收敛性特征，而东部地区及三大地区间不存在收敛，但中、西部地区具有共同的增长趋势，而与东部地区则不存在这种关系。滕建州和梁琪（2006）利用随机收敛分析法研究了 1952～2003 年我国东、中、西部地区和 27 个省份的相对实际人均产出增长动态，分析发现中国东部地区随机收敛于其补偿差异均衡水平，而中部和西部地区则随机发散，但后两个地区间具有共同随机趋势。以上研究虽然都属时间序列分析法，但他们具体收敛的检验方法却是不同的，而且三者的研究时段和三大地带的划分方法也有差异，从而导致了最终结论的差异。

4. 动态分布法实证研究

我国地区经济增长差距研究文献中有关动态分布分析法的研究非常少，基本上只有以下成果：Aziz 和 Duenwald（2001）采用随机核估计法研究 1978～1997 年中国 28 个省、自治区、直辖市人均收入的动态分布情况，作者通过随机核估计发现，虽然落后省、自治区、直辖市的人均收入在逐渐追赶发达省、市、自治区，但省、自治区、直辖市的相对人均收入分布呈"双峰状"，沿海省、自治区、直辖市向一个峰集中，其他省、自治区、直辖市向另一个峰集中。徐现祥、舒元（2005）采用高斯核核密度估计了我国省、自治区、直辖市人均 GDP 的分布情况，发现 20 世纪 80 年代省、自治区、直辖市增长分布呈现"单峰状"，进入 20 世纪 90 年代，就明显呈"双峰状"，沿海、内地各自的收入差距逐步缩小，而沿海、内地间的差距不断拉大。上述研究结论基本是一致的，即沿海和内地经济增长都存在"俱乐部"趋同现象，但这两个"俱乐部"之间的地区差距在扩大，这一结果是比较符合我国现实情况的。

（二）我国城乡差距研究综述

近年来，随着经济体制改革的不断深化和市场经济的快速发展，我国城乡居民的收入水平有了很大提高，社会消费格局逐渐由温饱型向小康型转变。但与此同时，城乡居民的收入差距也正逐步扩大，已成为制约我国经济协调发展的一大障碍。能否解决这一问题不仅关系到我国经济的安全、高效运行，而且也关系到社会的繁荣稳定。因而，关注城乡居民收入差距，探寻城乡差距扩大的原因及解决对策，正日益成为经济学界的研究热点。正因为如此，本书将对城乡差距研究状况进行一个专门评述。

1. 城乡收入差距状况研究

陆丁（Lu，2002）使用城乡人均消费比来度量收入差距后发现：首先，城乡消费差距在 20 世纪 90 年代有扩大的趋势，但在 20 世纪 90 年代后半期，这一扩大趋势有所减缓；其次，更高的人均 GDP 水平意味着较低的城乡消费差距，而且这一关系在 90 年代有所加强，这意味着大多数省区都已经度过了库兹涅茨曲线的第一部分。李实（2003）研究发现，中国的城乡收入差距总体上在 1984 年降到了最低点，这主要得益于 1978 年开始的农村改革。之后，城乡收入差距继续扩大，直到 1995 年政府提高了农产品的收购价格，城乡收入差距才有所缩小。但1997年以后，随着农产品收购价格的下降，城乡收入差距又进一步扩大。到2000年，城乡实际人均收入比已经达到2.46，如果考虑到城镇居民的医疗补贴、教育补贴等因素，城乡收入差距将更大。蔡昉（2005）认为，改革开放以来，城乡收入差距呈先缩小后扩大的态势。20世纪80年代中期是一个转折点，之后城乡收入差距又呈不断扩大态势。从农村家庭人均纯收入和城镇家庭人均可支配收入两个指标的比较来看，若考虑零售物价指数的变化，城乡收入比率（以农村收入为1）从1978年的2.6一度下降到1988年的1.5，随后提高并达到2003年的2.4。王德文和何宇鹏（2005）利用城乡居民实际消费水平和恩格尔系数来研究城乡收入差距，结果发现，1994～2003年的农村实际消费水平数值与1978～1987年的城市数值基本接近，这说明农村比城市的人均消费水平滞后大约在16年以上。1978年，城乡居民的恩格尔系数分别为57.5%和67.7%，两者相差10.2个百分点；到2003年，城乡居民的恩格尔系数分别下降到37.1%、45.6%，两者相差8.5个百分点。恩格尔系数下降虽然表明城乡生活质量有了不同程度的提高，但两者之间差距仍很显著。

以上文献只对我国城乡收入差距进行了总体研究，而没有分区域地进行城乡收入差距的横向比较研究。张昌彩（2004）在这方面进行了探索。他研究发现，改革开放以来，西部地区的城乡差距一直高于同期东部地区和中部地区。1980～1985年间，东部和中部地区城乡差距呈缩小趋势，而西部地区维持不变。其后，三大地区的城乡差距不断扩大，但西部地区的变化趋势更为显著。1980年，东、中、西部地区的城乡收入差距分别为2.01、1.63和2.11。然而到2000年，中、西部地区的城乡收入差距上升为2.49和3.62，而东部地区却只有2.30。

2. 城乡收入差距成因研究

一些研究认为导致我国城乡收入差距扩大的根源在于农村经济系统内部。赵满华（2000）认为有三个方面的原因拉大了城乡收入差距：第一，农业发展大大滞后于工业；第二，乡镇企业发展缺乏后劲；第三，农村第三产业发展缓慢。陈永清（2006）认为，农业生产的低效率以及农村落后的基础设施等因素都会导致城乡差距的扩大。靳贞来（2006）认为，农业是国民经济中最弱质的产业，生产方式落后，经营规模偏小，使得农业劳动生产率低下，农民增收困难。而城市支柱产业主要是利润率高的工业和第三产业，这为城市居民收入快速增长提供了保证。因而，这种传统农业的弱质性所导致的工农业效率差异，是导致城乡居民收入差距扩大的重要原因。

也有不少学者从制度（体制）和政策的角度对我国的城乡收入差距问题进行了研究。中国当前正处于经济的转型时期，制度或体制的因素是不可忽视的，从这一角度出发研究我国城乡收入差距的根源无疑是具有较强说服力的。蔡昉和杨涛（2000）综合运用工业化偏好理论和政治结构的特殊性理论分别解释了以经济体制改革为分界点的城乡收入差距的不同成因。他们研究认为，1978 年之前，与重工业优先发展战略相关的一整套干预政策导致了稳定的城市偏向；改革开放以后，城乡差距的变化主要导源于城市利益集团的压力以及传统经济体制遗留的制度性障碍。李实（2003）指出，导致城乡收入差距扩大的原因中，以下几方面不容忽视：一是政府对农副产品价格的控制；二是农村居民承受了不合理的税费负担；三是城乡劳动力市场的分割和城市劳动力市场的封闭；四是社会福利和社会保障的歧视性。林光彬（2004）从政治等级制度的角度深入地研究我国城乡收入差距扩大的根源和机制，其观点是，社会等级关系和市场经济相互作用形成的分配关系是城乡收入差距扩大的根本原因。社会等级关系与市场经济本身有不断扩大城乡收入差距的趋势，而国家执行扶强扶优的政策，使国家宏观调控烫平城乡差距的政策发生错位与缺位，加快了城乡收入差距的扩大。

还有些学者采用计量方法研究了制度和政策因素对城乡收入差距的影响。Shi 等（2002）运用经验实证的研究方法，将不能得到解释的城乡收入差距的 42% 和小时收入的 48% 归因于劳动力市场扭曲，其中户籍制度可以直接解释城乡收入差距的 28%；陆铭和陈钊（2004）利用 1987～2001 年省级面板数据进行计量分析，结果发现，就业的所有制结构调整、政府参与经济活动的程度以及财政支出结构的调整是扩大城乡收入差距的重要因素。

随着我国经济增长方式的转变，人的因素对经济增长的作用日益凸显，因而从人力资本的角度研究我国城乡收入差距问题具有重大的现实意义。郭剑雄（2005）借鉴内生增长理论的相关文献，并运用实证分析的方法，将人力资本、生育率以及二者的互动影响作为观察和分析中国城乡收入差距的基本变量。他研究发现，相对于城市来说，农村地区的高生育率和低人力资本积累率所导致的马尔萨斯稳态，是农民收入增长困难的根本原因；而城市部门已进入低生育率、高人力资本存量和积累率共同推动的持续增长均衡阶段。候风云和张凤兵（2007）也从人力资本的角度对城乡收入差距进行了研究，结果发现，从要素投入的角度来看，与物质资本投资差异相比，城乡人力资本投资差异是中国城乡差距扩大的更为主要的原因，而农村人力资本外溢将会导致农村人力资本投资减少，从而扩大城乡人力资本投资差距。农村人力资本，尤其是农村高含量人力资本的大规模溢出不利于农村经济的持续发展。

城市化也是影响城乡收入差距的一个重要因素，而这种影响会对城乡差距产生较复杂的多重效应，即城市化既有利于缩小城乡收入差距，同时也可能会导致城乡差距的进一步扩大。一些经验研究也在不同程度上说明了这一点。阮杨、陆铭和陈钊（2002，2004）通过构造城乡人均收入之比的公式，考察了城市化进程中农村居民转化为城市居民对城乡收入比的影响，发现城市化对城乡收入差距的影响同时存在两种方向相反的作用，但实证检验发现城市化总体上有利于缩小城乡收入差距。王小鲁和樊纲（2005）使用各省城市化率时间序列数据对城乡收入差距进行回归，得到的系数多数为正值并且显著，说明各地区的城市化和城乡差距有沿时间同步扩大的趋势。他们的解释是，城市化的短期效应是导致城乡收入差距扩大，而中长期效应则是使其缩小。

有些研究还从其他角度分析了城乡收入差距扩大的原因。刘文忻和陆云航（2006）认为外商直接投资的流入、对外贸易的发展会引起城乡收入差距的扩大。张立军、湛泳（2006）认为，农村资金的不断外流和非正规金融的不规范发展，加剧了城乡收入差距的扩大。曾国安（2007）认为，农产品贸易条件的不断恶化是城乡收入差距扩大的一个重要原因。

3. 缩小城乡收入差距对策研究

赵满华（2000）从农业和农村自身发展的角度提出了缩小城乡收入差距的建议：首先，转变以粗放经营为主的农业增长方式，实施科教兴农战略，通过推广一些实用型农业技术，提高农业生产效率；其次，要进一步优化农业产业结构，大力开发和充分利用各种农业资源，发展多种经营；最后，加快乡镇企业、农村第三产业等非农产业的发展。

陈钊和陆铭（2004）认为，由于经济开放和非国有化是大势所趋，地方政府有必要通过降低对于经济活动的参与，并且调整政府支出的结构和方向来缩小城乡收入差距，特别是应该将财政支出更多地用于支持农村地区的农业生产和文教科学卫生事业的发展，并且加大金融体系对农村的生产活动的扶持，同时还要改革城乡分割的户籍政策，让更多的农村居民享受到城市化的好处。

林光彬（2004）研究认为，加快城市化、农业产业化、非农化、减税减费、完善转移支付制度等等，这些政策无疑对降低城乡居民收入差距具有积极作用，但是它们都不能根本地改变城乡居民的等级秩序关系。社会等级制度制约并决定着城乡居民的基本权利、生存条件与发展空间，进而决定整个社会资源的配置、财富的分配与市场的发展条件，从而决定了城乡居民在收入分配中的根本关系。收入差距的扩大是一个分配问题，更是一个制度问题，收入分配的公平深深地依赖于政治和社会安排。因此，实现城乡统筹发展，缩小城乡居民收入差距的根本性措施是：实现等级法权地位平等化、收入分配格局平衡化、农村资源充分流动化与市场一体化。

郭剑雄（2005）认为，提高粮食价格、降低农业生产成本、减免农业税赋等政策选择对于从根本上解决城乡收入差距问题的作用是极其微小的，缩小城乡收入差距的政策设计的主要着眼点，应放在促进农村部门人力资本积累率提高和生育率下降方面。其政策目标是，实现城乡之间生育率和人力资本水平的趋同，在农村培育起与城市部门同质的、在城乡统一的劳动力市场上具有同等竞争力的收入创造主体。他认为可以从三个方面着手来提高农村人力资本的积累率：一是加大对农村地区的教育投入；二是在初等教育资源城乡分配倾斜的条件下，可以考虑适当降低农村子女接受高层次教育的门槛，相对增加其就学比重；三是大力开展面向农村的职业技术教育，提高没有或很少接受正规教育的农民的文化水平和劳动技能。

贾小玫和周瑛（2006）对缩小城乡收入差距提出了三个方面的对策：一是建立健全政府对农业的支持保护体系，加大补贴力度，增加对农业科技的投入，提高农业市场竞争力；二是要健全完善农村社会保障体系，有效地缩小城乡社会保障方面的差距；三是逐步取消户籍制度限制，加快中国城市化进程，促进城乡产业融合。

程开明和李金昌（2007）认为，要缩小城乡收入差距就必须做到：一是彻底扭转政府在价格、投资及财政支出等方面的城市偏向；二是建立城市反哺农村的机制，发挥城市辐射效应，带动乡村发展；三是防止出现城市偏向及城乡差距引致的过度城市化现象。

4. 当前研究中存在的问题及未来研究方向

（1）城乡居民收入的界定及其差距的衡量还存在较大争议。城镇居民所享有的实物性补贴和社会保障该不该计入其收入之中，城乡收入差距的衡量要不要考虑城镇和农村生活费用指数的差异，这些问题都需要作进一步的研究。

（2）城市和农村是两种性质不同的区域，其内部的产业构成、生产条件、生产方式及效率均存在巨大差异，在此意义上来看，城乡收入差距应该有其合理的部分，而在大多数研究文献中却很少提及这种收入差距的合理性。如何对城乡居民收入差距的合理部分和不合理部分进行鉴别，从而为收入差距确定一个适度的变动范围，成为城乡收入差距理论研究的一个难点。

（3）国内关于城乡收入差距问题的研究，主要集中在城乡差距现状、成因及对策建议等几个方面，而对城乡收入差距所产生的经济社会影响研究较少，因此，这方面的探索还有待加强。

（4）在城乡收入差距的研究中，多数学者采用了定性分析方法，而定量研究方法的应用却很少，降低了其结论的说服力。在研究城乡收入差距成因时，多数文献只分析了政策、体制、城市化等客观因素的作用，而极少讨论社会心理、价值观念等主观因素的影响，使研究缺乏全面性。因而，在今后的研究中，这些问题还需要进一步克服。

四、中国地区经济差距的测算与分析

当前研究中国地区差距的文献多采用人均产出或人均 GDP 指标，如魏后凯（1997）、林毅夫（2003）、陈秀山（2004）等，而采用劳均产出或劳均 GDP 指标的则相对较少。人均 GDP 是一个综合性指标，它的差距可以反映出一定时期的地区经济发展水平差异，而劳均 GDP 作为一个生产率指标更具有经济福利意义，它不但能够反映出地区经济发展水平差距，还能够反映出地区发展潜力的差距。而且本书是从全要素生产率视角来研究地区经济差距的，采用对生产发展起直接作用的劳动力指标要比总人口指标有意义得多，因而本书主要从劳均 GDP 出发来研究我国的地区差距。

下面将采用泰尔指数、增长回归法及马尔可夫链方法对我国地区经济差距进行测算和分析。省区产出水平 Y 用 GDP 数据表示，数据来自历年《中国统计年鉴》，并按 1978 年不变价格对历年名义 GDP 进行了折算。劳动力 L 为各省区全社会从业人员数，数据来自各省区历年统计年鉴。

（一）对中国省际经济差距的初步分析

我们首先利用最大最小值比及变异系数对中国省际经济差距作一个大概描述，计算结果见表 3-1。由表 3-1 可以看到中国经济发展取得了可喜的成绩，劳均 GDP 最大最小值在考察期内均有较大增长，2007 年最大值是 1985 年的 7.87 倍，2007 年最小值是 1985 年的 3.96 倍。从表 3 - 1 和图 3 - 3 还可以看到，我国省区劳均 GDP 最大值与最小值的比值在总体上呈现扩大趋势，特别是从 1992 年开始上升幅度加大，但自 2005 年以来略有下降，这种变化可以粗线条地反映中国地区差距的状况。

表 3 - 1　　　　　　　部分年份中国省区劳均 GDP 的简单统计　　　　　单位：万元

年份	最大值	最小值	最大最小值比	平均值	标准差	变异系数
1985	0.6325	0.0703	8.9955	0.1650	0.1126	0.6826
1988	0.7652	0.0777	9.8503	0.2026	0.1398	0.6898
1990	0.8203	0.0813	10.0876	0.2100	0.1494	0.7113
1993	1.2335	0.0979	12.5945	0.2852	0.2218	0.7778
1995	1.5501	0.1121	13.8220	0.3525	0.2803	0.7951
1998	1.9962	0.1419	14.0662	0.4714	0.3699	0.7846
2000	2.7340	0.1506	18.1527	0.5713	0.5029	0.8804
2003	3.4254	0.1878	18.2376	0.7388	0.6328	0.8564
2005	4.0929	0.2256	18.1414	0.8941	0.7464	0.8348
2007	4.9758	0.2784	17.8749	1.1077	0.8986	0.8113

资料来源：笔者按相应年份《中国统计年鉴》数据计算得来。

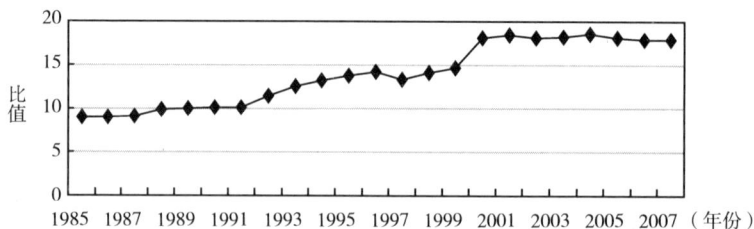

图 3 - 3　中国省际经济差距的变化趋势：劳均 GDP 最大最小值比值
资料来源：笔者按相应年份《中国统计年鉴》数据计算得来。

就变异系数的变动情况来看，如图 3 - 4 所示，1985～2001 年中国各省区变异系数总体呈上升趋势，由 1985 年的 0.6826 增加到 2001 年的 0.885，省区经济差距逐渐扩大。而从 2002 年开始，变异系数呈现出下降趋势，由 2002 年的 0.864 降至 2007 年的 0.8113，中国省区经济差距又趋于缩小。

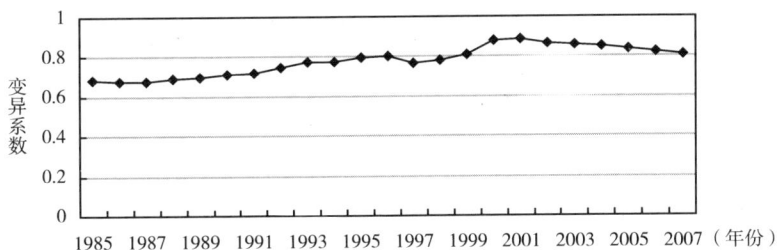

图 3 – 4　中国省际经济差距的变化趋势（变异系数）

资料来源：笔者按相应年份《中国统计年鉴》数据计算得来。

（二）中国地区差距的泰尔指数分析

变异系数虽能够度量地区差距，但它只是从总体上描述差距的变动趋势，不能够通过分解来寻求地区差距的根源。为了弥补变异系数的缺陷，同时也是为了保证对中国省际经济差距变化趋势的准确把握，本书将采用收入份额为权重的泰尔指数对中国地区差距作进一步的研究。

由图 3 – 5 中的总泰尔指数的变动情况可以看出，1985 ~ 2010 年，中国地区经济差距总体上扩大了，它经历了一个稳步扩大，在高位略有下降后又继而上升，然后又有所下降的过程。具体来看，总泰尔指数由 1985 年的 0.1123 上升到 1995 年的 0.1413，特别是从 1991 年开始上升更为明显，在经历 1996 年和 1997 年这两年的小幅下降后，总泰尔指数又连续攀升至 2003 年 0.1558，而从 2004 年开始又呈现出下降趋势。三大地区间的泰尔指数与总泰尔指数变化趋势基本一致，这说明地区间的经济差距总体上也在扩大。东部地区内部的泰尔指数总体上呈下降趋势，这意味着东部地区内部差距在缩小。具体来看，1985 ~ 1994 年，东部内部泰尔指数呈稳步下降趋势，由 1985 年的 0.062 下降到 1994 年的 0.0491，在经历了 1995 ~ 2001 年的起伏后，自 2002 年开始又呈现稳步下降趋势。中西部泰尔指数总体上比较稳定，波动幅度不大，但从图 3 –5仍然可以看出它们的大致变动趋势。1985 ~ 2010 年，中部地区差距呈现缩小趋势，这种趋势在 1985 ~ 1997 年和 2002 ~ 2010 年两个时段表现较为明显；而西部地区差距则呈扩大趋势，这一趋势在 1985 ~ 1991 年和 1995 ~ 2010 年这两个时段表现比较明显。

以上对总泰尔指数及其各个组成部分的变动趋势作了分析，下面我们继续

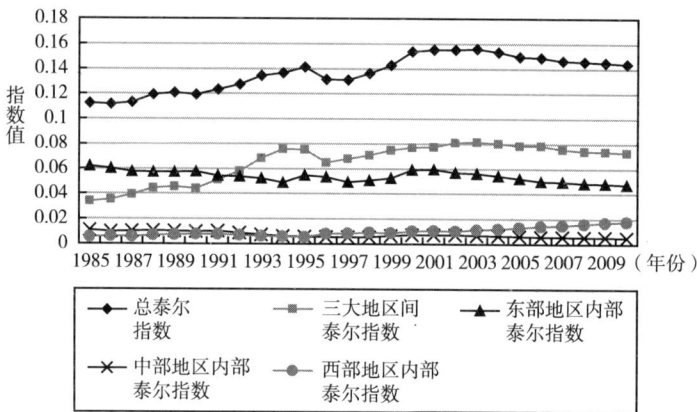

图 3 - 5   中国地区经济差距变化趋势：泰尔指数（1985～2010 年）

资料来源：所有结果均由笔者根据相应年份《中国统计年鉴》数据计算得出。

分析各个组成部分对总泰尔指数的贡献及其变动状况。由表 3 - 2 和图 3 - 6 可以看出，在 1985～2010 年期间，中国地区劳均 GDP 差距由东部地区差距占主导转变为三大地区间差距占主导，其交叉点在 1991 年左右。具体来看，东部地区差距贡献份额由 1985 年的 55.21% 下降至 2010 年的 33.4%，而三大地区的贡献份额则从 1985 年的 30.19% 上升到 2010 年的 51.38%。中西部地区差距的贡献份额比较低，其贡献份额均不超过 12%。就三大地区内部的差距而言，东部地区差距最大，而中西部内部差距都比较小，在 1995 年之前中部地区差距大于西部地区差距，而 1995 年之后则呈现出相反的状况。

表 3 - 2   中国地区劳均 GDP 差距及其各构成部分贡献（1985～2010 年）   单位:%

年份	泰尔指数	地区间贡献	东部贡献	中部贡献	西部贡献
1985	0.1123	30.19	55.21	9.80	4.81
1986	0.1117	31.78	53.98	8.77	5.46
1987	0.1131	34.75	50.93	9.02	5.31
1988	0.1195	37.24	48.12	8.87	5.77
1989	0.1207	37.86	47.56	8.53	6.05
1990	0.1193	36.97	48.28	8.38	6.37
1991	0.1234	41.41	44.17	8.18	6.24
1992	0.1276	45.53	42.16	6.82	5.49

续表

年份	泰尔指数	地区间贡献	东部贡献	中部贡献	西部贡献
1993	0.1344	50.89	38.91	5.51	4.69
1994	0.1367	55.16	35.92	4.54	4.39
1995	0.1413	53.15	38.85	4.03	3.96
1996	0.1316	49.32	40.42	4.18	6.08
1997	0.1310	51.91	37.71	4.05	6.34
1998	0.1362	51.98	37.30	4.04	6.68
1999	0.1427	52.49	36.93	4.56	6.03
2000	0.1536	50.13	38.48	4.69	6.71
2001	0.1550	50.00	38.45	4.65	6.90
2002	0.1552	52.26	36.60	4.64	6.51
2003	0.1558	52.25	36.07	4.49	7.19
2004	0.1532	52.48	35.44	4.24	7.83
2005	0.1498	52.40	34.78	4.07	8.74
2006	0.1488	52.76	33.67	4.03	9.54
2007	0.1463	51.61	34.04	4.03	10.32
2008	0.1457	51.52	33.52	3.91	11.05
2009	0.1450	51.44	33.47	3.86	11.23
2010	0.1440	51.38	33.40	3.82	11.40

注：贡献份额为总泰尔指数各组成部分与总指数比值。

资料来源：笔者根据相应年份《中国统计年鉴》数据计算得出。

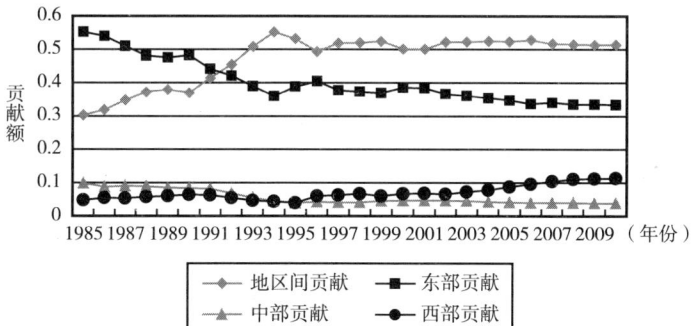

图3-6　泰尔指数各组成部分贡献份额变化趋势

资料来源：笔者根据相应年份《中国统计年鉴》数据计算得出。

综上所述，1985～2010 年，中国地区差距总体上在扩大，只是在 2004 年以后略有缩小。就其构成来看，东部内部差距要远远大于中西部内部差距，且东部地区和中部地区内部差距呈现缩小趋势，而西部地区内部差距则略有扩大；三大地区之间的差距总体呈现扩大趋势，并且逐渐取代了东部地区内部差距而在总差距中居于主导地位。

（三）中国地区差距的增长回归分析

增长回归法以样本期间的人均产出增长率为因变量，以初始人均产出和一些控制变量如储蓄率、人口增长率等为自变量，通过对方程回归估计所得出的初始人均产出回归系数及其显著性来确定地区间经济增长的差距是否有缩小趋势。回归方程如下：

$$\frac{1}{T-t} \cdot \log\left(\frac{y_{iT}}{y_{it}}\right) = \alpha - \frac{1-e^{-\lambda(T-t)}}{T-t} \cdot \log y_{it} + u_{it} \qquad (3.24)$$

$$\beta = -\frac{1-e^{-\lambda(T-t)}}{T-t} \qquad (3.25)$$

其中，y 为劳均产出；T 和 t 分别表示期末和期初；α、β 及 λ 为待估参数；u_{it} 为随机扰动项。若 $\beta > 0$，即 $\lambda < 0$，则地区差距呈现扩大趋势，若 $\beta < 0$，即 $\lambda > 0$，则地区差距呈现缩小趋势。

1978 年以来，我国经历了三轮重要的改革。第一轮是集体耕作到家庭联产承包责任制的改革，这项改革发端于 20 世纪 70 年代末 80 年代初，是新中国成立以来我国农村土地制度经营管理方式的一次重大变革。这一变革不仅解放和发展了农村生产力，提高了农业的劳动生产率，使整个农村的经济社会面貌发生了巨大变化，而且为整个国民经济的发展奠定了基础，成为新时期中国改革开放的先声。第二轮改革是促进工业企业的繁荣，这项改革发生于 20 世纪 80 年代中期，持续到 90 年代早期。这一轮改革促进了全国工业的大发展，做大、做强了地区经济总量，完善了基础设施，促进了社会事业的全面进步，为缩小城乡差别和实现地方经济的跨越式发展提供了坚实的基础。第三轮改革开始于邓小平 1992 年的南方谈话，外资大量涌入，对外经济快速发展。此轮改革使我国对外开放的战略出现了重大转变：一是开放的战略格局开始由沿海经济特区向内地扩散；二是开放的战略重心开始由体制试点向全面制度建设转型；三是中国的对外开放度不断大幅提高，外向型经济对国民经济的影响日益显现。第三轮改革使全国的外商直接投资不仅在数量和规模上跃上了一个新的台阶（1993 年外商直接投资的合同金额达到 1114.36 亿美元，是 1979～1992 年的总和）①，而且投资的区域分布也呈现出由东部沿海逐步向中西部地区渗透的趋势。

　　考虑到我国 1978 年以来的各项改革对区域经济发展的影响以及近年来国家区域协调发展战略的实施，本书将 1985～2010 年整个分析时段划分为 1985～1991 年、1992～2003 年以及 2004～2010 年三个子时段进行中国地区差距的增长回归分析，回归结果见表 3-3。

表 3-3　　　　　　　　中国省区劳均 GDP 增长回归分析

时间段	α	β	λ	$\overline{R}^2$	D. W.
1985～1991 年	0.1268 *	0.0204 ***	-0.0199	0.0403	1.7523
	(4.6380)	(1.4608)			
1992～2003 年	0.1253 *	0.0155 *	-0.0147	0.1935	1.9608
	(13.5301)	(2.4976)			
2004～2010 年	0.1056 *	-0.0053	0.0054	0.0278	1.9102
	(21.9135)	(-0.8567)			
1985～2010 年	0.0992 *	0.0075 ***	-0.0070	0.0456	1.2162
	(9.7403)	(1.4711)			

　　注：表中括号内为对应参数的 T 检验值，* 和 *** 分别表示估计参数在 1% 和 10% 显著水平下通过 T 检验。
　　资料来源：笔者根据相应年份《中国统计年鉴》数据计算得出。

　　从表 3-3 中 1985～1991 年的回归结果可以看出，β 值为 0.0204（λ = -0.0199），并且通过了 10% 的显著性检验，说明中国省际经济差距在此期间呈现扩大趋势。1992～2003 年 β 值为 0.0155（λ = -0.0147），且通过了 1% 的显著性检验，这说明在这一时期中国省际经济差距扩大趋势更加明显。2004～2010 年 β 值为 -0.0053（λ = 0.0054），但回归系数没有通过显著性检验，这一结果说明中国省际经济差距在这一时期出现不明显缩小趋势。在此期间高收入地区与低收入地区劳均 GDP 差距大约以每年 0.54% 的速度缩小，如果未来各地区增长仍保持这一态势的话，高收入地区与低收入地区劳均 GDP 缩小一半

①　数据来自相关年份《中国统计年鉴》。

大约需要 126 年的时间。从 1985～2010 年整个分析时段的回归结果来看，β 值为 0.0075(λ = − 0.0070)，回归系数通过了 10% 的显著性检验，这说明中国省际经济差距总体上在扩大。通过上述回归结果分析，我们可以看到中国地区差距一开始呈现小幅扩大趋势（1985～1991 年），而后又呈现显著扩大趋势（1992～2003 年），而近年来国家各项促进区域协调发展政策措施的实施又使地区差距出现缩小趋势（2004～2010 年），但从 1985～2010 年整个考察时期来看，中国地区差距总体上是趋于扩大的。

（四）中国地区经济差距的马尔可夫链分析

下面利用马尔可夫链方法对中国地区经济差距进行动态分布分析。为了得到一个离散分布，我们将各省区劳均产出除以同期所有省区的平均值就可以得到相对劳均产出，根据整体数据水平选取（0.50，0.75，1.00，1.25）四个界点值①，将劳均产出观测样本大致均分为五组，然后可以计算出转换概率矩阵 M，并根据转换概率矩阵 M 进一步计算出遍历分布。表 3 − 4 为 1985～2010 年劳均产出的转换概率矩阵及遍历分布。

表 3 − 4　　相对劳均产出的转换概率矩阵及遍历分布（1985～2010 年）

类　型	< 0.50	0.50～0.75	0.75～1.00	1.00～1.25	> 1.25
< 0.50	0.964	0.042			
0.50～0.75	0.024	0.955	0.019		
0.75～1.00		0.041	0.917	0.047	
1.00～1.25			0.068	0.801	0.121
> 1.25				0.053	0.946
遍历分布	0.216	0.307	0.148	0.090	0.239

资料来源：笔者根据相应年份《中国统计年鉴》数据计算得出。

表 3 − 4 中第一列为 t 期的相对劳均产出状态，第一行表示 t + 1 时期样本所处的状态，最后一行为遍历分布，中间为转换概率，对角线上的元素表示相对劳均产出从 t 期到 t + 1 期在本组内保持不变的概率。由概率转换矩阵可以看出，在考察期内处于相对劳均产出水平最低区间（< 0.50）和最高区间

---

① 根据所计算的全部数据确定界点值，将数据区间进行均分。

（＞1.25）的两极区域向相反方向转化的概率较小，分别为4.2％和5.1％。处于其他区间的区域则都向其两端转化，但处于较低劳均产出水平（0.50～0.75）的区域更倾向于降低其水平（概率为2.4％），而处于较高劳均产出水平（1.00～1.25）的区域则更倾向于提高其水平（概率为12％），这样就形成了中间层弱化，两极强化的态势。就遍历分布来看，劳均产出呈现双峰收敛趋势，且趋向较低劳均产出的收敛更为明显。有52.3％的地区分布在低和较低的劳均产出区间（＜0.75），32.9％的地区分布在高和较高劳均产出区间（＞1.00），14.8％的地区分布在中间区间（0.75～1.00）。由以上分析可知，从长期来看，有较多的地区（32.9％）向高劳均产出水平收敛，但有更多的地区（52.3％）则向低劳均产出水平收敛，从而呈现两极分化态势，这说明中国地区经济差距总体上在逐步扩大，这与β收敛分析结果基本是一致的。

五、对中国地区经济差距成因的初步分析

由以上分析可知，20多年来，我国东、中、西部三大地区以及各省区的经济发展水平，无论是绝对差距还是相对差距都呈现扩大趋势，而20世纪90年代以后这种趋势更加明显。究其原因，这主要是由于生产要素的投入（流动）的差别以及各种因素所导致的生产率的差异所致。资本在各地区间的配置和流动是影响区域经济增长，从而影响地区差距的一个关键因素。改革开放以来，数量巨大的外商直接投资以及民间资本流动使资金大量流向东部，加速了东部地区的经济增长，同时也扩大了地区差距。东部与中、西部省区之间在人力资本存量方面存在的差距，特别是东部与中、西部科技成果市场化程度的差异所导致的人力资本的生产率差异也是造成地区差距的一个重要原因。中、西部地区的经济增长率与东部的差距在很大程度上是由于要素生产率低，而这主要取决于技术进步和市场化程度的差异。就技术进步而言，我国东部地区技术创新比较活跃，始终处于技术进步的前沿，成为推动经济快速发展的强大动力。而广大中、西部地区则技术进步缓慢，经济增长缺乏必要的技术支撑，从而使其经济增长长期落后于东部地区。在市场化方面，东、西部差距也比较明显，尤其是在非国有经济的发展和要素市场发育方面差距非常突出，这是制约中、西部地区经济发展的一个关键因素。这些问题需要通过转变政府职能，鼓励非国有企业发展，提高企业管理水平，改革科技开发体制以及改善法律制度环境等办法加以解决。另外，我国幅员辽阔，各地区的地理条件、气候环境以

及历史文化因素存在较大差异，作为各地区经济发展的天然起点，这些方面的因素也会显著地制约甚至决定着各地区的经济发展历程，从而形成地区差距。

20世纪90年代以来，我国地区差距显著扩大，为促进区域协调发展，中央实施了西部大开发、振兴东北老工业基地、促进中部地区崛起以及鼓励东部地区加快发展等一系列战略措施，这是实现我国经济社会又好又快发展、确保实现全面建设小康社会、进而基本实现现代化宏伟目标的重大举措。随着这些政策的贯彻和落实，我国区域经济发展格局已出现了一些积极的变化，但区域经济发展不协调的状况仍未发生根本性转变。究其原因主要是，东部地区内在的自主增长率较强，形成强大的自我积累、自我发展能力；同时东部又面临新一轮国际资本和高科技产业向中国转移的重大机遇，从而使其进入了制造业和服务业拉动经济更快增长的时期，产业结构迅猛升级，不仅增长速度快，而且增长的技术含量高附加值高。而对中、西部来说，尽管国家加大了对这些地区的投资和政策支持力度，其社会固定资产投资获得了迅速增长，但中、西部地区的经济增长还处在依靠国家对基础设施投资拉动的阶段，制造业和服务业远远没有发展起来，其自我积累、自我发展能力很弱。同时由于中西部地区原有经济基础和条件较差，其市场化改革、产业结构调整、经济发展方式的转变以及投资环境的改善也是一个长期的过程。因此，在未来相当一段时期内，我国区域经济差距扩大的状况还不能够得到根本性的扭转，这决定了实现我国区域协调发展将是一个长期的历史过程和巨大的系统工程。

第四章　环境全要素生产率水平与
中国省际经济差距

全要素生产率的测算主要包括全要素生产率水平测算和全要素生产率增长率测算，当前绝大多数文献都采用了增长率测算，如 Young（1995）、邓翔和李建平（2004）、郭庆旺和贾俊雪（2005）等，只有少数文献进行了全要素生产率水平测算，如李静等（2006）、傅晓霞等（2006）。Klenow 和 Rodriguez-Clare（1997）认为，在增长核算中强调研究人均要素投入水平和人均产出水平比仅研究增长率更重要，基于这一点，本章将根据要素水平和产出水平进行全要素生产率水平测算，然后利用全要素生产率水平差异进行中国省际经济差距研究。

一、地区经济增长差距影响因素研究综述

寻求造成地区差距的原因还必须从影响地区经济增长的因素入手。影响地区经济增长的因素总体上可以分为要素投入和全要素生产率两大类。要素投入是指资本、劳动力及自然资源的投入；全要素生产率是指除投入因素以外的促进经济增长的因素，它包括技术进步和效率改善两个方面。其中技术进步（如新工艺的采用、技术改造、设备更新等）将新技术应用、合并于生产过程，引起生产要素的发展而转化为直接的生产力来促进经济增长，而效率改善则是通过产权制度改革、完善组织结构、提高内部管理水平和促进要素自由流动等手段促进经济增长（魏世红，2008）。上述各因素促进经济增长的过程如图 4－1 所示。

当前有关中国地区差距成因的研究较多，这些文献或者直接从要素投入和全要素生产率这两大类因素入手，或者从中选取一个或几个方面进行更为细致的分析。地区差异成因是任何地区差距研究所不可回避的问题，国内外众多经济学者都试图通过各种经验理论和统计检验对中国地区差距成因提出自己的解

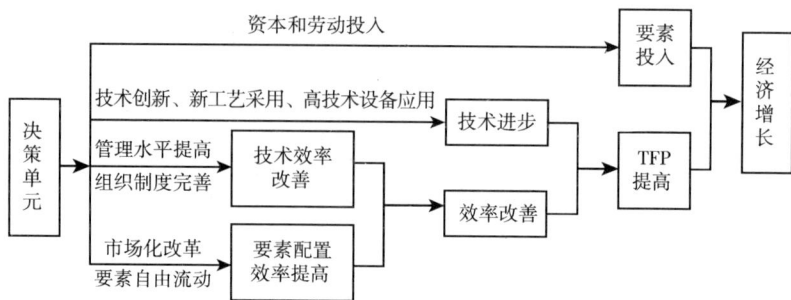

图 4 - 1　各因素促进经济增长示意

释。一些学者利用索洛模型或修正索洛模型测算出要素投入和全要素生产率，进而分析其对地区差距的影响，如李京文和钟学义（1998）、彭国华（2005）、李静等（2006）、傅晓霞和吴利学（2006）等。索洛增长核算方法应用较为广泛，它需要利用满足完全竞争、无外部性、要素可以相互替代、正且递减的要素边际收益等假定的新古典总量生产函数，外生技术被设定成具有希克斯中性特征。利用索洛增长核算方法的一些研究，如彭国华（2005）、李静等（2006）等，通常把资本积累和人力资本合并为统一的要素积累因素进行分析，没有研究它们各自对经济增长的贡献和收敛效应。同时其得出的全要素生产率也不能进一步分解，而对全要素生产率进行更细致的分解才能进一步揭示中国地区经济增长和差距扩大的根源。

　　基于前沿技术方法进行地区经济增长源泉收敛效应的研究较多，主要有郭庆旺等（2005）、郝睿（2006）、唐杰和孟亚强（2008）、吴建新（2009）、傅晓霞和吴利学（2009）、郭玉清和姜磊（2010）、史修松和赵曙东（2011）等。上述研究对中国地区经济增长源泉及其收敛机制进行了有益的探讨，但其研究仍然存在如下一些不足。

　　第一，在测算全要素生产率及其构成方面，它们都存在两个共同问题：首先，上述研究采用的 DEA 都是当期 DEA，这会导致与现实相违背的"技术边界内陷"状况的出现；其次，上述研究均没有考虑能源投入和非期望产出（环境污染）因素，这可能会降低其计算结果的准确性。

　　第二，就经济增长源泉对地区经济差距影响的研究来看，相关研究多采用收敛分析法、方差分解法及核密度法，但它们没有考虑动态空间因素的影响，同时也没有进行经济增长源泉对地区差距影响的长短期效应分析和弹性定量测算。

　　收敛分析法是较常用的一种地区差距分析方法，它以样本期间的人均产出增长率为因变量，以初始人均产出和一些控制变量如储蓄率、人口增长率等为自变量，通过对方程回归估计所得出的初始人均产出回归系数的正负号及显著性来确定地区经济增长的收敛性（包括绝对收敛和条件收敛）。这种方法能够表明在一定时期及一定条件下区域收入（产出）收敛的存在，同时也能够揭示许多影响地区经济增长差异的因素，从而可以帮助我们寻找造成地区经济差距的根源和机制。蔡昉和都阳（2000）通过使用1978～1998年的分省时间序列数据对我国地区经济增长进行了条件收敛分析，回归结果表明，人力资本的初始禀赋非常显著地与增长率正相关，是影响地区经济增长差距的重要因素；市场机制作用及开放程度的差异也是造成地区差异的重要原因。沈坤荣和马俊（2002）对改革开放以来我国省际间的经济增长差异进行了实证分析，研究发现，在回归模型中依次引入人力资本、外贸依存度、工业化进程以及地区虚拟变量后，回归方程的解释能力逐渐提高，各省份间表现出较为显著的条件收敛迹象，人力资本、贸易依存度、工业化进程对各省的经济增长具有显著的正向作用，即这三种因素是导致省际经济增长差异的重要原因。此外，林毅夫和刘培林（2003）考察了经济发展战略对劳均资本积累、技术进步进而对区域经济趋同与差异的影响，认为经济发展战略对我国区域经济趋同与差异的影响至关重要；郝睿（2006）采用绝对收敛方程考察了中国30个省区1978～2003年的物质资本积累、效率改善、技术进步和人力资本投入这四个因素的收敛效应，实证结果表明，中国地区差距发展趋势不容乐观，效率改善是唯一使得地区间差距趋于缩小的因素，但是其作用随时间推移逐步减小。其他相关研究还有唐杰和孟亚强（2008）、郭玉清和姜磊（2010）、史修松和赵曙东（2011）等。上述文献都采用了收敛分析方法研究各经济增长源泉对地区差距的影响，但这些研究除史修松和赵曙东（2011）外，都将经济体视为互相独立的个体而没有考虑地区经济增长的空间相关性，忽略地区间的经济社会联系这一客观现实将会降低相关研究结论的可靠性。

　　方差分解法从（修正）索洛模型出发，针对影响经济增长的要素投入和全要素生产率两种因素进行地区差距贡献分析，其优点是能够直接测算出两种因素对地区差距的影响程度，使相关分析更加明确。具体做法是将（修正）索洛模型变为人均或劳均数量形式，然后取自然对数，再对取对数的人均或劳均产出求方差，通过公式变换将劳均产出方差分解为全要素生产率的贡献和要素投入的贡献两个部分，通过比较二者的大小来判断哪个因素是导致地区经济差距的主要因素。利用方差分解法进行地区差距影响分析的文献主要有：彭国华（2005）利用修正索洛模型测算出我国1982～2002年的全要素生产率，并对我国的地区收入差距进行了方差分解，结果发现，全要素生产率的贡献一直占主导地位，平均比重为75%，要素投入的变化居于次要地位，平均比重为25%；李静等（2006）运用Cohen和Soto增长核算模型估计了中国省份的全要素生产率，并计算了要素投入和全要素生产率对地区差距的贡献度，结果表明全要素生产率的差距是解释中国地区差距的最主要根源；傅晓霞和吴利学（2006）通过索洛余值核算发现我国地区经济差异主要来源于要素积累而非全要素生产率，前者的贡献份额大约是后者的3倍，同时还发现，1990年以后要素投入对地区差距的贡献正快速下降，全要素生产率的作用持续提高，将成为今后地区差距的关键性决定因素。

郭庆旺等（2005）、吴建新（2009）、傅晓霞和吴利学（2009）采用核密度估计方法分析了经济增长源泉对地区产出收敛态势的动态影响。但郭庆旺等（2005）仅考察了全要素生产率及其构成的作用，而没有考虑投入因素的影响。吴建新（2009）也仅分析了效率变化、技术进步、物质资本和人力资本积累四个因素对地区产出分布的各自影响，而没有考虑它们各种组合的联合影响。傅晓霞和吴利学（2009）虽然分析了各种增长源泉对产出分布的联合影响，但其对全要素生产率的测算没有考虑能源和环境因素。另外，上述研究也都没有具体计算分析各经济增长源泉对地区差距影响的长短期效应和时变弹性系数，只是进行一种总体的直观判断，精确性稍差。

二、 基于索洛模型的传统全要素生产率与地区经济差距

（一）模型与方法

全要素生产率测算最常采用的模型是索洛模型，标准索洛模型可表示为：

$$Y_i = A_i K_i^\alpha H_i^{1-\alpha} \quad (0 < \alpha < 1) \tag{4.1}$$

其中，Y_i是i地区的总产出；K_i是i地区的物质资本存量；H_i是该地区人力资本增强型劳动力（$H = h \times L$，h指人力资本存量，通常用人均受教育年限来表示；L指劳动力，可用劳动力数量或工作小时数表示）；A_i指技术进步（希克斯中性技术进步），即所谓的全要素生产率；α为资本产出弹性，由于假设

规模报酬不变，所以资本增强型劳动力 H_i 的产出弹性就为 $1-\alpha$。这种基于柯布—道格拉斯生产函数的索洛模型通过取对数可将其转变为线性函数，便于分析和计算，所以应用较为广泛。

式（4.1）式两边同除以 L 可进一步变形为：

$$y_i = A_i k_i^{\,\alpha} h_i^{\,1-\alpha} \qquad (0<\alpha<1) \tag{4.2}$$

其中，y_i 为劳均产出；k_i 为劳均资本；其他变量与式（4.1）相同。这是以劳均资本为投入要素的索洛模型。当然还可以根据分析需要将其转变为以资本产出比为投入要素的索洛模型：

$$y_i = A_i^{\frac{1}{1-\alpha}} \left(\frac{K_i}{Y_i}\right)^{\frac{\alpha}{1-\alpha}} h_i \qquad (0<\alpha<1) \tag{4.3}$$

式（4.1）至式（4.3）尽管形式不同，但其实质是一样的。索洛模型在经济增长分析中得到了广泛的应用，但 Klenow 与 Rodriguez – Clare（1997）等认为索洛模型不适宜分析各国家或地区经济稳态的水平差异，他们认为，根据新古典增长理论，稳态下劳均产出增长完全由外生技术进步引致，而劳均资本存量会随技术进步同比例提高，在增长核算中会将部分技术进步贡献归功于资本积累，因而他们建议采用资本—产出比而不是资本—劳动比作为投入要素的衡量指标，并称为"修正索洛余值法"。Hall 和 Jones 在假定技术进步为哈罗德中性技术进步的前提下，将索洛模型修正为：

$$Y_i = K_i^{\alpha}(A_i H_i)^{1-\alpha}(0<\alpha<1) \tag{4.4}$$

类似于索洛模型，式（4.4）通过两边同除以劳动力 L，可变为：

$$y_i = k_i^{\alpha}(A_i h_i)^{1-\alpha} \tag{4.5}$$

式（4.4）还可以变形为：

$$y_i = A_i \left(\frac{K_i}{Y_i}\right)^{\frac{\alpha}{1-\alpha}} h_i(0<\alpha<1) \tag{4.6}$$

其中，y_i 为劳均产出。根据式（4.6）就可以直接比较各地区收入差距中全要素生产率、资本产出比和人力资本这三个因素的影响程度了。通过比较式（4.3）和式（4.6）可以发现利用索洛模型和利用修正索洛模型所计算出的全要素生产率的关系。用 $A_{索}$ 表示索洛模型计算结果，$A_{修}$ 表示利用修正索洛模型计算结果，则有：

$$A_修 = A_索^{\frac{1}{1-\alpha}}$$

由于：

$$0 < \alpha < 1, 0 < A < 1$$

所以：

$$A_修 < A_索$$

α 越是趋近于 0，则 $A_修$ 就越大，越趋近于 $A_索$；α 越是趋近于 1，$A_修$ 就越小于 $A_索$。

虽然索洛模型在测算全要素生产率的研究中应用广泛，但 Hall 和 Jones（1999）以及 Easterly 和 Levine（2001）等却认为，修正的索洛模型可以更好地反映偏好、禀赋、文化以及地理条件等因素对稳态经济水平效应的作用，比索洛模型更为适合研究不同国家和地区产出水平的差异。基于这一观点，本章将同时采用索洛模型和修正索洛模型来测算我国各省区的全要素生产率，并分析其对我国地区经济差距的影响。

（二）样本及相关数据说明

由于受到人力资本数据的限制，本书分析时段为 1985 ~ 2010 年，省区产出水平 Y 用 GDP 数据表示，其数据来源及处理方法已在第三章进行了相关说明，下面对模型涉及的其他变量及相关数据进行说明。

资本存量 K 的估算是一个难题，相关研究对其测算的方法不尽相同，所得出的数据也存在着较大的差异，其中应用比较普遍的方法是永续盘存法，其公式为：

$$K_t = I_t + (1 - \delta_t)K_{t-1} \tag{4.7}$$

其中，K_t 为第 t 年的资本存量；K_{t-1} 表示第 t - 1 年的资本存量；I_t 表示第 t 年的投资；δ_t 表示第 t 年的折旧率。

由上述公式可知估算资本存量必须解决以下几个问题：一是当年投资 I 的确定；二是投资价格指数的构造；三是折旧率 δ 的确定；四是基年资本存量 K 的确定。当前的许多相关研究都把固定资本形成总额而不是全社会固定资产投资作为当年的投资额，全社会固定资产投资额存在的主要问题是与 SNA 的统计体系不相容，是中国投资统计特有的指标（丁琳、陈平，1998）。因此，本书把固定资本形成总额作为衡量当年投资 I 的合理指标。至于固定资产投资价格指数的构造，利用《中国国内生产总值核算历史资料（1952～1995）》中提供的各年固定资本形成总额（当年价格），以及以 1952 年为 1 和以上一年为 1 的固定资本形成总额指数，就可以计算出各省历年的以 1952 年为 1 和以上一年为 1 的投资隐含平减指数，公式如下：

$$\text{某年的固定资本形成} \atop \text{总额指数}(1952=1)} = \frac{\dfrac{\text{某年的固定资本形成总额（当年价格）}/\text{某年的}}{\text{投资隐含平减指数}(1952\ 年=1)}}{1952\ \text{年的固定资本形成总额（当年价格）}}$$

$$\text{某年的固定资本形成} \atop \text{总额指数}(上一年=1)} = \frac{\dfrac{\text{某年的固定资本形成总额（当年价格）}/\text{某年的}}{\text{投资隐含平减指数}(上一年=1)}}{\text{上一年的固定资本形成总额（当年价格）}}$$

然后再将其折算成以 1978 年为基期的投资隐含平减指数来代替固定资本投资价格指数。1995 年以后的数据则直接采用历年《中国统计年鉴》公布的固定资产投资价格指数。有了固定资本投资价格指数就可以利用它平减各年投资，将其折算成以 1978 年不变价格表示的实际值。

按照张军等（2004）的做法，折旧率各省均取 9.6%，基年（1978 年）的物质资本存量由当年的固定资本形成总额除以 10% 得出。有了以上数据就可以按照永续盘存法计算出各省历年的实际物质资本存量了。

劳动力 L 为各省区全社会从业人员数。由于《中国统计年鉴》的相关数据 1998 年后许多省份出现了较大幅度的下降，为了保持数据的连续性，本书采用各省历年统计年鉴公布的全社会从业人员数据。

人力资本 h 用人均受教育年限表示。陈钊等利用地区虚拟变量的固定效应模型估计出了 1987～2001 年较为完整的省级人力资本存量数据，本书直接采用这一时段的数据，其他年份数据由笔者按相同的方法计算得来，其中 1985 年和 1986 年数据来自相应年份的人口抽样估算数据，2002～2010 年数据来自相应年份的《中国统计年鉴》。

（三）资本产出弹性的确定

除测算模型外，资本和劳动产出弹性的确定是测算全要素生产率时需要解决的另一个重要问题。由于假设规模报酬不变，所以我们只需要确定资本产出弹性就可以了。资本产出弹性的测算是一个比较困难的问题，当前主要有两种方法：回归法、收入份额法。

回归法就是利用计量经济学方法来确定产出弹性。以柯布—道格拉斯生产函数为例，通过取对数可得到如下形式的方程：

$$\ln Y = c + \alpha \ln K + \beta \ln L + T + \varepsilon \qquad (4.8)$$

其中，Y、K、L 分别为产出、资本和劳动力；c 为常数项；α 为资本产出弹性；β 为劳动产出弹性；T 为趋势项；ε 为随机扰动项。

利用相关统计数据通过回归方法可得到资本和劳动产出弹性的估计值，然后再利用估计值代替真实值进行全要素生产率的测算。

收入份额法就是将国内（地区）生产总值分解为劳动者报酬、固定资产折旧、生产者净税和营业盈余四个部分，可将劳动者报酬占收入法 GDP 的比重近似作为劳动产出弹性，其余部分占 GDP 比重作为资本产出弹性。采用这一方法必须满足两个重要的假设条件：一是厂商是要素价格的接受者；二是厂商追求利润最大化。在完全竞争的市场经济环境中这些条件可以实现，而我国当前正处于经济体制转轨时期，市场化程度比较低，各种生产要素的流动性差，这些现实的情况离完全竞争市场假设差距较大，另外中国的统计制度和统计体系还有许多不完善之处，劳动者报酬的数据质量也是一个重要问题，若再考虑到劳动力的跨区域流动及收入的在地区间转移支付这些因素，利用收入份额法确定的资本产出比率可能是很不准确的。

本书拟先采用回归法来测算中国各省区的资本产出弹性。回归法是一种较常使用的经济分析方法，它以实际数据为基础，通过计量经济学方法得到相关参数的最佳拟合值。采用这种方法，需要较多年份的历史数据，样本过少时，回归结果缺乏代表性；同时，必须对回归结果进行相应的统计检验，只有当检验获得通过，并且经济意义合理时，才能用回归出来的参数做相关分析和计算。考虑到 1978 年以来的改革因素对经济增长的影响，我们在回归时引入年份虚拟变量 D，其值在 1985～1991 年为 0，1992～2010 年为 1。具体回归方程如下：

$$\ln y - \ln h = C + \alpha \left[\ln(K/L) - \ln h \right] + \gamma D + \varepsilon \qquad (4.9)$$

其中，C 为常数项；α 为资本产出弹性；γ 为虚拟变量系数；ε 为随机扰动项；其他变量同式（4.2）。回归结果由表 4－1 给出。

表 4 - 1　　　　　　　　　　　　　　资本产出弹性回归结果

地　区	常数项	ln(K/L) - lnh	D	R^2	DW	F
北　京	- 1.827 (- 28.298)	0.848 (10.234)	0.172 (5.614)	0.995	1.892	1244.795
天　津	- 0.754 (- 4.952)	0.845 (12.766)	0.016 (1.173)	0.999	1.827	5770.936
河　北	- 1.166 (- 15.416)	0.776 (24.262)	0.018 (0.920)	0.998	1.661	3216.795
山　西	- 1.813 (- 48.263)	0.640 (51.929)	0.088 (5.491)	0.995	1.638	2431.112
内蒙古	- 0.720 (- 0.141)	0.661 (9.873)	- 0.026 (- 1.319)	0.998	1.734	4345.666
辽　宁	- 0.737 (- 9.568)	0.874 (25.828)	0.059 (3.012)	0.998	1.820	2369.457
吉　林	- 1.377 (- 6.507)	0.629 (4.908)	- 0.001 (- 0.007)	0.997	2.326	1531.089
黑龙江	- 0.017 (- 0.156)	0.611 (5.257)	0.028 (2.076)	0.997	1.880	1643.103
上　海	- 0.438 (- 7.566)	0.899 (22.892)	- 0.009 (- 0.457)	0.998	2.341	2912.621
江　苏	- 0.932 (- 13.362)	0.865 (27.564)	- 0.016 (- 0.395)	0.997	1.940	2436.450
浙　江	- 0.998 (- 12.763)	0.759 (26.175)	- 0.010 (- 0.363)	0.997	1.947	1873.518
安　徽	- 0.619 (- 3.840)	0.702 (5.526)	0.141 (3.505)	0.994	2.611	851.190
福　建	- 0.922 (- 9.064)	0.777 (26.374)	0.360 (9.966)	0.990	1.642	1173.526
江　西	- 1.287 (- 7.273)	0.724 (7.922)	0.007 (0.279)	0.996	1.888	1368.178

续表

地 区	常数项	ln(K/L) - lnh	D	R²	DW	F
山 东	-1.337 (-23.780)	0.743 (40.991)	0.192 (8.519)	0.995	1.630	2313.287
河 南	-1.447 (-30.229)	0.725 (55.205)	0.166 (11.283)	0.995	1.970	880.725
湖 北	-0.866 (-8.784)	0.726 (23.566)	0.018 (0.875)	0.998	2.147	2064.693
湖 南	-1.014 (-8.571)	0.697 (11.202)	0.049 (6.255)	0.999	1.727	4553.531
广 东	-0.834 (-9.295)	0.771 (18.039)	0.052 (1.669)	0.997	1.665	3027.839
广 西	-1.829 (-13.208)	0.610 (11.325)	0.112 (2.802)	0.994	1.968	1351.519
四 川	-0.269 (-0.237)	0.770 (16.076)	0.635 (5.733)	0.999	2.719	3567.323
贵 州	-1.880 (-19.804)	0.650 (24.438)	0.247 (13.260)	0.974	2.447	161.4544
云 南	-1.336 (-8.000)	0.716 (11.380)	0.003 (0.099)	0.992	1.815	934.899
陕 西	-1.065 (-4.729)	0.799 (6.303)	0.044 (1.185)	0.991	1.870	799.304
甘 肃	-1.334 (-15.944)	0.725 (17.630)	0.028 (1.409)	0.997	1.924	3173.982
青 海	-1.967 (-26.493)	0.667 (21.196)	0.096 (3.972)	0.986	2.443	336.218
宁 夏	-1.688 (-15.366)	0.620 (8.276)	0.012 (0.587)	0.995	1.662	1455.113
新 疆	-1.421 (-43.416)	0.739 (65.749)	0.023 (1.578)	0.998	1.854	2505.334

注：表中括号内数据为系数的 t 检验值；除山西、福建、山东三省外，其他省区均采用 AR（p）模型消除了自相关，限于篇幅表中未列出相关回归结果。

资料来源：笔者依据历年《中国统计年鉴》或由《中国统计年鉴》整理计算得来。

由表 4–1 可以看到，方程的拟合效果非常好，各省 ln(K/L)–lnh 的系数（资本产出弹性）都在 1% 的水平上通过了显著性检验，方程可决系数都在 0.97 以上，F 统计量的值也非常大，并且不存在自相关。就资本产出弹性来看，全国平均水平为 0.734，东部地区值总体上要大于中西部，其中上海、辽宁、江苏等省区的资本产出弹性值比较大，分别为 0.899、0.874、0.865，宁夏、黑龙江、广西等省区的资本产出弹性值比较小，分别为 0.620、0.611、0.610。

（四）传统全要素生产率对地区经济差距的影响分析

在利用回归法得出资本产出弹性后，在不考虑环境污染的条件下，我们先采用索洛模型测算中国地区的全要素生产率，并进一步利用收敛分析法、方差分解法以及脉冲响应分析方法研究其对中国地区经济差距的影响。

1. 全要素生产率与要素投入对中国地区经济增长收敛性的影响分析

作为经济增长的重要推动因素，全要素生产率和要素投入与中国地区经济差距均有着不同程度的关系，那么究竟谁的影响大一些？下面我们将对此进行具体分析。根据 1985～2010 年中国地区差距的总体变化情况，我们把总时段划分为 1985～1991 年、1992～2000 年和 2001～2010 年三个子时段分别进行分析。相关研究通常采用控制变量法（条件 β 收敛分析法）来分析各因素对经济增长收敛性的影响，但考虑到全要素生产率、要素投入与地区劳均产出水平相关度较高，并且采用这种方法并不能够准确区分全要素生产率与要素投入对地区差距的各自影响，所以本书不采用这种方法。根据索洛模型可知，劳均产出增长率可以分解为全要素生产率增长率和要素投入增长率，因而，我们可以仿照 Maudos 等人（2000）的方法，采取分别以全要素生产率和要素投入增长率对初始劳均产出水平进行回归的办法进行分析，这样既可以合理地控制全要素生产率和要素投入对 β 收敛检验的影响，而且还可以明确它们对地区差距变化的具体影响。回归结果由表 4–2 和表 4–3 给出。

表 4 – 2 全要素生产率对中国地区差距的影响

地区	解释变量	1985～2010 年	1985～1991 年	1992～2000 年	2001～2010 年
全国	常数项	0.1084 (3.3837)*	0.2548 (4.2038)*	– 0.1018 (– 1.9277)**	0.0115 (0.4984)
	$\ln y_0$	– 0.0135 (– 3.0787)*	– 0.0342 (– 4.1165)*	0.0118 (1.7210)**	– 0.0007 (– 0.2684)
	R^2	0.2672	0.3946	0.1023	0.0028
	DW	2.1340	2.1156	2.4421	2.3876
东部	常数项	0.0952 (1.6217)***	0.3040 (2.3279)**	– 0.0482 (– 0.7565)	– 0.0192 (– 0.4041)
	$\ln y_0$	– 0.0123 (– 1.6010)***	– 0.0408 (– 2.3885)**	0.0060 (0.7637)	0.0025 (0.4770)
	R^2	0.2427	0.4163	0.0679	0.0277
	DW	2.1468	1.9048	2.9225	2.1066
中西部	常数项	0.0349 (0.6274)	0.1654 (1.6950)***	0.0257 (0.2090)	– 0.0095 (– 0.1784)
	$\ln y_0$	– 0.0028 (– 0.3625)	– 0.0216 (– 1.5625)***	– 0.0059 (– 0.3515)	0.0019 (0.2989)
	R^2	0.0081	0.1324	0.0077	0.0056
	DW	2.0184	2.1798	2.359	2.5013

注：$\ln y_0$ 表示初始年份劳均 GDP 对数值；括号内数据为相应系数的 t 检验值，*、**、*** 分别表示在 1%、5% 和 10% 水平上通过显著性检验。

资料来源：笔者依据《中国统计年鉴》数据计算得来。

表 4 – 3 要素投入对中国地区差距的影响

地区	解释变量	1985～2010 年	1985～1991 年	1992～2000 年	2001～2010 年
全国	常数项	– 0.0763 (– 1.5112)***	– 0.2870 (– 4.0046)*	– 0.1516 (– 2.2798)**	0.1310 (2.3217)**
	$\ln y_0$	0.0211 (3.0446)*	0.0452 (4.5934)*	0.0315 (3.6318)*	– 0.0055 (– 0.8335)
	R^2	0.2628	0.4480	0.3366	0.0260
	DW	1.2746	1.9184	1.7247	2.2462

续表

地区	解释变量	1985~2010 年	1985~1991 年	1992~2000 年	2001~2010 年
东部	常数项	0.0570 (0.8206)	−0.1827 (−1.3322)	0.0476 (0.4186)	0.2809 (2.6608)**
	lny_0	0.0053 (0.5800)	0.0334 (1.8627)**	0.0087 (0.6263)	−0.0218 (−1.8850)**
	R^2	0.0404	0.3025	0.0467	0.3075
	DW	1.4772	2.0667	2.3178	1.8065
中西部	常数项	0.0374 (0.5099)	−0.0820 (−0.8904)	0.0672 (0.6227)	0.0164 (0.1268)
	lny_0	0.0040 (0.3884)	0.0151 (1.1570)	0.0008 (0.0542)	0.0084 (0.5338)
	R^2	0.0093	0.0772	0.0002	0.0175
	DW	1.7446	1.9999	2.0023	1.9411

注：lny_0 表示初始年份劳均 GDP 对数值；括号内数据为相应系数的 t 检验值，*、**、*** 分别表示在 1%、5% 和 10% 水平上通过显著性检验。

资料来源：笔者依据《中国统计年鉴》数据计算得来。

由表 4-2 可以看到，就全国而言，除 1992~2000 年外，在其他各时段全要素生产率都是地区差距缩小的因素，特别在 1985~2010 年和 1985~1991 年，全要素生产率是非常显著的缩小地区差距的因素。就东部地区来看，全要素生产率在 1985~2010 年和 1985~1991 年也是显著缩小地区差距的因素，而在 1992~2000 年和 2001~2010 年则有扩大地区差距之势，但这种作用并不显著。就中、西部地区来看，除 2001~2010 年外，全要素生产率在其他时段都导致了地区差距的缩小，这种作用在 1985~1991 年更为明显。由上述分析可知，全要素生产率既会导致地区差距的扩大，也会导致地区差距的缩小，但其对地区差距的缩小作用是主要的。

下面我们分析要素投入对地区差距的影响。由表 4-3 可知，就全国来看，除在 2001~2010 年要素投入对地区经济差距产生了不显著的收敛作用外，在其他各时段均产生显著的发散作用。就东部地区来看，除 2001~2010 年要素投入对地区经济差距产生了显著的收敛作用外，在其他各时段均产生发散作用，而这种作用在 1985~1991 年更为显著。在中、西部地区要素投入均对地区差距产生发散作用，只是这种作用都不显著。综上所述可知，要素投入既会导致地区差距的扩大，也会导致地区差距的缩小，但其对地区差距的扩大作用是主要的，这与全要素生产率有所不同。比较全要素生产率与要素投入对地区差距的影响可知，要素投入对地区差距的影响更大，是导致地区差距扩大的主要原因。

2. 全要素生产率与要素投入对中国地区差距的贡献分析

由于 $X_i = (K_i/L_i)^\alpha h_i^{1-\alpha}$ 为索洛模型的要素投入部分，所以将其代入式（4.1），然后取对数可得：

$$\ln y_i = \ln A_i + \ln X_i \qquad (4.10)$$

式（4.10）意味着劳均产出可以表示为全要素生产率和要素投入之和。为考察各因素对样本期内经济差异的总体影响及变化趋势，可以对地区劳均产出进行方差分解：

$$var(\ln y_i) = cov(\ln y_i, \ln A_i + \ln X_i) = cov(\ln y_i, \ln A_i) + cov(\ln y_i, \ln X_i)$$

$$(4.11)$$

即：

$$\frac{var(\ln y_i)}{var(\ln y_i)} = \frac{cov(\ln y_i, \ln A_i)}{var(\ln y_i)} + \frac{cov(\ln y_i, \ln X_i)}{var(\ln y_i)} = 100\% \qquad (4.12)$$

式（4.11）和式（4.12）中的 var 和 cov 分别表示方差和协方差的符号。式（4.12）表示把各地区劳均产出的方差分解为全要素生产率的贡献和要素投入的贡献两个部分，据此来判断它们对地区差距贡献的大小。根据式（4.12）我们计算出了全国、东部及中西部地区的全要素生产率和要素投入的地区差距贡献率，由于篇幅所限表4-4只给出了部分年份的数值。

表4-4　　　部分年份全要素生产率与要素投入对中国地区差距的贡献

地区	变量	1985 年	1990 年	1995 年	2000 年	2005 年	2010 年	平均
全国	全要素生产率贡献	0.398	0.258	0.152	0.146	0.177	0.189	0.210
	要素投入贡献	0.602	0.742	0.848	0.854	0.823	0.811	0.790

续表

地区	变量	1985 年	1990 年	1995 年	2000 年	2005 年	2010 年	平均
东部	全要素生产率贡献	0.420	0.226	0.155	0.155	0.255	0.281	0.221
	要素投入贡献	0.580	0.774	0.845	0.845	0.745	0.719	0.779
中西部	全要素生产率贡献	0.256	0.301	0.344	0.569	0.431	0.393	0.400
	要素投入贡献	0.744	0.699	0.656	0.431	0.569	0.607	0.600

注：表中结果由笔者根据式（4.12）计算得出。

由表 4 - 4 可以看出，总体而言，在全国、东部和中西部范围内，要素投入对地区差距的贡献都是主要的，其年度平均贡献率分别为 0.790、0.779 和 0.600，而全要素生产率对地区差距的贡献则居于从属地位，其年度平均贡献率仅分别为 0.210、0.221 和 0.400，由此可知，相对全要素生产率而言，要素投入是导致中国地区差距的更为主要的原因，这和前面的分析结论也是一致的。

3. 全要素生产率与要素投入对中国地区经济差距影响的脉冲响应分析

为了能更准确地测算中国地区经济差距的来源，我们利用前面计算出的劳均产出、要素投入及全要素生产率的空间标准差作为基础分析变量，采用脉冲响应函数方法来测算分析它们对地区经济差距的影响和作用机制。

（1）变量的单位根检验。在进行相关计量回归之前，必须对变量进行平稳性检验，以避免出现虚假回归。为此，我们对劳均 GDP 空间标准差、要素投入空间标准差以及全要素生产率空间标准差取自然对数，并分别用 lnLGDP、lnX 和 lnTFP 表示，其一阶差分序列分别为 ΔlnLGDP、ΔlnX 和 ΔlnTFP。本书用 ADF 方法检验三个变量的平稳性，结果见表 4 - 5。

表 4 - 5　　　　　　　　　　变量的平稳性检验

变量	检验类型	ADF 统计量	1% 临界值	5% 临界值	结论
lnLGDP	(c, t, 0)	- 0.412	- 4.394	- 3.612	不平稳
ΔlnLGDP	(c, t, 2)	- 3.714 **	- 4.416	- 3.622	平稳
lnX	(c, t, 0)	0.044	- 4.394	- 3.612	不平稳

变量	检验类型	ADF 统计量	1% 临界值	5% 临界值	结论
$\Delta \ln X$	(c, t, 1)	-4.271^{**}	-4.416	-3.622	平稳
$\ln TFP$	(c, t, 1)	-2.538	-4.416	-3.622	不平稳
$\Delta \ln TFP$	(c, 0, 3)	-2.356^{**}	-2.685	-1.959	平稳

注: ** 表示在5%水平上显著；检验类型为 (c, t, k)，其中的 c 和 t 表示带有常数项和趋势项，k 表示所采用的滞后阶数，其选择依据是 AIC 和 SC 值最小准则；表中结果由笔者用 Eviews7.0 计算得出。

由表 4-5 可知，三个空间标准差序列是不平稳的，但其一阶差分序列是平稳的，因而可知三个变量均是 I (1) 过程，所以可以利用基于 VAR 模型的 Johansen (1988) 方法来检验这三个变量的协整关系。

(2) 协整检验。VAR (p) 模型（不含外生变量）的数学表达式是：

$$y_t = \Phi_1 y_{t-1} + \cdots + \Phi_p y_{t-p} + \varepsilon_t, \ t = 1, 2, \cdots, T \qquad (4.13)$$

式 (4.13) 中，y_t 是 k 维内生变量列向量；p 是滞后阶数；T 是样本个数；$k \times k$ 维矩阵 Φ_1, $\cdots$, Φ_p 是待估系数矩阵；ε_t 为 k 维扰动列向量。

在进行协整检验之前，我们必须确定 VAR 模型的滞后阶数 p。VAR 模型滞后阶数越大，越能完整反映模型的动态特征，但是滞后期越长，模型待估参数就越多，自由度就越少，所以在选择滞后阶数时应在滞后期与自由度之间寻求平衡，通常依据 AIC 和 SC 准则确定模型的最优滞后阶数。将式 (4.13) 经过差分变换后可得 Johanson 协整检验模型：

$$\Delta y_t = \prod y_{t-1} + \sum_{i=1}^{p-1} \Gamma_i \Delta y_{t-i} + \varepsilon_t \qquad (4.14)$$

式 (4.14) 中，$\prod = \sum_{i=1}^{p} \Phi_i - I$ 为压缩矩阵；$\Gamma_i = -\sum_{j=i+1}^{p} \Phi_j$ 为系数矩阵，基于 VAR 模型的协整检验模型实际上是对上述无约束 VAR 模型进行协整约束后所得到的 VAR 模型。根据 Johanson 的检验原理，判断变量之间协整关系的关键是确定上式中压缩矩阵 $\prod$ 的秩 r 的大小。Johanson 检验构造了如下迹检验统计量 (trace statistic)：

$$\eta_r = -T \sum_{i=r+1}^{k} \ln(1 - \lambda_i), \ r = 0, 1, \cdots, k-1 \qquad (4.15)$$

其中，k 是向量 y_t 中包含的时序变量个数；T 为样本容量；λ_i 为第 i 步的最大特征根；而 r 则是假设的协整关系的个数，其取值范围为 0 到 k ~ 1 之间。

令零假设 H_0：压缩矩阵 $\prod$ 的秩为 r，即这一组时间序列中有 r 个协整关系，备择假设 H_1：压缩矩阵 $\prod$ 的秩为 k，即 y_t 为一平稳过程。具体检验方法是，根据 Johanson 检验模型及迹检验统计量公式依次令 r = 0，1，⋯，k − 1，得到相应的统计量 η_r，直到出现第一个不显著的 η_r，此时的 r 即是该组变量中存在的协整关系的个数。

另一个类似的检验方法是最大特征值检验，其形式为：

$$\zeta_r = - T\ln(1 - \lambda_{r+1}), \quad r = 0,1,\cdots,k-1 \tag{4.16}$$

ζ_r 为最大特征值统计量，检验过程与迹检验统计量基本相同，直到出现第一个不显著的 ζ_r，此时的 r 即是协整关系的个数。

依据 Johanson 的检验方法，我们对三个变量的空间标准差进行了迹检验和最大特征值检验，结果如表 4 – 6 和表 4 – 7 所示。

表 4 – 6　　　　　　　　　　迹统计量协整检验结果

零假设 H_0	特征值	迹统计量	5%临界值	相伴概率
r = 0 *	0.717	52.185	42.915	0.005
r ≤ 1	0.550	24.381	25.872	0.076
r ≤ 2	0.265	6.783	12.518	0.368

注：检验形式采取序列和协整方程都有线性趋势；综合考虑样本的数量、相应的残差诊断检验以及协整关系式的显著性，在协整检验时我们选取滞后期为 2；＊为在 5% 的显著水平上拒绝零假设；表中结果由笔者用 Eviews7.0 计算得出。

表 4 – 7　　　　　　　　　　最大特征值协整检验结果

零假设 H_0	特征值	最大特征值	5%临界值	相伴概率
r = 0 *	0.717	27.804	25.823	0.027
r ≤ 1	0.550	17.597	19.387	0.089
r ≤ 2	0.265	6.783	12.518	0.368

注：检验形式采取序列和协整方程都有线性趋势；综合考虑样本的数量、相应的残差诊断检验以及协整关系式的显著性，在协整检验时我们选取滞后期为 2；＊为在 5% 的显著水平上拒绝零假设；表中结果由笔者用 Eviews7.0 计算得出。

由表 4 – 6、表 4 – 7 结果可知，两种检验均表明存在一个协整方程，劳均

GDP 空间标准差、要素投入空间标准差与全要素生产率空间标准差三个序列之间至少存在一个协整关系。对协整关系进行标准化处理后可以得到如下协整关系式：

$$\ln LGDP = 0.764\ln X - 0.706\ln TFP - 0.636 + EC_t \qquad (4.17)$$
$$\quad\ \ (10.177)\quad (-2.207)\quad (-4.504)$$

由式（4.17）回归结果可以看到，要素投入空间标准差的估计系数为0.764，其 t 统计量通过了 5% 的显著性检验，这说明要素投入差距对地区经济差距影响较大。全要素生产率空间标准差的估计系数也较大，为 -0.706，其 t 统计量也通过了 10% 显著性检验，这说明全要素生产率差距对地区经济差距也有较大影响。式（4.17）表明三个变量之间存在着稳定的长期均衡关系，即在长期中，要素投入差距与地区经济差距同向变化，要素投入空间标准差每上升 1%，地区经济差距就会扩大 0.764%。而全要素生产率差距与地区经济差距在长期则呈反方向变化趋势，即全要素生产率空间标准差每上升 1%，地区经济差距就会缩小 0.706%。全要素生产率差距与地区经济差距之所以呈现反向变化趋势，主要是因为在长期内，发达地区的先进技术被充分扩散到落后地区，使得地区间技术差距大大缩小，从而产出差距也会有所缩小。以上计量分析结果基本上和我们的推测相吻合，但总的来看，要素投入对地区经济差距的影响还是要大于全要素生产率。

（3）VAR 模型的建立。协整检验能够反映变量之间的长期均衡关系，但不能体现出它们之间的动态关系，因此，我们有必要通过建立 VAR 模型进一步分析要素投入、全要素生产率对中国省际经济差距的动态影响。依据 AIC 准则，并综合考虑 AR 根图、拟合优度，我们确定 VAR 模型最优滞后阶数为2，回归结果如表 4 - 8 所示。

表 4 - 8　　　　　　　　　　　　VAR 模型回归结果

变量	C	$\ln LGDP_{t-1}$	$\ln LGDP_{t-2}$	$\ln X_{t-1}$	$\ln X_{t-2}$	$\ln TFP_{t-1}$	$\ln TFP_{t-2}$
回归参数	0.517	0.877	-0.569	-0.251	0.633	0.534	-0.588
t 检验值	2.816	3.708	-2.713	-2.454	2.538	2.578	-2.983
$\overline{R}^2$	0.931	F	50.708	AIC	-5.194	SC	-4.849

注：表中结果由笔者用 Eviews7.0 计算得出。

由表 4 - 8 回归结果可以看到，各回归参数都至少通过了 5% 的显著性检验，回归的调整可决系数和 F 值都较大，回归效果较好。就回归参数来看，滞后一期的要素投入回归系数为 - 0.251，即要素投入差距每扩大 1%，地区经济差距会缩小 0.251%。这是因为资本的逐利性决定了其不断向东部发达地区流动，与此同时劳动力也不断向东部迁移，而资本对经济增长的拉动作用具有滞后性。所以在较短时期内，东部发达地区劳均产出不会明显增长，而中、西部落后地区由于劳动力的流失，反而在短时期内会增加其劳均产出，从而使地区经济差距有所缩小。由表 4 - 8 可以看出，滞后两期的要素投入回归系数为 0.633，即要素投入差距每扩大 1%，地区经济差距会扩大 0.633%。这是因为在滞后两期后，大量流向东部的资本、劳动力等生产要素充分发挥了其拉动经济增长的效应，使产出增长远远超过了中、西部，从而地区差距进一步扩大。由表 4 - 8 可知，滞后一期的全要素生产率回归参数为 0.534，而滞后两期的回归参数为 - 0.588，在两个时期全要素生产率对地区经济差距的扩大分别起到了促进和阻碍作用。对此我们可以作如下解释：技术创新往往发生于发达地区，其在滞后一期即产生拉动本地区经济增长的作用，使地区经济差距扩大。而技术扩散往往需要经历较长的时期，在全要素生产率滞后两期后，技术扩散效应发挥作用，使得地区经济增长差距又趋于缩小。

（4）脉冲响应及方差分解分析。我们继续在 VAR 模型的基础上采用脉冲响应函数与方差分解方法，从另一个角度来分析要素投入和全要素生产率对地区经济差距的影响。脉冲响应函数（Impulse Response Function，IRF）是研究变量间动态影响关系的一种方法，它用来衡量来自随机扰动项的一个标准差冲击对内生变量当前和未来值的影响，它能够比较直观地刻画出变量之间的动态交互作用及其效应。由方程（4.13）可以得到向量移动平均模型（VMA）[①]：

$$y_{it} = a_{ij}^{(0)} \varepsilon_{jt} + a_{ij}^{(1)} \varepsilon_{jt-1} + a_{ij}^{(2)} \varepsilon_{jt-2} + \cdots + a_{ij}^{(q)} \varepsilon_{jt-q} + \cdots, \quad t = 1,2,\cdots,T$$

$$(4.18)$$

假定在基期（t = 0）给 y_1 一个单位的脉冲，即 $\varepsilon_{1t} = 1$，那么，$a_{ij}^{(0)}$，$a_{ij}^{(1)}$，$a_{ij}^{(2)}$，$\cdots a_{ij}^{(q)}$，$\cdots$，就表示由 y_j 的脉冲引起的 y_i 的响应函数。方差分解是另一种描述系统动态的方法，它是通过将系统的均方误差（Mean Square Error）进行分解，分析每一个结构冲击对内生变量变化的贡献度，进一步评价不同结构

---

① 有关脉冲响应函数的详细介绍参看高铁梅主编《计量经济分析方法与建模》，清华大学出版社，2009 年版，第 281 ~ 287 页。

冲击的重要性。若模型满足平稳性条件，脉冲响应函数 $a_{ij}^{(q)}$ 会随着 q 的增大呈几何级数性的衰减，所以只需要取有限的 s 项求近似的相对方差贡献率（RVC）：

$$RVC_{j \to i}(s) = \sum_{q=0}^{s-1} (a_{ij}^{(q)})^2 \sigma_{jj} \Big/ \sum_{j=1}^{k} \left\{ \sum_{q=0}^{s-1} (a_{ij}^{(q)})^2 \sigma_{jj} \right\}, \quad i,j = 1,2,\cdots,k$$

$$(4.19)$$

其中，σ_{jj} 是第 j 个变量的标准差，y_{it} 是自回归向量的第 i 个变量，$RVC_{j \to i}$（s）是根据第 j 个变量基于冲击的方差对 y_i 的相对贡献度来反映第 j 个变量对第 i 个变量的影响程度。$RVC_{j \to i}$（s）的值越大，意味着第 j 个变量对第 i 个变量的影响越大。利用上述脉冲响应分析方法我们得到了中国省际经济差距对要素投入和全要素生产率的脉冲响应图，结果见图 4-2 和图 4-3。

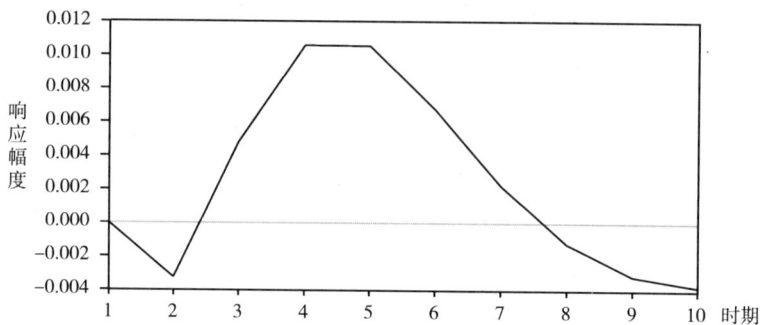

图 4-2 要素投入（lnX）的脉冲响应

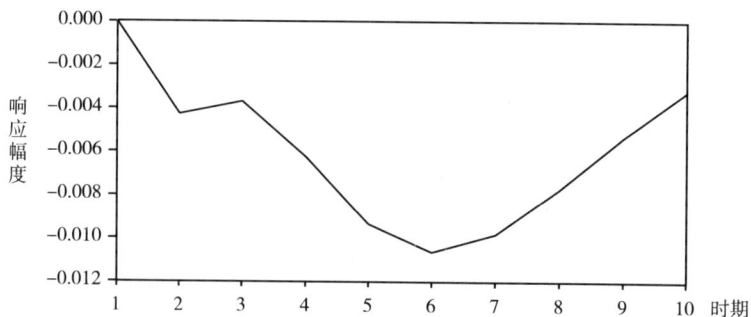

图 4-3 全要素生产率（lnTFP）的脉冲响应

　　由图 4-2 可以看到，当要素投入在第一期给地区经济差距 1 个百分点的正向冲击后，其在第 2 期下降至约 -0.003 的水平，即地区经济差距缩小了 0.003 个百分点。此后，地区经济差距增长率连续上升至第 4 期的 0.01%，并保持稳定至第 5 期，随后又出现下降，但在靠近第 8 期之前，地区差距总在扩大，只是扩大的幅度有所下降，在第 8 期之后地区差距才实现了真正的缩小。第 1 期之后出现地区差距缩小的情况，正如前面所讲，主要是由要素向发达地区流动并在短期内不能发挥拉动经济增长的作用所致。第 2 至第 4 期地区差距的扩大是投资发挥拉动经济增长的滞后效应所致。第 5 期之后地区差距扩大减缓甚至缩小则是由国家为了实现区域协调发展加大了对中、西部落后地区的投资所造成的。

　　由图 4-3 可知，当全要素生产率在第一期给地区经济差距 1 个百分点的正向冲击后，其在第 2 期下降至 -0.0042 的水平，然后在第 3 期又上升至 -0.0037 的水平，此后在第 6 期又下降至 -0.0108 的水平，然后又保持上升趋势。对上述变化的解释是，在发达地区大量资金被投入研发领域而不是直接生产领域，在短期内可能会造成其经济增长率的下降，使地区差距缩小。当技术被研发出来并应用于生产推动了发达地区的经济增长，地区差距又会有所扩大。在经历较长的时期后，技术扩散效应显现，又会缩小地区差距，这表现为图 4-3 中第 3 期之后曲线的下降。而后发达地区新的技术研发和创新涌现，部分地抵消了技术扩散缩小地区经济差距的效应，使地区差距缩小的幅度放缓，这表现为图 4-3 中第 6 期之后曲线的上升。

　　我们可以利用方差分解技术分析各变量对中国省际经济差距波动的贡献率。由表 4-9 结果可知，劳均产出差距（lnLGDP）对自身的方差贡献是最大的，平均贡献率为 58.021%，其次是要素投入（lnX）的冲击，平均来看，可以解释地区差距波动的 21.607%，而全要素生产率（lnTFP）则可以解释地区差距波动的 20.372%。其中要素投入（lnX）方差贡献率从第 1 期到第 6 期呈持续增长态势，在此后各期大致保持在 29% 左右的水平，而全要素生产率（lnTFP）方差贡献率在整个考察期内始终呈现增长态势。

表 4-9　　　　　　　　　　　　　方差分解结果

时期	标准差	lnLGDP（%）	lnX（%）	lnTFP（%）
1	0.016	100	0	0
2	0.020	92.958	2.571	4.471
3	0.021	85.487	7.474	7.039

时期	标准差	lnLGDP（%）	lnX（%）	lnTFP（%）
4	0.025	64.489	23.909	11.602
5	0.029	49.681	31.191	19.128
6	0.032	42.292	33.499	24.209
7	0.033	38.582	29.058	32.360
8	0.034	36.582	30.704	32.714
9	0.035	35.423	28.675	35.902
10	0.035	34.722	28.988	36.290
平均	0.028	58.021	21.607	20.372

注：表中结果由笔者用 Eviews7.0 计算得出。

本章利用脉冲响应函数方法分析了传统全要素生产率对中国省际经济差距的影响，得出如下结论：第一，劳均 GDP 空间标准差、要素投入空间标准差与全要素生产率空间标准差三个序列之间存在长期的协整关系，在长期要素投入对地区差距有正向影响，而全要素生产率对地区差距有反向影响，但要素投入的正向影响作用更大。第二，通过建立 VAR 模型分析短期效应发现，滞后一期的要素投入对地区差距有反向影响，滞后一期的全要素生产率则对地区差距有正向影响，而滞后两期的情况恰好相反。这是由生产要素的流动和资本拉动经济增长的滞后效应以及技术的扩散效应所致。第三，通过脉冲响应分析发现，要素投入冲击对地区差距主要产生扩大作用，而全要素生产率冲击则对地区差距产生缩小作用，这与协整分析结果基本一致。通过方差分解分析发现，要素投入冲击占地区经济差距总方差的 21.607%，而全要素生产率冲击则占总方差的 20.372%，要素投入对地区差距的影响相对较大。

三、中国地区环境全要素生产率的测算与分析

我们利用基于回归方法的资本产出弹性计算出了全要素生产率，并利用多种方法分析了其对中国地区经济差距的影响，结果发现要素投入才是导致中国地区经济差距的主要根源。这一结果与 Hall 和 Jones（1999）、彭国华（2005）以及李静等（2006）的研究结论恰好相反。如果中国地区差距果真主要是由要素投入差异所致，那么缩小地区差距反而容易实现，即只需要加大落后地区

的投入就可以了。然而事实没那么简单，我国政府近年来一直在加大中西部落后地区的投资，但时至今日地区差距问题仍没有根本性解决。由此，我们可以大胆推测，中国地区经济差距可能主要是由全要素生产率的地区差异所致。

　　用回归法来测算资本产出弹性可能是导致上述研究结论的一个重要原因。事实上，用回归法测算资本产出弹性也存在一些问题：一是模型的设定是否就是生产函数的真实形式？否则就不能用这种方程来估计参数。二是一般来说，Y、K、L 这些变量都是不平稳的，除非它们存在协整关系，否则伪回归问题将不可避免。另外，K、L 的多重共线性也会影响估计结果的可信度。三是 ε 通常会存在自相关的情况，这样回归结果的准确性就会有所降低。由于在以上方面存在缺陷，许多学者在测算要素产出弹性时，都放弃了回归法，转而采用其他非计量经济学方法，经验法就是其中的一种。卡多尔认为，一国经济中资本的弹性系数长期以来表现得相当稳定。据测算，工业化国家的资本产出弹性的范围为 0.25 ~ 0.4，一般集中在 0.3 左右，而发展中国家由于资本要素相对稀缺，其资本产出系数要比发达国家高，一般在 0.3 ~ 0.65 之间，通常会超过 0.4。从相关研究文献来看，国内外大多数学者都认同我国的资本产出弹性为 0.4。Young（1995）认为中国的资本产出弹性为 0.4，其他一些学者如沈坤荣（1999）、邓翔和李建平（2004）以及彭国华（2005）等也都认同这一结论。因此，我们根据以往研究经验认定我国的资本产出弹性为 0.4，并且各省具有相同的资本产出弹性，在此基础上重新计算中国省区的全要素生产率并分析其对中国地区差距的影响，看结果是否和我们的推测相一致。

　　造成上述研究结论的第二个原因是采用了索洛模型而不是修正索洛模型测算全要素生产率，正如 Hall 和 Jones（1999）以及 Easterly 和 Levine（2001）所言，修正索洛模型应该是研究地区经济差距更好的手段。第三个原因是我们前面测算全要素生产率时没有考虑环境因素，环境问题确实会极大影响地区经济发展，这已经是一个不争的事实，因而，忽略环境因素会使我们的测算结果偏离真实值，从而可能会得到误导性结论。

　　鉴于以上原因，我们下面将在考虑环境因素的条件下，利用修正索洛模型重新计算 1985 ~ 2010 年中国各省区的环境全要素生产率，在此基础上，进一步分析其对中国地区经济差距的影响。

（一）环境污染综合指数计算方法

由于我们要考虑环境因素对全要素生产率测算的影响，所以式（4.6）中

的 y_i 和 Y_i，应分别为利用熵值法计算出的环境污染综合指数折算的绿色劳均产出和绿色 GDP。由于工业废气中的二氧化硫和工业废水中的化学需氧量是我国环境管制中的典型污染物和主要控制对象，所以在本书中，我们选择二氧化硫和化学需氧量作为非期望产出指标进行环境污染综合指数的计算，相关数据均来自《中国环境统计年鉴》、《中国工业经济统计年鉴》、中经网统计数据库。熵值法计算环境污染综合指数的具体步骤如下：

第一步：指标的无量纲化。

若 x_{ij} 为地区 i 第 j 个环境污染指标值（i = 1，2，…，m，j = 1，2，…，n），则该指标的数据矩阵为 $X_{ij} = (x_{ij})_{m \times n}$，地区 i 第 j 个环境污染指标值的比重为：

$$x_{ij}^* = x_{ij} / \sum_{i=1}^{m} x_{ij} \qquad (4.20)$$

相应原始数据矩阵变为无量纲数据矩阵 $X_{ij}^* = (x_{ij}^*)_{m \times n}$。

第二步：指标 j 的熵值 δ_j 的计算。

$$\delta_j = -\frac{1}{\ln m} \sum_{i=1}^{m} x_{ij}^* \ln x_{ij}^* \qquad 0 \leq \delta_j \leq 1 \qquad (4.21)$$

第三步：指标 j 的差异系数 δ_j^* 的计算。

定义 $\delta_j^* = 1 - \delta_j$，$\delta_j^*$ 越大，说明指标 j 在综合评价中越重要。

第四步：指标 j 的客观权重 w_j 的计算。

$$w_j = \delta_j^* / \sum_{j=1}^{n} \delta_j^* \qquad (4.22)$$

第五步：环境污染综合指数 EPI_i 的计算。

$$EPI_i = \sum_{j=1}^{n} X_{ij}^* w_j \qquad (4.23)$$

EPI_i 为第 i 个样本的环境污染综合指数，EPI_i 数值越大，说明环境污染越严重。原始的劳均产出和 GDP 除以 EPI_i，就得到了相应的绿色劳均产出和绿色 GDP。

（二）中国地区环境全要素生产率分析

利用上述方法和相关数据，我们计算出了 1985 ~ 2010 年中国各地区的环境全要素生产率，限于篇幅，这里只给出各地区 1985 ~ 2010 年的平均环境全

要素生产率水平，结果如表4-10所示。由表4-10中的数据可以看到，中国
省区的平均环境全要素生产率为0.0665，其中东部省区平均为0.0575，中部
省区平均为0.0078，西部省区平均为0.0235。即总的来看，东部省区的环境
全要素生产率水平较高，其次是西部省区，而中部省区最低。东部省区经济基
础较好，技术创新活跃，低污染、低耗能、高产出的高新技术产业在地区经济
发展占据较大比重，经济转型发展步入良性轨道，因而其考虑环境污染因素的
全要素生产率水平也总体较高。尽管中部省区的经济发展水平总体高于西部，
但其环境全要素生产率水平却低于西部地区。这说明中部地区经济发展方式仍
然是粗放型的，能源浪费和环境污染都非常严重，先进技术和管理对经济增长
的贡献较低，经济转型发展任重道远。西部地区虽然经济基础较差，改革开放
进程较慢，但近年来在保护生态环境促进地区经济可持续发展方面已取得可喜
成绩，从而使其环境全要素生产率有所提升。

表4-10　　　　　各地区1985~2010年的平均环境全要素生产率水平

地　区	全要素生产率水平	地　区	全要素生产率水平
北　京	0.2057	湖　北	0.0090
天　津	0.1337	湖　南	0.0024
河　北	0.0027	内蒙古	0.0094
辽　宁	0.0051	广　西	0.0014
上　海	0.1871	四　川	0.0024
江　苏	0.0034	贵　州	0.0086
浙　江	0.0046	云　南	0.0103
福　建	0.0267	陕　西	0.0076
山　东	0.0015	甘　肃	0.0197
广　东	0.0046	青　海	0.0476
山　西	0.0031	宁　夏	0.1073
吉　林	0.0097	新　疆	0.0203
黑龙江	0.0141	东　部	0.0575（1.4541）
安　徽	0.0085	中　部	0.0078（0.6151）
江　西	0.0135	西　部	0.0235（1.3780）
河　南	0.0021	全　国	0.0665（1.7953）

注：东中西部及全国括号中的数据为变异系数。

就环境全要素生产率的地区差距来看，东部省区的变异系数为 1.4541，地区差距最大，西部省区为 1.378，地区差距较大，而中部省区的变异系数为 0.6151，地区差距较小。尽管总体上看，东部和西部的环境全要素生产率水平较高，但其内部省际差异也很大。在东部，环境全要素生产率水平最高的北京市（0.2057）是环境全要素生产率水平最低的山东省（0.0015）的 137 倍；在西部，环境全要素生产率水平最高的宁夏（0.1073）是环境全要素生产率水平最低的广西（0.0014）的 76 倍。而中部省区的环境全要素生产率水平虽然总体较低，但其内部差距并不大，环境全要素生产率水平最高的黑龙江（0.0141）仅是环境全要素生产率水平最低的河南（0.0021）的 6.7 倍。

由上述分析可以看到，我国省际环境全要素生产率差距较大，而环境全要素生产率又是推动经济增长的重要力量，因而我们还需要进一步考察环境全要素生产率的地区差距究竟会对地区经济增长差异产生怎样的影响。

四、环境全要素生产率与中国省际经济差距的动态分布分析

通过初步分析，我们认为，环境全要素生产率对中国省际经济差距有着一定的影响。那么这种影响到底有多大？是否如我们的推测那样是造成中国省际经济差距的主要原因？下面我们将利用动态分布法对我国省区产出、环境全要素生产率及要素投入的动态演化趋势进行对比，来分析各因素对我国省际经济差距的影响。

动态分布法能够通过分布密度判断变量的收敛区间和程度，并通过转换概率矩阵和遍历分布来揭示地区差距收敛过程的动态演化趋势，本书将利用这一方法分析环境全要素生产率对中国省际经济差距的影响。下面我们给出劳均产出、环境全要素生产率与要素投入的动态分布图，以考察各变量的地区差距变化状况。首先，我们利用核密度估计给出相对劳均产出在期初（1985 年）和期末（2010 年）以及它们的中间年份（1998 年）3 个年份的密度分布，结果如图 4 - 4 所示。由图 4 - 4 可以看出，1985 ~ 2010 年中国省区相对劳均产出分布图呈现出三个主要特点：一是中国各省区的相对劳均产出都有所提高，这表现为波峰的右移。二是相对劳均产出分布波峰在三个时期都处于同期较低水平上，但较低相对劳均产出水平上的概率密度呈现出先下降后上升的变动态势，这表现为波峰高度的下降和上升。三是中国各省区的相对劳均产出分布呈现"多峰"分布的状况，并且主峰峰体由窄变宽，然后再变窄。以上特点说

明了中国省际经济差距呈现先扩大后缩小的变化趋势，而总体上看地区差距还是较大的。

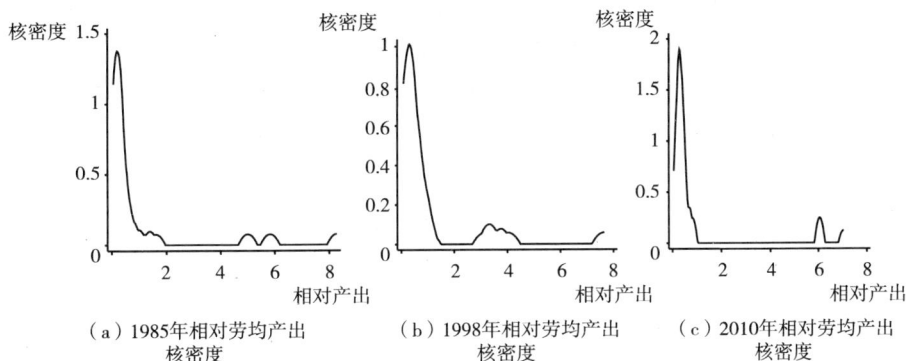

（a）1985年相对劳均产出　　（b）1998年相对劳均产出　　（c）2010年相对劳均产出
　　　核密度　　　　　　　　　　核密度　　　　　　　　　　核密度

图4-4　相对劳均产出核密度

图4-5同样给出了相对环境全要素生产率在1985年、1998年和2010年3个年份的密度分布。由图4-5可以看出，各省区相对环境全要素生产率水平都有不同程度的提高，其分布在3个年份都呈现"多峰"分布状态，并且主峰高度呈现先下降后上升的变化态势。由以上分析我们可以看出，我国省际环境全要素生产率与劳均产出具有非常相似的变化特点和演进趋势，因此我们可以初步判断，环境全要素生产率对中国省际经济差距具有重要影响。

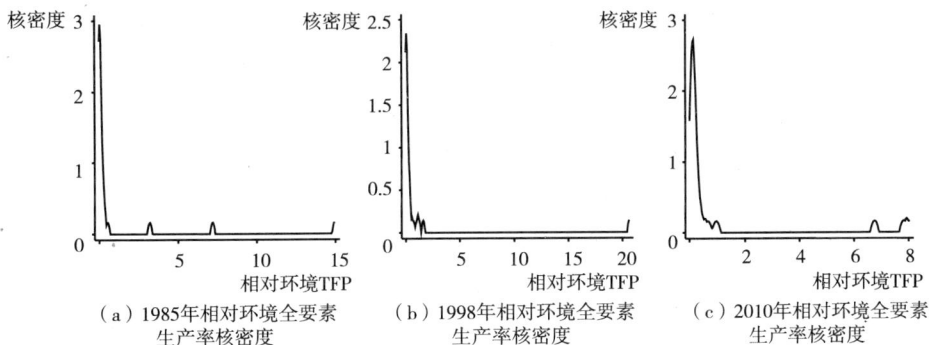

（a）1985年相对环境全要素　（b）1998年相对环境全要素　（c）2010年相对环境全要素
　　　生产率核密度　　　　　　　生产率核密度　　　　　　　生产率核密度

图4-5　相对环境全要素生产率核密度

同样，我们可以利用核密度估计给出相对要素投入在1985年、1998年和2010年3个年份的密度分布，如图4-6所示。由图4-6可以看出，相对要素投入的密度分布与劳均产出及全要素生产率的密度分布有很大不同，这表现在相对要素投入始终呈现单峰分布状态，并且波峰所对应的概率密度呈现先上升后下降的变动趋势，峰体也由宽变窄，再变宽。这说明要素投入的地区差距先缩小后扩大，与劳均产出的地区差异变化截然不同，据此我们可以判断要素投入对中国省际经济的差距的影响要小于全要素生产率。

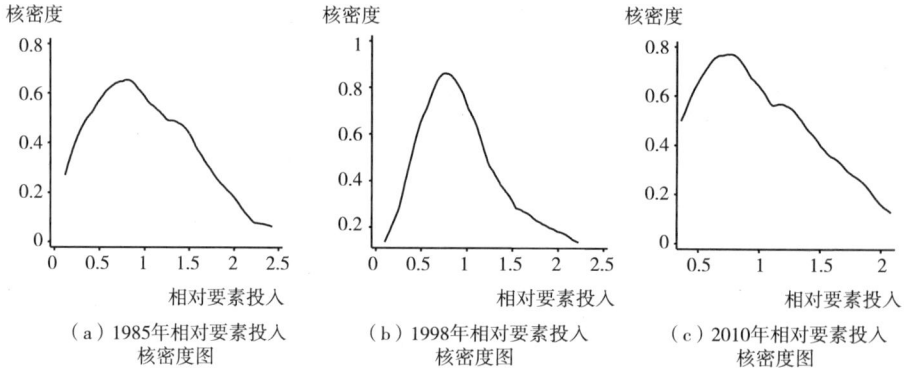

（a）1985年相对要素投入核密度图 （b）1998年相对要素投入核密度图 （c）2010年相对要素投入核密度图

图 4 - 6　相对要素投入核密度图

五、环境全要素生产率与中国省际经济差距的协整与脉冲响应分析

以上分析只是直观地反映了劳均产出、环境全要素生产率与要素投入的分布状况，但并不能体现出它们之间的直接联系。因而下面我们将利用上述三个变量的变异系数作为基础分析变量，采用协整技术与脉冲响应函数方法来分析要素投入和环境全要素生产率对地区经济差距的影响和作用机制。

（一）变量的单位根检验

在进行回归之前，需要检验变量的平稳性，以防止出现伪回归。劳均产出变异系数、要素投入变异系数以及环境全要素生产率变异系数分别用 VGDP、VX 和 VTFP 表示，相应的一阶差分序列分别表示为 ΔVGDP、ΔVX 和 ΔVTFP。本书采用 ADF 方法进行三个变量的平稳性检验，结果见表 4 - 11。

表 4 - 11   变量的平稳性检验

变量	检验类型	ADF 统计量	1% 临界值	5% 临界值	结论
VGDP	(c, 0, 0)	-2.469	-3.724	-2.986	不平稳
ΔVGDP	(c, t, 1)	-6.672*	-4.394	-3.612	平稳
VX	(c, t, 0)	-2.576	-4.374	-3.603	不平稳
ΔVX	(c, t, 1)	-5.863*	-4.394	-3.612	平稳
VTFP	(c, 0, 1)	-0.829	-3.724	-2.633	不平稳
ΔVTFP	(c, t, 1)	-5.563*	-4.394	-3.243	平稳

注：* 表示在1%水平上显著；检验类型为（c，t，k），其中的 c 和 t 表示带有常数项和趋势项，k 表示所采用的滞后阶数，其选择依据是 AIC 和 SC 值最小准则；表中结果由笔者利用 Eviews7.0 软件计算得来。

由表 4 - 11 可知，三个变异系数序列是不平稳的，但其一阶差分序列是平稳的，所以三个变量均是 I(1) 过程，因而可以利用 Johansen（1988）方法来对这三个变量做协整检验。

（二）协整检验

由表 4 - 11 可知三个变异系数序列是不平稳的，而其一阶差分则是平稳的，因而三个变量是 I（1）过程，我们可以应用基于 VAR 模型的 Johansen （1988）极大似然法来检验它们之间的协整关系。下面对三个变量进行迹检验和最大特征值检验，结果如表 4 - 12 和表 4 - 13 所示。

表 4 - 12   迹统计量协整检验结果

零假设 H_0	特征值	迹统计量	5% 临界值	相伴概率
r = 0*	0.722	48.591	34.910	0.001
r ≤ 1*	0.487	21.743	19.960	0.007
r ≤ 2	0.307	7.694	9.24	0.059

注：检验形式采取序列和协整方程都无线性趋势；综合考虑样本的数量、相应的残差诊断检验以及协整关系式的显著性，在协整检验时我们选取滞后期为 4；* 为在 5% 的显著水平上拒绝零假设；表中结果由笔者利用 Eviews7.0 软件计算得来。

表 4 - 13   最大特征值协整检验结果

零假设 H₀	特征值	最大特征值	5%临界值	相伴概率
r = 0 *	0.722	26.848	22.000	0.044
r ≤ 1	0.488	14.048	15.670	0.051
r ≤ 2	0.307	7.695	9.240	0.058

注：检验形式采取序列和协整方程都无线性趋势；综合考虑样本的数量、相应的残差诊断检验以及协整关系式的显著性，在协整检验时我们选取滞后期为4；＊为在5%的显著水平上拒绝零假设；表中结果由笔者利用 Eviews7.0 软件计算得来。

由表 4 - 12、表 4 - 13 结果可知，两种检验均表明劳均 GDP 变异系数、要素投入变异系数与环境全要素生产率变异系数三个序列之间至少存在一个协整关系。对协整关系进行标准化处理后可以得到如下协整关系式：

$$VGDP = 0.707VX + 0.036VTFP - 1.474 + EC_t \qquad (4.24)$$
$$(0.564) \qquad (4.514) \qquad (2.432)$$

由式（4.24）回归结果可知，要素投入的估计系数为 0.707，但其 t 统计量没有通过显著性检验，这说明要素投入差距对地区经济差距影响并不显著。环境全要素生产率的估计系数为 0.036，其 t 统计量也通过了 5% 的显著性检验，这说明环境全要素生产率差距对地区经济差距具有较大影响。式（4.24）表明三个变量之间存在着稳定的长期均衡关系，即在长期中，要素投入差距与地区经济差距同向变化，要素投入变异系数每上升 1%，地区经济差距就会扩大 0.707%，只是这种影响并不能显著体现出来。环境全要素生产率差距与地区经济差距在长期也呈同方向变化趋势，即环境全要素生产率变异系数每上升 1%，地区经济差距就会显著扩大 0.036%。通过以上计量分析结果可知，要素投入和环境全要素生产率均对地区经济差距产生影响，而环境全要素生产率的影响则更为显著。

（三）VAR 模型的建立

协整检验仅是体现了变量之间的长期均衡关系，但不能反映其动态关系，为此，下面建立 VAR 模型进行 3 个变量的短期动态关系分析，回归结果如表 4 - 14 所示。

表 4－14　　　　　　　　　　　　　　**VAR 模型回归结果**

变量	C	VGDP$_{t-1}$	VGDP$_{t-2}$	VX$_{t-1}$	VX$_{t-2}$	VTFP$_{t-1}$	VTFP$_{t-2}$
回归参数	0.555	－0.209	0.461	－1.276	0.375	0.721	－0.440
t 检验值	2.816	－0.731	2.069	－0.731	2.895	1.887	－2.795
$\bar{R}^2$	0.601	F	6.773	AIC	－0.642	SC	－0.298

注：根据 AIC 准则，并综合考虑 AR 根图、拟合优度等指标确定 VAR 模型的最优滞后阶数为 2；表中结果由笔者利用 Eviews7.0 软件计算得来。

由表 4－14 结果可以看到，变量 VGDP$_{t-2}$、VX$_{t-2}$、VTFP$_{t-1}$ 及 VTFP$_{t-2}$ 的回归参数都通过了 10% 的显著性检验，回归的调整可决系数和 F 值都较大，回归效果较好。就回归参数来看，滞后一期的要素投入回归系数为 －1.276，即要素投入差距每扩大 1%，地区经济差距会缩小 1.257%。一般而言，劳动力和资本为了逐利总是倾向于流向发达地区。劳动力流向的这一变化无疑会在短时期内使落后地区的劳均产出增加而使发达地区的劳均产出减少，同时，流向发达地区的资本也不会在短期就发挥出拉动经济增长的作用，及所谓资本的"滞后效应"，以上因素的综合作用会使得短期内的省际经济差距会有所缩小。由表 4－14 可以看出，滞后两期的要素投入回归系数为 0.375，即要素投入差距每扩大 1%，地区经济差距会扩大 0.375%。这是由于滞后两期后，流向东部的资本开始发挥拉动经济增长的作用，使其经济增长速度远远超过落后省区，从而省际经济差距被拉大。由表 4－14 可知，滞后一期的环境全要素生产率回归参数为 0.721，其促进了省际经济差距的扩大，而滞后两期的回归参数为 －0.440，其在这一时期又遏制了省际经济差距的扩大。这是因为发达地区的技术创新活跃，其在滞后一期就可以实现对经济增长的强力拉动，经济增长速度和效率远超过落后地区。在滞后两期后，发达地区的先进技术和管理经验逐渐被传播到落后地区，促进了地方经济发展，使省际经济差距缩小。

下面我们考察变量 VX 和 VTFP 在 t－1 期和 t－2 期对地区经济差距的综合影响效应。由于 VX 在滞后一期的 t 值没有通过 10% 显著性检验，因而 VX 在滞后两期对省际经济差距的扩大作用是主要的。通过比较变量 VTFP 在 t－1 期和 t－2 期的回归参数可知，VTFP 在 t－1 期对省际经济差距的扩大效应超过了其在 t－2 期的缩小效应。而 VTFP 在 t－1 期的回归参数为 0.721，大于 VX 在 t－2 期的回归参数 0.375，所以总的来看，环境全要素生产率对省际经济差距的扩大效应要大于要素投入。

另外，通过表 4 – 15 中的格兰杰因果检验发现，在 10% 的显著性水平上要素投入并不是省际经济差距的格兰杰原因，而环境全要素生产率则是省际经济差距的格兰杰原因，这也从另外一个角度说明了环境全要素生产率是导致省际经济差距的主要原因。

表 4 – 15　　　　　　　　　　格兰杰因果检验结果

原假设	样本数	F 值	P 值	检验结论
VX 非 VGDP 的格兰杰原因	24	1.875	0.181	接受原假设
VTFP 非 VGDP 的格兰杰原因	24	2.637	0.098	拒绝原假设

　　注：本表采用的是 Wald 约束检验，检验结论是在 10% 的显著水平上做出；表中结果由笔者利用 Eviews7.0 软件计算得来。

（四）脉冲响应及方差分解分析

为进一步分析要素投入和环境全要素生产率对省际经济差距的动态影响，下面将采用脉冲响应函数与方差分解方法进行相关测算，结果见图 4 – 7、图 4 – 8 和表 4 – 16。

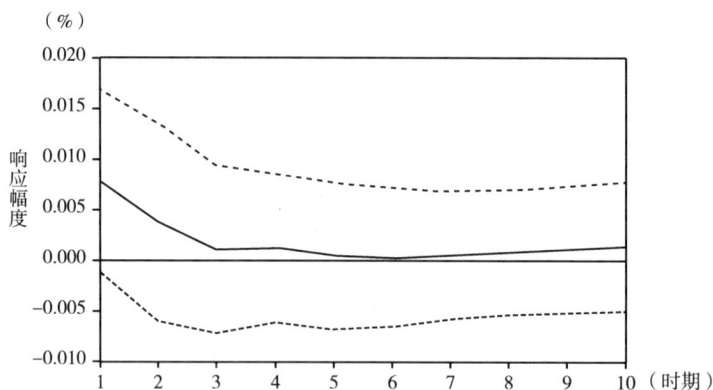

图 4 – 7　要素投入脉冲响应图

由图 4 – 7 可以看到，当要素投入在第 1 期给省际经济差距 1 个百分点的正向冲击后，其在第 3 期下降至 0.001% 的水平，即省际经济差距扩大了 0.001 个百分点。在维持一个短暂的稳定水平后，省际经济差距增长率连续小幅下降至第 6 期的 0.0002%，在达到这一最低点后又缓慢上升至第 10 期的

0.0014%的水平。造成上述变化的原因，正如前面的解释，流入发达地区的资本要素对经济增长的滞后效应使第1期之后的省际经济差距扩大趋势有所放缓。第6期以后，资本要素滞后的经济增长效应被逐步释放出来，从而使省际经济差距又有所扩大。这一结果与 VAR 模型的分析基本上是一致的。

（%）

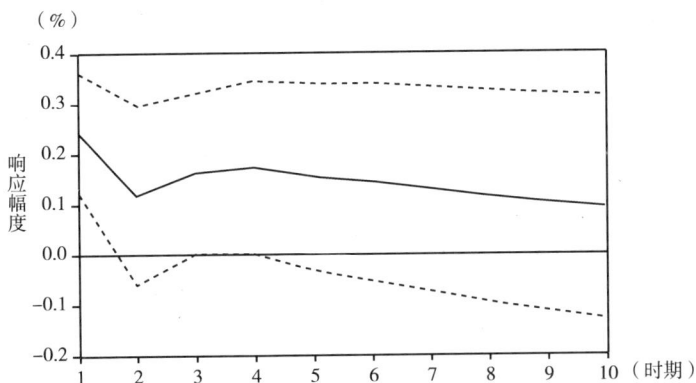

图4-8　环境全要素生产率脉冲响应图

由图4-8可知，当环境全要素生产率在第1期给省际经济差距1个百分点的正向冲击后，其在第2期下降至0.1186的水平，而后又在第4期又上升至0.1737的水平，此后又呈缓慢下降趋势，直至下降到第10期0.0937的水平。对以上变化趋势的解释是，由于促进环境全要素生产率提升的一个重要因素是研发，而发达地区的研发资金投入较大，研发又具有较大的风险，即使成功了，其运用于生产并产生经济效益还需要一个过程，因而这可能会造成发达地区经济增长的暂时放缓，从而使省际经济差距扩大趋势也有所放缓。在发达地区，当先进技术被研发出来并成功应用于生产，产生巨大经济效益后，省际经济差距又会因此有所扩大。在经历了一定时期后，发达地区的技术扩散效应又显现出来，拉动了欠发达地区的经济增长，从而使地区差距缩小，这表现为图4-8中第4期之后曲线的下降。通过以上分析可以看到，环境全要素生产率对省际经济差距的影响与 VAR 模型的分析结论基本上也是吻合的。

方差分解技术提供了一种能够测算各变量对中国省际经济差距波动贡献率的有效方法。由表4-16结果可以看到，劳均产出差距（VGDP）对自身的方差贡献最大，平均贡献率为86.648%，其次是环境全要素生产率（VTFP）的冲击，可以解释地区差距波动的6.862%，而要素投入（VX）则可以解释地区差距波动的 6.49%。其中要素投入（VX）方差贡献率从第 1 期到第 5 期呈持续增长态势，在此后又呈下降趋势，而环境全要素生产率（VTFP）方差贡献率在整个考察期内始终呈现出稳定的增长态势。

表 4 – 16 方差分解结果 单位:%

时期	标准差	VGDP	VX	VTFP
1	0.193	100	0	0
2	0.216	96.211	2.689	1.100
3	0.223	91.086	5.834	3.080
4	0.228	87.046	7.738	5.216
5	0.233	84.509	8.403	7.088
6	0.237	83.017	8.397	8.586
7	0.241	82.079	8.178	9.744
8	0.244	81.395	7.974	10.632
9	0.247	80.823	7.857	11.319
10	0.249	80.311	7.828	11.860
平均	0.231	86.648	6.490	6.862

注：表中结果由笔者利用 Eviews7.0 软件计算得来。

六、研究结论

本章利用收敛分析法、动态分布法、协整技术及脉冲响应函数方法分析了传统全要素生产率与环境全要素生产率对中国省际经济差距的影响效应，研究结论如下：

第一，传统全要素生产率对中国地区经济差距影响效应小于要素投入，要素投入是导致中国省际经济差距的主要原因。由于测算传统全要素生产率模型的适用性存在问题，并且测算时未考虑环境因素，因而这一结论值得怀疑。

第二，环境全要素生产率与中国地区经济差距关系的研究结果较为可靠，其具体结论如下。

（1）在考察期内均呈现先扩大后缩小的变化趋势。而要素投入的分布状态与劳均 GDP 差异较大，其省际差距表现为先缩小后扩大的变动状况。

（2）劳均 GDP、要素投入与环境全要素生产率变异系数序列之间存在长期均衡关系，在长期，要素投入、环境全要素生产率对省际经济差距均具有正向影响，但要素投入的影响不显著，环境全要素生产率的影响较为显著。

（3）建立劳均 GDP、要素投入及环境全要素生产率的 VAR 模型后发现，要素投入、环境全要素生产率在不同的滞后期对省际经济差距均具有扩大和缩小的作用，但其扩大作用是主要的。通过回归参数的比较发现，环境全要素生产率对省际经济差距的扩大作用要大于要素投入，这完全印证了我们的最初推测。

（4）通过脉冲响应分析发现，环境全要素生产率冲击对省际经济差距的影响要大于要素投入冲击，脉冲响应曲线的变化趋势进一步验证了 VAR 模型的分析结果。进一步的方差分解发现，环境全要素生产率冲击占省际经济差距总方差的 6.86%，要素投入冲击占总方差的 6.49%，环境全要素生产率对省际经济差距的影响较大。

第五章　环境全要素生产率构成与中国省际经济差距

　　本章的主要内容是在测算中国省区的环境全要素生产率构成的基础上，利用经济增长的四重分解模型对中国省区劳均产出进行分解。进而利用核密度方法分析要素投入、环境全要素生产率及其构成对省区经济增长贡献的动态分布状况，同时还将利用状态空间模型的 Kalman Filter 方法分析环境全要素生产率各成分对省际经济差距的影响程度及变化趋势。

一、随机前沿方法模型的适用性检验

　　Aigner、Lovell 和 Schmidt（1977）在确定性前沿模型基础上引入随机扰动项，分别独立提出了随机前沿方法，并推导出了随机前沿模型的极大似然函数，以更为准确地描述生产者的行为。最初的随机前沿函数模型是专门针对具有横截面数据的生产函数，后来逐渐发展为针对面板数据进行计算。

　　随机前沿模型常采用超越对数生产函数进行全要素生产率的测算，其形式如下：

$$\ln y_{it} = \beta_0 + \sum_j \beta_j \ln x_{jit} + \beta_t t + \frac{1}{2} \sum_j \sum_l \beta_{jl} \ln x_{lit} \ln x_{jit} + \frac{1}{2} \beta_{tt} t^2$$
$$+ \sum_j \beta_{tj} t \ln x_{jit} + v_{it} - u_{it} \tag{5.1}$$

其中，y_{it} 为实际产出；β 为回归系数；时间趋势变量 $t = 1, 2, \cdots, T$，反映技术变化；x 为要素投入变量；$j = L, K$；$l = L, K$，均为要素标志；v_{it} 为随机误差，$v_{it} \sim (0, \sigma_v^2)$；$u_{it}$ 为生产无效率项，按照 Battese 和 Coelli（1992）设定的随机前沿模型，假定 $u_{it} = u_i \exp[-\eta(t-T)]$，这里假定 u_{it} 的分布服从非负断尾正态分布，即 $u_{it} \sim N^+(\mu_{it}, \sigma_{it}^2)$，$\eta$ 为技术效率指数的变化率。

　　上述模型中的参数可用最大似然法联合估计得到。由于我们采用资本 K

和从业人员 L 作为要素投入变量，因而可建立如下超越对数生产函数随机前沿模型：

$$\ln y_{it} = \beta_0 + \beta_k \ln K_{it} + \beta_l \ln L_{it} + \beta_t t + \frac{1}{2}\beta_{kk}(\ln K_{it})^2 + \frac{1}{2}\beta_{ll}(\ln L_{it})^2 + \frac{1}{2}\beta_{tt}t^2$$
$$+ \beta_{kl}\ln K_{it}\ln L_{it} + \ln\beta_{kt}t\ln K_{it} + \beta_{lt}t\ln L_{it} + v_{it} - u_{it} \qquad (5.2)$$

式（5.2）中的相关变量同式（5.1），我们利用全国 28 个省区 1985 ~ 2010 年的相关数据，对（5.2）式进行回归，结果见表 5-1。

表 5-1　　　　　　　　　随机前沿生产函数估计结果

参数	估计系数	t 检验值	参数	估计系数	t 检验值
β_0	2.974	0.957	β_{kl}	-0.238	-2.116
β_k	1.034	2.015	β_{kt}	0.037	1.978
β_l	-0.385	-0.376	β_{lt}	0.027 ***	2.340
β_t	-0.303 ***	-5.268	σ^2	0.836 ***	3.544
β_{kk}	0.079	0.482	γ	0.535	1.678
β_{ll}	0.021	0.107	η	-0.036	-2.122
β_{tt}	-0.008 ***	-3.296	L (H_1)	481.495	

注：*** 为变量至少通过 10% 显著水平下的检验。

由表 5-1 结果可以看到，$\gamma = 0.535$（其中 $\gamma = \sigma_u^2/\sigma^2 \in [0,1]$）数值与 1 差距较大，并且没有通过 10% 的显著性检验，同时多数参数也没有通过 10% 的显著性检验，以上回归结果说明模型误差主要不是来源于技术非效率，采用随机前沿模型测算全要素生产率是不合适的。

二、　传统数据包络分析方法与全要素生产率的测算

（一）Malmquist 指数及其分解模型

Fare 等人（1994）在 CCD 理论研究的基础上，采用非参数线性规划方法测算距离函数。在估算出距离函数后，便可以求出全要素生产率增长率。目前，比较流行的度量方法为 Malmquist 指数，从 t 到 t+1 时刻全要素生产率增长的 Malmquist 指数为：

$$M_o(x^{t+1}, y^{t+1}, x^t, y^t) = \left[\frac{D_o^t(x^{t+1}, y^{t+1})}{D_o^t(x^t, y^t)} \frac{D_o^{t+1}(x^{t+1}, y^{t+1})}{D_o^{t+1}(x^t, y^t)} \right]^{1/2} \quad (5.3)$$

进一步可将 Malmquist 指数分解为：

$$M_o(x^{t+1}, y^{t+1}, x^t, y^t) = \frac{D_o^{t+1}(x^{t+1}, y^{t+1})}{D_o^t(x^t, y^t)} \times \left[\frac{D_o^t(x^{t+1}, y^{t+1})}{D_o^{t+1}(x^{t+1}, y^{t+1})} \frac{D_o^t(x^t, y^t)}{D_o^{t+1}(x^t, y^t)} \right]^{1/2}$$

$$= TE \times TP \quad (5.4)$$

其中，第一项 TE 为 t + 1 期的技术效率变化指数；第二项 TP 为 t + 1 期的技术进步率指数。

式（5.4）为规模收益不变时的 Malmquist 指数，在考虑可变规模收益的情况下，技术效率可以进一步分解为纯技术效率指数（PEC）和规模效率指数（SEC）（Fare，1994），公式如下：

$$M_o(x^{t+1}, y^{t+1}, x^t, y^t) = \frac{D_o^{V,t+1}(x^{t+1}, y^{t+1})}{D_o^{V,t}(x^t, y^t)}$$

$$\times \left[\frac{D_o^{V,t}(x^t, y^t)}{D_o^{V,t+1}(x^{t+1}, y^{t+1})} \frac{D_o^{C,t+1}(x^{t+1}, y^{t+1})}{D_o^{C,t}(x^t, y^t)} \right]$$

$$\times \left[\frac{D_o^{C,t}(x^{t+1}, y^{t+1})}{D_o^{C,t+1}(x^{t+1}, y^{t+1})} \frac{D_o^{C,t}(x^t, y^t)}{D_o^{C,t+1}(x^t, y^t)} \right]^{1/2}$$

$$= PEC \times SEC \times TP \quad (5.5)$$

其中，V 可变规模收益，C 为不变规模收益，第一项为纯技术效率指数（PEC），第二项为规模效率指数（SEC），最后一项为技术进步率指数（TP）。

（二）中国地区传统全要素生产率及其构成的测算与分析

我们以 1985～2010 年各省区的劳均 GDP 作为产出，以物质资本、劳动力和人力资本作为投入要素进行 Malmquist 生产率指数及其构成的测算及分析。

1. 全要素生产率及其构成变动的总体分析

我们利用 DEAP 软件计算出了全国及三大地带的 Malmquist 生产率指数及其构成，结果见表 5 - 2 和表 5 - 3。

表 5 - 2　　　历年平均 Malmquist 生产率指数及其构成（1985~2010 年）

年份	Malmquist 指数（TFP）	技术进步率（TECH）	技术效率（EFF）	纯技术效率（PEC）	规模效率（SEC）
1985~1986	0.986	0.959	1.028	1.012	1.015
1986~1987	1.020	0.977	1.044	1.035	1.008
1987~1988	1.031	0.995	1.036	1.005	1.031
1988~1989	0.993	0.979	1.014	0.994	1.021
1989~1990	0.993	0.978	1.015	1.002	1.014
1990~1991	1.025	1.047	0.979	0.987	0.991
1991~1992	1.060	1.095	0.968	0.980	0.988
1992~1993	1.045	1.091	0.957	0.973	0.984
1993~1994	1.019	1.019	1.000	1.002	0.998
1994~1995	1.013	1.005	1.008	1.012	0.995
1995~1996	1.045	1.020	1.024	1.025	0.999
1996~1997	1.010	1.001	1.009	1.007	1.002
1997~1998	1.005	1.001	1.004	1.002	1.002
1998~1999	0.993	0.998	0.995	1.002	0.993
1999~2000	0.997	0.994	1.002	1.000	1.002
2000~2001	0.996	1.001	0.995	0.999	0.996
2001~2002	0.999	1.012	0.987	0.992	0.994
2002~2003	0.994	1.006	0.988	0.992	0.996
2003~2004	0.995	1.013	0.982	0.988	0.994
2004~2005	0.992	0.997	0.995	0.995	1.000
2005~2006	0.982	0.998	0.984	0.983	1.001
2006~2007	0.991	1.010	0.981	0.987	0.994
2007~2008	1.059	1.147	0.923	0.999	0.925
2008~2009	1.030	1.035	0.995	1.024	0.972
2009~2010	1.057	1.075	0.983	0.998	0.986
平均值	1.013	1.018	0.996	0.999	0.996

表 5 - 3   全国及三大地带 Malmquist 生产率指数与构成（1986 ~ 2010 年）

地区	Malmquist 指数 （TFP）	技术进步率 （TECH）	技术效率 （EFF）	纯技术效率 （PEC）	规模效率 （SEC）
东部	1.016	1.019	0.998	0.999	0.999
中部	1.001	1.004	0.999	0.997	1.002
西部	1.006	1.003	1.003	1.001	1.002
全国	1.013	1.018	0.996	0.999	0.996

由表 5 - 2 中的数据可以看到，1985 ~ 2010 年我国全要素生产率平均增长率为 1.3%，技术进步的平均增长率也为 1.8%，而技术效率的平均增长率为 -0.4%，即技术效率出现下降，因而，总体来看，我国全要素生产率增长基本上来自于技术水平的提高。具体来看，1985 ~ 1990 年，除 1986 ~ 1987 年和 1987 ~ 1988 年的全要素生产率实现了增长，其他年份均出现下降。全要素生产率呈现这种波动是由技术进步和技术效率在这一时期的变化所造成的。1985 ~ 1990 年，技术进步指数均小于 1，而技术效率变化指数均大于 1，这说明在这一时期我国技术进步呈下降态势，而技术效率却在连年提高，这一结果和 Wu（2000）的研究是一致的。1985 ~ 1990 年我国技术效率的提高可能缘于国有企业改革对生产效率产生了促进作用。这一时期技术没有出现进步，可能是由于相对价格大的变化对要素投入的选择产生了不利的影响，按照一些观察者的说法，这可能是经济改革所必须承担的"初始成本"。

1990 ~ 1998 年，我国全要素生产率连续增长，平均增长率为 2.8%，而在 1998 ~ 2007 年则保持连续下降趋势，平均下降率为 0.7%，这一变化趋势和颜鹏飞等（2004）的研究基本一致。1990 ~ 1998 年全要素生产率的增长主要来源于技术进步的增长，这一时期技术进步的主要原因是 20 世纪 90 年代我国引入了更多的综合改革措施，对外开放水平有了极大的提高，国际贸易和国际投资促进了技术的引进和扩散，从而加快了技术进步。1998 ~ 2007 年全要素生产率的下降是由技术进步部分年份的下降，特别是技术效率的连年较大幅度地下降所导致。技术效率在这一时期的下降与亚洲金融危机之后的国际经济形势和我国国内的一系列改革密切相关，另外，2003 ~ 2006 年我国投资过快增长、投资规模偏大、低水平重复建设也是造成技术效率下降的重要原因。2008 ~ 2010 年，尽管技术效率水平仍在下降，但技术进步却保持较快的增长速度，

2008 年甚至实现了 14.7% 的高增长，从而使全要素生产率增长保持在 3% 以上。

通过对技术效率的进一步分解我们可以看到，1985～2010 年纯技术效率增长率平均下降了 0.1%，而规模效率的增长率则平均下降 0.4%，从而使技术效率的平均下降 0.4%。在技术效率提高的所有年份中，纯技术效率和规模效率的平均增长率均为 0.90%；在技术效率下降的所有年份中，纯技术效率平均下降 2%，而规模效率平均下降 1%。

2. 全要素生产率及其构成变动的地区差异分析

由表 5－3 可以看出，东、中、西部三大地带的 Malmquist 指数都大于 1，这表明三大地带的全要素生产率均有所增长，其中、东部增长率最高，为 1.6%，而中、西部增长率均低于全国 1.3% 的平均水平，分别为 0.1% 和 0.6%。就技术进步来看，东、中、西部三大地带的技术进步也均实现了增长，其中、东部地区增长率为 1.9%，高于全国 1.8% 的平均水平，而中、西部地区技术进步增长率则均低于全国平均水平，分别为 0.4% 和 0.3%。对于东部和中、西部在全要素生产率及技术进步增长率方面所表现出来的较大差距，我们的解释是，东部地区处于我国改革开放的前沿地带，通过对外贸易和吸引外国投资引进了先进的技术和管理，从而大大提高了自身的技术水平和全要素生产率，成为技术进步和全要素生产率增长最快的地区，而广大中西部地区由于地处内陆，基础设施落后，经济基础薄弱，不能够吸引更多的资金和技术，从而在较长时期内保持较低的技术进步率和全要素生产率增长率。

就技术效率来看，东部纯技术效率和规模效率均下降了 0.1%，从而使技术效率下降了 0.2%，中部纯技术效率下降了 0.3%，而规模效率上升了 0.2%，从而使技术效率下降了 0.1%，唯有西部的纯技术效率和规模效率均实现了增长，分别为 0.1% 和 0.2%，从而使技术效率实现了 0.3% 的增长。东部和中部出现技术效率下降的可能原因是，中、东部地区经济体的实际生产点可能已经处于或非常接近最优生产边界，效率提升的空间有限。同时由于中、东部地区特别是东部地区技术进步较快，原有的组织形式、管理方式及要素配置不能够迅速调整以适应新的技术变化时，就会使经济体逐渐远离最优生产边界，从而使技术效率出现下降。西部地区技术效率的提高说明西部在学习模仿东部的组织形式和管理方式，发挥后发优势，实现效率的赶超方面是较有成效的。

3. 中国地区技术效率评价

前面我们利用面板数据从时间序列和区域两个角度分析了全要素生产率及其构成的增长变化情况，下面利用截面数据对我国各地区 1985～2010 年的平均技术效率及投入产出状况进行评价，结果见表 5－4。

表 5－4　　各地区平均技术效率及投入产出评价结果（1985～2010 年）

地区	技术效率（EFF）	纯技术效率（PEC）	规模效率（SEC）	投入冗余率（%）		产出不足率（%）
				K	L	GDP
北京	0.475	0.579	0.821	42.14	42.05	106.61
天津	0.749	0.848	0.884	15.27	15.32	22.21
河北	0.580	0.607	0.955	39.30	39.25	52.68
辽宁	0.780	0.808	0.966	19.18	19.28	20.93
上海	1.000	1.000	1.000	0.00	0.00	0.00
江苏	0.617	1.000	0.617	0.00	0.00	0.00
浙江	0.673	0.700	0.961	29.92	30.00	33.02
福建	1.000	1.000	1.000	0.00	0.00	0.00
山东	0.617	0.708	0.872	29.21	29.11	19.81
广东	0.840	1.000	0.840	0.00	0.00	0.00
东部平均	0.733	0.825	0.892	17.50	17.49	25.53
山西	0.418	0.468	0.893	53.15	53.29	136.02
吉林	0.693	0.759	0.913	24.14	24.06	39.27
黑龙江	0.856	0.884	0.968	11.62	11.55	15.27
安徽	0.848	0.864	0.982	13.59	13.57	17.80
江西	0.539	0.567	0.950	43.30	43.29	81.60
河南	0.707	0.716	0.987	28.40	28.41	35.02
湖北	0.944	0.964	0.979	3.48	3.47	3.48
湖南	0.955	0.955	1.000	4.44	4.43	4.40
中部平均	0.745	0.772	0.959	22.77	22.76	41.61
内蒙古	0.426	0.491	0.869	50.90	50.81	131.15
广西	0.563	0.646	0.872	35.38	35.42	75.66
四川	0.957	1.000	0.957	0.00	0.00	0.00
贵州	0.584	0.789	0.740	21.06	21.06	43.46

续表

地区	技术效率 （EFF）	纯技术效率 （PEC）	规模效率 （SEC）	投入冗余率（%）		产出不足率（%）
				K	L	GDP
云南	0.591	0.684	0.864	31.61	31.55	64.40
陕西	0.592	0.656	0.903	34.43	34.45	68.39
甘肃	0.526	0.639	0.823	36.03	36.01	82.74
青海	0.345	1.000	0.345	0.00	0.00	0.00
宁夏	0.421	1.000	0.421	0.00	0.00	0.00
新疆	0.494	0.635	0.778	36.55	36.56	82.24
西部平均	0.550	0.754	0.757	24.60	24.59	54.80
全国平均	0.671	0.785	0.863	21.54	21.53	40.58

　　根据数据包络分析方法中关于效率评价指数的定义，效率值介于 0~1 之间，值越大效率越高，表明较少的输入能够产生较多的输出。由表 5-4 可以看到，我国东部平均技术效率值较高，为 0.733，其中上海和福建的技术效率值均达到了 1，说明这两个地区在考察期内始终处于全国技术效率的前沿，在经济发展过程中，它们更好地实现了经营管理的创新和资源的优化配置。中部地区的平均技术效率在三大地带中是最高的，为 0.745，其中湖南、湖北的技术效率均超过了 0.9，这说明中部地区较好地学习了先进的组织形式和管理经验，通过优化产业结构，调动各种生产要素的积极性，实现了生产的高效率。尽管西部地区技术效率的增长率在所有地区中是最高的，但其平均技术效率值与其他地区相比却是最低的，仅为 0.55，这说明西部地区在挖掘自身生产潜力提高自身技术效率方面仍然任重道远。

　　从表 5-4 中技术效率的构成来看，除极少部分地区外，绝大多数地区的纯技术效率都小于规模效率，这说明多数地区都是靠规模效率来提高其技术效率的。就三大地带来看，东部的纯技术效率最高，为 0.825；其次是中部，为 0.772；纯技术效率最低的是西部，为 0.754。三大地带规模效率最高的是中部，为 0.959；其次是东部，为 0.892；最低的依然是西部，为 0.757。具体到省份来看，除东部的上海、福建的纯技术效率和规模效率都为 1 外，东部的江苏和广东以及西部的四川、青海和宁夏等省区的纯技术效率都达到了 1，而中部的湖南的规模效率也达到了 1。这说明这些地区的资源配置或生产规模都实现了最优。从表 5-4 我们可以观察到，青海和宁夏的纯技术效率为 1，而规模效率却极低，原因可能是这两个地区资源比较匮乏，有限的资本和劳动投入均能转化为产出，不存在要素投入过剩而导致效率下降的可能，同时由于它们处在规模收益递增阶段，要素投入的不足使得其生产规模与最优规模相差较远（范爱军、王丽丽，2009）。除上述省区外，其他地区的纯技术效率和规模效率均小于1，说明这些地区的资源配置有待进一步改善，生产规模需要作进一步的调整。

要素投入冗余率和产出不足率是地区技术效率水平特别是纯技术效率水平的具体体现，它可以反映出该地区的资源配置的合理程度和产出进一步提高的潜力。由表5-4可以看到，东部地区资本、劳动投入冗余率和产出不足率最低，分别为17.50%、17.49%和25.53%。其次是中部，其资本、劳动投入冗余率和产出不足率分别为22.77%、22.76%和41.61%。西部资本、劳动的投入冗余率和产出不足率最高，分别为24.60%、24.59%和54.80%。这说明东部的纯技术效率水平最高，其次是中部，而西部最低。这实际上也反映出一种关系，即纯技术效率越高的地区其投入冗余率和产出不足率就会越低。从具体省区来看，上海、江苏、福建、广东、四川、青海及宁夏的纯技术效率为1，这些地区就不存在投入冗余和产出不足的问题。而山西在所有的省区中纯技术效率最低，为0.468，其资本、劳动投入冗余率和产出不足率在所有的地区中最高，分别为53.15%、53.29%和136.02%，这说明山西在要素投入上的配置极不合理，没有实现最大产出，通过调整要素投入比例，其产出可以在原有基础上提高136.02%。

4. Malmquist 指数及其构成的收敛性分析

Abramoviz（1986）认为，越是落后的地区，技术水平与领先者的技术水平差距就越大，在技术知识具有正外部性的前提下，如果落后者能够吸收领先者所拥有的先进技术，则落后者会比技术领先者处于更有利的增长位置上，其经济增长率要高于技术领先者，即技术扩散会导致技术收敛，从而最终实现经济增长的收敛，这一特征在西方工业化国家表现更为明显。那么我国各地区是否存在技术扩散？各地区间的生产率及技术差距是否存在收敛趋势？本书将利用绝对β收敛来分析全国及三大地带的生产率及技术的变动趋势。

绝对β收敛检验通常用增长率对常数项和初始水平进行回归分析，回归方程如下：

$$\Delta v_{it} = C + \beta \ln v_{i0} + \varepsilon_{it} \tag{5.6}$$

Δv_{it}表示 1986~2010 年第 i 个省区的 Malmquist 指数（全要素生产率）、技术进步率（TECH）及技术效率（EFF）平均增长率，ln（v_{i0}）为第 i 个省区的 Malmquist 指数、技术进步率及技术效率初始水平的对数值，C 为常数项，ε_{it}为随机扰动项。当 $\beta < 0$ 且其 t 检验值显著时，意味着地区差距在缩小；当 $\beta > 0$ 且其 t 检验值显著时，则意味着地区差距在扩大。

由表 5 - 5 的回归结果可以看到，在全国范围内全要素生产率、技术进步和技术效率的回归系数都为负，且均通过了 1% 的显著性检验，这说明在全国范围内全要素生产率、技术进步和技术效率都具有显著的收敛趋势。就东部地区内部来看，其技术进步显著发散，而技术效率则更显著地收敛，从而使东部的全要素生产率也出现了收敛迹象，但这种收敛并没有通过显著性检验。由表 5 - 5 我们还可以观察到，中部地区的全要素生产率、技术进步和技术效率都表现出了显著的收敛倾向；西部地区除技术效率表现出不显著的收敛趋势外，其全要素生产率和技术进步均显著收敛。因而，总体而言，中国各个地区之间存在着较为显著的技术扩散现象，并导致了各个地区间的技术和全要素生产率的收敛。技术扩散主要通过两个渠道实现，一是区际间的技术交流，如各个地区定期和不定期举办的技术交流会，另一个是区际间的贸易和投资，技术落后的地区通过购买先进地区的产品，引进和吸收适用的、高效率的生产设备，然后对先进技术加以学习模仿，从而使先进的技术知识流向本地。另外，发达地区的企业在落后地区的投资设厂也会促进先进技术和管理知识向落后地区的扩散。

表 5 - 5　　　　　　　　　**Malmquist 指数及其构成的收敛性分析**

地区	检验项	Malmquist 指数（TFP）	技术进步率（TECH）	技术效率（EFF）
全国	常数项	- 0. 0006 （ - 1. 36）	0. 0004 （0. 87）	- 0. 0003 （ - 0. 57）
	β	- 0. 0458 （ - 4. 85）*	- 0. 0356 （ - 3. 51）*	- 0. 0543 （ - 6. 66）*
	D_1	0. 0013 （1. 77）***	0. 0013 （3. 03）*	- 0. 0002 （ - 0. 34）
	D_2	- 0. 0007 （ - 0. 95）	0. 0003 （0. 62）	- 0. 0012 （ - 2. 03）**
	Adj. R^2	0. 613	0. 4631	0. 6456
	F	15. 2576	8. 763	17. 3994

地区	检验项	Malmquist 指数（TFP）	技术进步率（TECH）	技术效率（EFF）
东部	常数项	0.0011 （1.34）	0.0055 （5.83）*	-0.0005 （-2.25）**
	β	-0.0296 （-1.31）	0.0506 （2.41）**	-0.0491 （-5.69）*
	Adj. R²	0.0756	0.3483	0.7773
	F	1.7369	5.812	32.4241
中部	常数项	-0.0022 （-2.54）**	-0.0012 （-3.79）*	-0.0008 （-1.0323）
	β	-0.0729 （-3.10）**	-0.0787 （-11.36）*	-0.1040 （-2.87）**
	Adj. R²	0.5522	0.9482	0.5098
	F	9.6346	129.2298	8.2823
西部	常数项	-0.0006 （-1.78）***	0.0001 （0.61）	-0.0117 （-1.1）
	β	-0.0461 （-5.01）*	-0.0425 （-6.47）*	-0.0282 （-0.14）
	Adj. R²	0.7277	0.8196	-0.1218
	F	25.0631	41.8922	0.0222

注：括号内为 t 检验值，*、**、*** 分别表示在 1%、5% 和 10% 水平上通过显著性检验；由于全国可以分为东、中、西三大地带，所以对全国进行相关收敛检验时，我们在回归方程式（8）中加入了地区虚拟变量 D_1 和 D_2，东部取值（1，0），中部为（0，1），西部为（0，0）。

通过以上分析可以得出如下结论：

第一，1985～2010 年，我国全要素生产率实现了增长，其增长主要源于技术进步。在此期间，纯技术效率平均下降了 0.1%，而规模效率则平均下降了 0.4%，从而使平均技术效率下降 0.4%。

第二，东、中、西三大地带的全要素生产率均实现了增长，其中，东部增长最快，其次是西部和中部，它们的增长主要来自技术进步。西部的技术效率实现了增长，而东部和中部的技术效率则出现了恶化，这主要缘于纯技术效率的恶化。

第三，中部的技术效率和规模效率值最高，其次是东部和西部；而东部的纯技术效率值最高，其次是中部和西部。除少数省区外，绝大多数省区的纯技术效率都小于其规模效率。要素投入冗余率和产出不足率均与纯技术效率呈反向关系，东部的要素投入冗余率和产出不足率最低，而西部则最高。

第四，中国各地区之间的技术扩散现象明显，并导致了地区间的技术和全要素生产率的收敛。

三、基于方向性距离函数的数据包络分析法与环境全要素生产率的测算

随机前沿生产函数估计结果显示随机前沿方法并不适合于本书研究时段的中国省区全要素生产率测算，传统数据包络分析方法虽然可以在一定程度上反映中国地区全要素生产率的变化状况，但其并没有考虑非期望产出对全要素生产率的影响，为了更准确合理地估算中国地区全要素生产率，我们必须再采用其他方法进行相关研究，以弥补不足。基于方向性距离函数的数据包络分析法是当前应用较为广泛的另一种测算全要素生产率的方法，它不需要事先构建具体函数形式的生产前沿面，对投入、产出项目也无须进行单位标准化，同时可以将环境污染作为非期望产出纳入分析框架中，因而是一种十分便利的生产率分析工具。下面我们将对这一方法进行介绍，同时利用其测算中国省区的环境全要素生产率及构成。

（一）方向性距离函数与 ML 生产率指数及分解

Fare 等（2001）根据 Luenberger（1992、1995）短缺函数的思想，构造了方向性距离函数：

$$\vec{D}_o^t(x^t, y^t, b^t; g) = \sup\{\beta : (y^t, b^t) + \beta g \in P^t(x^t)\} \tag{5.7}$$

其中，$g = (y, -b)$ 为产出水平扩张的方向向量，它表示在给定投入 x 的情况下，好产出 y 成比例地扩大，"坏"产出 b 成比例地收缩，β 为方向性距离函数值，即好产出 y 增长、"坏"产出 b 减少的最大可能数量，P（x）表示生产可能性集合，其基本思想可以用图 5 – 1 来反映。

对于一个产出观测点 A，由 Shephard 的距离函数得到的产出极限是 C，C 点是有效率的。与此相对照，由方向性距离函数得到的产出极限是 B。方向性距离函数要求 A 按着方向向量 g =（y，－b）增加 y，同时减少坏的产出 b 到

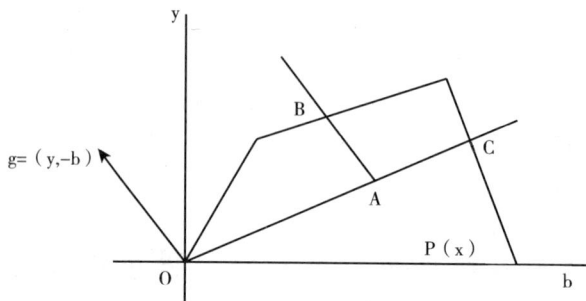

图 5 - 1　方向性距离函数示意

达前沿 B。

　　类似于传统技术效率的定义，环境技术效率可定义为好产出的实际产量 y_k^t 与环境技术结构下的前沿产出量 $(1 + \beta) y_k^t$ 的比率，即 $1/(1 + \beta)$。环境技术效率刻画了环境与经济发展的协调程度，其取值区间为 $(0, 1)$，数值越接近 1，说明环境技术效率越高，环境与经济发展越协调；数值越接近 0，说明环境技术效率越低，环境与经济发展越不平衡。与传统技术效率不同，环境技术效率不仅可以反映投入、产出和污染之间的关系，同时也包含着公众对环境质量的偏好（即方向向量的结构），从而能较全面地描绘现实生产与理想社会的差距。

　　环境技术效率不仅反映实际"好"产出与最大"好"产出的差距，也反映实际"坏"产出与最小"坏"产出的差距。由此可见，若要得出环境技术效率，就必须计算出参数 β，而 β 可以通过求解如下线性规划得到：

$$\vec{D}_0^t (x^{t,k'}, y^{t,k'}, b^{t,k'}; y^{t,k'}, -b^{t,k'}) = Max\beta, s.t. \sum_{t=1}^{T} \sum_{k=1}^{K} z_k^t y_k^t \geq (1 + \beta) y_{k'}^t$$

$$\sum_{t=1}^{T} \sum_{k=1}^{K} z_k^t b_k^t = (1 - \beta) b_{k'}^t, \quad \sum_{t=1}^{T} \sum_{k=1}^{K} z_k^t x_k^t \leq x_{k'}^t, z_k^t \geq 0, k = 1, \cdots, K \quad (5.8)$$

其中，$y^{t,k'}$，$-b^{t,k'}$ 表示 $\vec{D}_0^t$ 的方向向量，$\beta y_{k'}^t$ 表示"好"产出 y 扩张的比例，$\beta b_{k'}^t$ 表示"坏"产出缩小的比例。k' 表示第 k' 个省份，z_k^t 表示第 k 个样本观察值的权重，非负权重表示生产技术是规模报酬不变的。

　　根据 Chung 等（1997）的方法，基于产出的考虑环境的全要素生产率指数可以用 ML 生产率指数来表示，为了排除时期选择的随意性，通常使用两个 ML

生产率指数的几何平均值得到以 t 期为基期到 t+1 期的全要素生产率的变化。

$$ML_t^{t+1} = (ML_i^t \times ML_i^{t+1})^{\frac{1}{2}} = \left[\frac{1 + \overrightarrow{D}_i^{t+1}(x^t, y^t, b^t; y^t, -b^t)}{1 + \overrightarrow{D}_i^t(x^t, y^t, b^t; y^t, -b^t)} \right.$$

$$\times \left. \frac{1 + \overrightarrow{D}_i^{t+1}(x^{t+1}, y^{t+1}, b^{t+1}; y^{t+1}, -b^{t+1})}{1 + \overrightarrow{D}_i^t(x^{t+1}, y^{t+1}, b^{t+1}; y^{t+1}, -b^{t+1})} \right]^{1/2}$$

$$\times \left[\frac{1 + \overrightarrow{D}_i^t(x^t, y^t, b^t; y^t, -b^t)}{1 + \overrightarrow{D}_i^{t+1}(x^{t+1}, y^{t+1}, b^{t+1}; y^{t+1}, -b^{t+1})} \right]$$

$$= MLTC_t^{t+1} \times MLEC_t^{t+1} \tag{5.9}$$

这样，ML 生产率指数就被拆分为绿色技术进步率指数（MLTC）和绿色技术效率变化指数（MLEC）两部分。

在规模报酬可变（VRS）的假设条件下，技术效率变化指数（MLEC）又可被分解为纯技术效率变化指数（PCH）和规模效率变化指数（SCH）：

$$MLEC_t^{t+1} = PCH_t^{t+1} \times SCH_t^{t+1} \tag{5.10}$$

$$PCH_t^{t+1} = \frac{1 + \overrightarrow{D}_v^t(x^t, y^t, b^t; y^t, -b^t)}{1 + \overrightarrow{D}_v^{t+1}(x^{t+1}, y^{t+1}, b^{t+1}; y^{t+1}, -b^{t+1})} \tag{5.11}$$

$$SCH_t^{t+1} = \frac{[1 + \overrightarrow{D}_c^t(x^t, y^t, b^t; y^t, -b^t)] / [1 + \overrightarrow{D}_v^t(x^t, y^t, b^t; y^t, -b^t)]}{[1 + \overrightarrow{D}_c^{t+1}(x^{t+1}, y^{t+1}, b^{t+1}; y^{t+1}, -b^{t+1})] /}$$

$$[1 + \overrightarrow{D}_v^{t+1}(x^{t+1}, y^{t+1}, b^{t+1}; y^{t+1}, -b^{t+1})] \tag{5.12}$$

这样 ML 生产率指数就可以进行如下分解：

$$ML_t^{t+1} = MLTC_t^{t+1} \times PCH_t^{t+1} \times SCH_t^{t+1} \tag{5.13}$$

（二）中国省区环境技术效率及其收敛性分析

影响经济增长的一个重要因素——技术效率的测算及地区差异问题也是广大学者所关注的热点，相关研究如赵伟（2005），范爱军、王丽丽（2009）和武群丽（2010）等。上述研究对中国地区技术效率的测算及其差异问题进行了有益的探讨，但它们都没有将能源投入和环境污染等非期望产出纳入分析框架中，而忽略能源和环境因素计算出的技术效率，不能准确衡量地区经济增长的潜力和可持续发展水平。我国改革开放以来的粗放型发展方式，使经济增长付出了昂贵的资源和环境代价，实现资源节约、环境保护已成为我国当前以及未来所面临的紧迫任务。在这种形势下，从能源和环境角度研究经济增长和地区差距问题已显得十分必要。近年来，已有学者在考虑能源投入和环境污染这种坏产出的条件下重新考察中国的技术效率问题，相关研究如王建喜和屈小娥（2011）、王海宁（2011）、李伟娜和金晓雨（2011）、涂正革（2008）等，但这些研究均是针对中国地区工业行业的，而针对中国省区开展相关研究的文献却极为罕见。下面将利用基于方向性距离函数的数据包络分析方法进行中国省区的环境技术效率测算，在此基础上进一步采用随机收敛检验方法来判断中国地区环境技术效率差异在长期会不会消失，从而确定其收敛性和共同趋势。

计算过程中使用的省区期望产出水平用 GDP 数据表示，选择二氧化硫和化学需氧量作为非期望产出指标，相关数据均来自《中国环境统计年鉴》、《中国工业经济统计年鉴》及中经网统计数据库。投入因素为物质资本存量、劳动力、人力资本和能源。其中资本存量 K 采用永续盘存法进行估算，相关数据来源于历年《中国统计年鉴》，并按 1978 年不变价格进行了处理，劳动力 L 采用各省历年统计年鉴公布的全社会从业人员数据，人力资本 H 为人均受教育年限，用陈钊等（2004）的方法计算得来，计算所用数据来自相应年份的《中国统计年鉴》。各省区能源投入用能源消费总量（万吨标准煤）来衡量，相关数据来自《新中国六十年统计资料汇编》和历年《中国能源统计年鉴》。

利用上述模型及相关数据求得中国各地区 1985～2010 年的环境技术效率值，限于篇幅本书只给出了部分年份的数值及 1985～2010 年的平均值，结果见表 5－6。

表 5－6   中国地区部分年份环境技术效率及其平均值（1985～2010 年）

地区	1985 年	1990 年	1995 年	2000 年	2005 年	2010 年	平均值
北京	0.804	0.868	0.862	0.843	0.821	0.818	0.826
天津	0.742	0.824	0.892	0.819	0.803	0.800	0.812
河北	0.550	0.689	0.668	0.657	0.642	0.631	0.649
上海	1.000	1.000	1.000	1.000	1.000	1.000	1.000
江苏	0.722	0.868	0.854	0.812	0.809	0.802	0.804

续表

地区	1985 年	1990 年	1995 年	2000 年	2005 年	2010 年	平均值
浙江	0.762	0.879	0.868	0.859	0.850	0.832	0.844
福建	0.799	0.992	1.000	0.941	0.904	0.870	0.941
山东	0.675	0.744	0.738	0.729	0.716	0.710	0.722
广东	0.712	0.897	0.859	0.839	0.827	0.816	0.830
东部地区	0.752	0.862	0.860	0.833	0.819	0.809	0.825
山西	0.481	0.561	0.401	0.378	0.348	0.309	0.392
安徽	0.883	0.821	0.748	0.788	0.750	0.723	0.764
江西	0.472	0.549	0.409	0.492	0.432	0.402	0.459
河南	0.648	0.748	0.665	0.658	0.620	0.559	0.646
湖北	1.000	1.000	0.884	0.800	0.711	0.663	0.819
湖南	0.775	0.826	0.772	0.799	0.805	0.776	0.774
中部地区	0.710	0.751	0.647	0.653	0.611	0.572	0.642
四川	0.441	0.567	0.715	0.991	0.928	0.906	0.828
贵州	0.432	0.575	0.515	0.506	0.466	0.469	0.482
云南	0.507	0.720	0.535	0.510	0.486	0.454	0.512
陕西	0.512	0.587	0.530	0.555	0.530	0.513	0.530
甘肃	0.411	0.557	0.513	0.503	0.466	0.440	0.481
青海	0.335	0.364	0.357	0.307	0.279	0.275	0.313
宁夏	0.302	0.441	0.414	0.405	0.351	0.331	0.376
新疆	0.388	0.618	0.466	0.449	0.417	0.401	0.448
内蒙古	0.502	0.482	0.354	0.391	0.340	0.295	0.372
广西	0.568	0.658	0.525	0.460	0.442	0.401	0.483
西部地区	0.440	0.557	0.492	0.508	0.471	0.449	0.483
辽宁	0.823	0.894	0.886	0.873	0.866	0.857	0.868
吉林	0.634	0.779	0.771	0.768	0.754	0.744	0.764
黑龙江	0.657	0.778	0.690	0.785	0.835	0.832	0.770
东北地区	0.705	0.817	0.782	0.809	0.818	0.811	0.801
全国平均	0.626	0.725	0.675	0.676	0.650	0.630	0.661

注：本表数据由 LINGO8.0 软件计算得出，东部、中部、西部及东北地区的数值为其所包含省区的环境技术效率平均值。

由表5－6可以知，总的来说，1990年以后中国省区环境技术效率下降趋势较为明显，由1990年的0.725下降到2010年的0.630，说明中国提高地区环境技术效率，建设"两型社会"，实现地区经济"又好又快"发展的任务还很艰巨。就四大区域的比较来看，东部和东北地区的平均环境技术效率分别为0.825和0.801，均远高于全国平均水平0.661。而中部和西部地区的平均环境技术效率均低于全国平均水平，分别为0.642和0.483。主要原因是，相比之下，沿海和东北地区处于我国改革开放的前沿地带，技术创新活跃，多发展附加值高的知识技术密集型行业和现代服务业，技术效率高，资源消耗少，环境污染水平低。而我国中、西部地区由于资源禀赋较高，其发展也多集中于重化工业和资源密集型行业，由于技术设备的落后，这些行业的资源浪费和环境污染都较为严重，这对地区环境技术效率的提高产生一定的阻碍作用。

借鉴涂正革（2008）、李国柱（2007）的方法，依据表5－6中各省区环境技术效率的平均值，对中国省区的经济协调发展模式进行了如下五类划分，结果见表5－7。

表5－7　　　　　　　　　中国省区经济协调发展模式分类

发展模式	省区
高度协调地区（0.9~1）	上海、福建
较协调地区（0.8~0.9）	北京、天津、江苏、浙江、广东、湖北、四川、辽宁
较不协调地区（0.7~0.8）	山东、安徽、湖南、吉林、黑龙江
不协调地区（0.6~0.7）	河北、河南
极不协调地区（0.6以下）	内蒙古、山西、陕西、江西、广西、贵州、云南、甘肃、青海、宁夏、新疆

由表5－7可知，经济发展高度协调地区仅有上海、福建，这说明两地相应年份的环境技术处于或接近效率前沿面，其经济发展达到了资源投入少、产出水平高、污染排放低的理想状态，是环境效率的"最佳实践者"。经济发展较协调地区有北京、天津、江苏、浙江、广东、湖北、四川、辽宁8个省（市）区，除湖北和四川外，其余省区均处于东部沿海地区。经济发展较不协调地区包括山东、安徽、湖南、吉林、黑龙江5个省，不协调地区仅有河北和河南两省，而极不协调地区则有内蒙古、山西、陕西、江西、广西、贵州、云南、甘肃、青海、宁夏、新疆11个省区。由此可见中国28个省区中

有 18 个省区的资源、环境与经济发展处于不同程度的失衡状态，而这些省区绝大多数都位于我国中西部地区，这表明我国中西部和东部沿海地区的差距，不仅表现在产出水平和产出效率低上，更表现在资源浪费和环境污染严重上。

环境技术效率是影响地区经济增长的一个重要因素，而近年来我国地区经济差距总体呈现扩大趋势，那么我国各地区环境技术效率差异变化如何？是否也呈现出扩大趋势？下面将利用随机收敛方法对此加以检验。

在进行随机收敛检验之前，我们利用 ADF 检验来判别各地区的环境技术效率序列的平稳性，结果见表 5 - 8。

表 5 - 8　　中国各地区环境技术效率序列的平稳性检验（1985 ~ 2010 年）

地区	ADF 检验值	检验类型 (c,t,k)	一阶差分 ADF 检验值	检验类型 (c,t,k)	结论	地区	ADF 检验值	检验类型 (c,t,k)	一阶差分 ADF 检验值	检验类型 (c,t,k)	结论
北京	-2.834	(c,t,1)	-3.982	(c,0,1)	I(1)	中部地区	-3.142	(c,t,1)	-4.889	(c,0,2)	I(1)
天津	-1.026	(c,t,1)	-3.885	(c,0,2)	I(1)	四川	-1.482	(c,t,2)	-3.905	(c,0,4)	I(1)
河北	-2.375	(c,t,1)	-4.481	(c,0,2)	I(1)	贵州	-2.898	(c,t,2)	-4.367	(c,0,1)	I(1)
上海	-2.415	(c,t,2)	-4.769	(c,0,1)	I(1)	云南	-3.027	(c,t,2)	-5.115	(c,0,2)	I(1)
江苏	-3.121	(c,t,1)	-5.205	(c,0,4)	I(1)	陕西	-2.765	(c,t,1)	-4.026	(c,0,1)	I(1)
浙江	-2.236	(c,t,2)	-4.302	(c,0,2)	I(1)	甘肃	-1.540	(c,t,2)	-5.410	(c,0,1)	I(1)
福建	-2.593	(c,0,2)	-4.438	(c,0,1)	I(1)	青海	-1.638	(c,t,2)	-4.003	(c,0,2)	I(1)
山东	-2.476	(c,0,1)	-4.570	(c,0,4)	I(1)	宁夏	-2.497	(c,0,2)	-4.150	(c,0,3)	I(1)
广东	-2.027	(c,0,2)	-4.631	(c,0,1)	I(1)	新疆	-2.386	(c,t,1)	-5.108	(c,0,1)	I(1)
东部地区	-1.691	(c,t,1)	-3.874	(c,0,4)	I(1)	内蒙古	-1.735	(c,t,1)	-4.114	(c,0,1)	I(1)
山西	-1.721	(c,t,1)	-5.447	(c,0,1)	I(1)	广西	-2.448	(c,t,3)	-5.035	(c,0,1)	I(1)
安徽	-2.332 *	(c,t,1)	-4.638	(c,0,2)	I(1)	西部地区	-2.543	(c,t,1)	-5.191	(c,0,1)	I(1)
江西	-3.098	(c,t,2)	-5.747	(c,0,1)	I(1)	辽宁	-1.481	(c,0,2)	-3.832	(c,0,1)	I(1)
河南	-2.387	(c,t,1)	-4.460	(c,0,1)	I(1)	吉林	-2.176	(c,t,1)	-3.823	(c,0,2)	I(1)
湖北	-3.002	(c,t,4)	-4.355	(c,0,1)	I(1)	黑龙江	-2.735	(c,t,2)	-4.331	(c,0,2)	I(1)
湖南	-3.126	(c,t,1)	-4.876	(c,0,2)	I(1)	东北地区	-1.742	(c,t,1)	-3.914	(c,0,1)	I(1)

注：本表结果由 Eviews7.0 软件计算得出；检验类型中的 c 和 t 表示带有常数项和趋势项，k 表示所采用的滞后阶数，其选择依据是 AIC 准则和 SC 准则；10% 和 1% 显著水平临界值分别为 -3.260 和 -3.806。

从表 5 - 8 可以看到，各地区 ADF 检验值均大于 10% 显著水平的临界值，而其一阶差分序列的 ADF 检验值均小于 1% 水平的临界值。由以上检验结果可知各地区的环境技术效率序列是一阶单整 I（1）序列，可以采用 Johanson 方法来检验它们之间的协整关系，从而判断四大区域内部和四大区域之间环境技术效率差距的收敛性和共同趋势。我们通过把各大区域内所有省区的环境技术效率加总求其算术平均值，再分别对东部、中部、西部和东北四大区域内部和四大区域之间的环境技术效率序列进行协整检验，来判断各自环境技术效率的收敛性，检验结果见表 5 - 9。

表 5 - 9　　各区域内部及区域之间的环境技术效率序列随机收敛检验结果

东部地区内部		中部地区内部		西部地区内部		东北地区内部		四大区域之间	
η_r 统计量	r 假设值	η_r 统计量	r 假设值	η_r 统计量	r 假设值	η_r 统计量	r 假设值	η_r 统计量	r 假设值
419.64	None **	205.92	None **	340.53	None **	61.2	None **	75.65	None **
310.03	≤1 **	130.18	≤1 **	216.55	≤1 **	15.79	≤1 **	31.43	≤1 **
216.25	≤2 **	80.38	≤2 **	144.13	≤2 **	1.39	≤2	10.69	≤2
144.17	≤3 **	38.64	≤3 **	91.39	≤3 **			0.44	≤3
88.23	≤4 **	10.85	≤4	56.43	≤4 **				
57.61	≤5 **	3.15	≤5	37.42	≤5 **				
28.19	≤6 **			20.61	≤6 *				
13.64	≤7 **			16.72	≤7				
5.18	≤8			9.66	≤8				
				0.44	≤9				

注：* （**）表示在 5%（1%）显著水平上拒绝原假设，其中滞后阶数的确定依据是 AIC 和 SC 准则。

由表 5 - 9 可以看到，通过对东部地区环境技术效率序列的协整检验发现，当 r = 8 时，出现第一个不显著的迹检验统计量，这说明东部省区环境技术效率序列之间的协整关系个数 r = p - 1，根据 Bernard 和 Durlarf 的理论，可知东部地区内的环境技术效率差距在长期存在收敛趋势。对中部地区而言，当 r = 4 时，出现第一个不显著的迹检验统计量，所以中部 6 省区的环境技术效率序列之间只有 4 个协整关系，其协整关系的个数 r = 4 < p - 1 = 5，这说明中部地

区内部的环境技术效率在长期没有收敛趋势，只有 p－4＝2 个共同趋势。同样，西部地区的环境技术效率在长期也不存在收敛趋势，只有 3 个共同趋势。另外，由表 5－9 可知，我国东北地区的环境技术效率存在收敛趋势，而东部、中部、西部及东北四大区域之间则不存在环境技术效率的收敛趋势，只有 2 个共同趋势。综上所述可知，我国东部和东北地区内部省份的环境技术效率差异较小，并且在长期有进一步缩小的趋势，而就全国总体来看，中国省区的环境技术效率差异较大，在长期有进一步扩大的趋势，这与滕建州和梁琪 (2006)、彭国华 (2005) 等学者对我国地区经济差距变化趋势的判断大体一致，由此可以推测，环境技术效率的差异可能是造成中国地区经济差距变化的重要因素之一。

通过上述分析可以得出如下结论：

第一，我国地区环境技术效率从 1990 年以来总体上呈现恶化趋势，东部地区和东北地区的环境技术效率远高于中西部地区，中西部大多数省区的资源、环境与经济发展处于失衡状态，我国建设"两型社会"，实现经济"又好又快"发展任重道远。

第二，我国东部和东北地区的环境技术效率在长期呈现收敛趋势，而中部和西部地区的环境技术效率则不存在收敛趋势；就全国来看，东部、中部、西部及东北四大区域之间的环境技术效率不存在收敛趋势，但从长期来看，四大经济带的环境技术效率增长受两个共同冲击的影响。这说明尽管东部和东北内部省份间的环境技术效率差异在缩小，但从全国来看，各地区间的环境技术效率差距有扩大趋势，这和我国当前地区经济差距变化趋势大体一致。

上述结论蕴涵着重要的政策含义：首先，我国省区特别是中、西部省区要加大经济结构调整的力度，立足本地优势，大力发展资源消耗低、环境污染少、附加值高的高技术产业和服务贸易、旅游产业，促进地区产业结构的优化升级和环境技术效率的改善。其次，要鼓励技术创新，加大自主研发和技术引进的投入力度，同时要不断对企业技术设备进行改造，以提高生产技术水平和设备的性能，减少能源浪费和环境污染。再次，要采取有效措施打破地区间的体制障碍和技术壁垒，促进各种生产管理经验的交流和技术的扩散，以遏制地区环境技术效率的恶化，并缩小地区间的技术差距。最后，要通过明晰资源产权问题，推进排污权交易制度，并把资源节约利用与环境保护纳入企业评价与政府政绩考核体系等途径不断健全资源环境管理制度，以促进经济、资源、环境的良性互动与协调发展。

（三）中国省区环境全要素生产率的测算与分析

以 1985～2010 年各省区的劳均 GDP 作为期望产出，化学需氧量和二氧化硫为非期望产出，以物质资本、劳动力和人力资本作为投入要素，利用上述基于方向性距离函数的数据包络分析法对中国省区的 ML 指数及其构成进行测算，由于篇幅所限本书只给出各省区指标 1985～2010 年的平均值，结果如表 5－10 所示。

表 5－10　　中国省区 ML 指数及其分解结果（1985～2010 年平均值）

地区	ML 指数	环境技术进步（MLTC）	环境技术效率（MLEC）	纯技术效率（PCH）	规模效率（SCH）
北京	1.046	1.089	0.961	0.996	0.965
天津	1.030	1.027	1.003	1.003	1.000
河北	1.077	1.078	1.000	1.008	0.992
辽宁	1.039	1.042	0.997	1.006	0.991
上海	1.050	1.050	1.000	1.000	1.000
江苏	1.090	1.078	1.011	1.007	1.004
浙江	1.069	1.070	0.999	1.006	0.993
福建	1.010	1.021	0.989	1.008	0.981
山东	1.084	1.078	1.006	1.006	0.999
广东	1.084	1.078	1.006	1.008	0.998
东部地区	1.058	1.061	0.997	1.005	0.992
山西	0.987	1.011	0.976	1.006	0.970
吉林	0.997	1.012	0.986	1.009	0.977
黑龙江	1.011	1.014	0.997	1.006	0.992
安徽	0.996	1.009	0.987	1.005	0.982
江西	1.004	1.010	0.994	1.005	0.990
河南	1.062	1.072	0.991	1.005	0.985
湖北	0.997	1.010	0.987	1.006	0.981
湖南	1.008	1.020	0.989	1.005	0.984
中部地区	1.008	1.020	0.988	1.006	0.983

续表

地区	ML 指数	环境技术进步（MLTC）	环境技术效率（MLEC）	纯技术效率（PCH）	规模效率（SCH）
内蒙古	1.003	1.016	0.988	1.010	0.978
广西	0.997	1.021	0.977	1.004	0.973
四川	1.074	1.067	1.006	1.007	0.999
贵州	0.988	1.002	0.986	1.002	0.983
云南	1.000	1.020	0.980	1.004	0.976
陕西	1.011	1.017	0.993	1.005	0.988
甘肃	1.004	1.015	0.990	1.004	0.986
青海	0.989	1.002	0.987	1.000	0.987
宁夏	0.986	1.001	0.985	1.000	0.985
新疆	0.988	1.006	0.982	1.007	0.975
西部地区	1.004	1.016	0.988	1.004	0.983
全国平均	1.024	1.033	0.991	1.005	0.986

由表 5-10 可以看到，1985~2010 年中国省区全要素生产率平均增长率为 2.4%，这主要来源于环境技术进步，其增长率达到 3.3%，而中国省区平均环境技术效率增长率为 -0.9%，即出现了环境技术效率恶化现象。中国省区环境技术效率的恶化主要是由规模效率的恶化所致，而纯技术效率则达到了 0.5% 的增长率。这说明中国省区环境全要素生产率的提高主要是通过自主创新和科技成果转化以及学习发达地区的先进管理经验来实现的，而多数省区的生产经营没有达到最优规模，成为环境全要素生产率提高的障碍。就三大地区来看，东部省区的环境全要素生产率增长最快，平均增速为 5.8%，其次是中部省区，平均增长率为 0.8%，西部省区的环境全要素生产率增长率最低，为 0.4%。东中西部环境全要素生产率增长率的提高均来自于环境技术进步，而它们的环境技术效率均出现不同程度的恶化，其中东部省区恶化率为 0.3%，中西部省区恶化率均为 1.2%。就具体省区来看，江苏、山东、广东等省区环境全要素生产率增长较快，增速分别为 9.0%、8.4% 和 8.4%，而山西、贵州和宁夏等省区则出现环境全要素生产率增长率的下降，下降率分别为 1.3%、1.2% 和 1.4%。通过和传统数据包络分析方法计算结果的比较可知，总的来看，中国省区传统全要素生产率和环境全要素生产率均实现了增长，并且其增

长均源于技术进步的推动，而考虑环境因素的全要素生产率和技术进步增长率均高于不考虑环境因素时的相应结果。两种方法计算出的中国省区平均技术效率均出现恶化，但考虑环境因素的技术效率恶化更为严重，这说明不考虑环境因素会导致中国省区技术效率一定程度的高估。

四、中国省区劳均产出的四重分解

为了进一步研究环境全要素生产率构成对中国省际经济差距的影响，下面利用经济增长的四重分解模型将中国省区劳均产出分解为环境技术进步、环境技术效率改善、资本深化及人力资本积累四个部分，已便在此基础上进行后续的相关研究。数据包络分析结果中出现了技术倒退的现象，这显然在现实中无法解释，为避免这一违背现实情况的问题出现，下面将在基于方向性距离函数的序列数据包络分析方法计算结果的基础上进行经济增长源泉的四重分解。

（一）序列数据包络分析方法

为了减少计算 ML 指数不可行解的数量，本书拟运用序列数据包络分析方法，即每一年的参考技术由当期及其以前所有可得到的投入产出值决定，这样在分析中能够避免技术退步或生产边界"凹陷"的状况。若每一个时期 $t = 1, \cdots, T$，第 $k = 1, \cdots, K$ 个省份的投入和产出值为 $(x^{t,k}, y^{t,k}, b^{t,k})$，式（5.14）和式（5.15）分别表示在序列数据包络分析方法下对当期方向性距离函数和混合方向性距离函数的线性规划：

$$\vec{D}_0^t(x^{t,k'}, y^{t,k'}, b^{t,k'}, y^{t,k'}, -b^{t,k'}) = \max\beta, \text{s. t.} \sum_{t=1}^{T}\sum_{k=1}^{K} z_k^t y_k^t \geq (1+\beta) y_{k'}^t$$

$$\sum_{t=1}^{T}\sum_{k=1}^{K} z_k^t b_k^t = (1-\beta) b_{k'}^t, \sum_{t=1}^{T}\sum_{k=1}^{K} z_k^t x_k^t \leq x_{k'}^t, z_k^t \geq 0, k=1,\cdots,K \quad (5.14)$$

$$\vec{D}_i^{t+1}(x^{t,k'}, y^{t,k'}, b^{t,k'}, y^{t,k'}, -b^{t,k'}) = \max\beta, \text{s. t.} \sum_{t=1}^{T+1}\sum_{k=1}^{K} z_k^{t+1} y_k^{t+1} \geq (1+\beta) y_{k'}^t$$

$$\sum_{t=1}^{T+1}\sum_{k=1}^{K} z_k^{t+1} b_k^{t+1} = (1-\beta) b_{k'}^t, \sum_{t=1}^{T+1}\sum_{k=1}^{K} z_k^{t+1} x_k^{t+1} \leq x_{k'}^t, z_k^t \geq 0, k=1,\cdots,K$$

$$(5.15)$$

（二）中国省区经济增长的四重分解

若产出为 Y，投入为物质资本 K、劳动力 L 和人力资本 h 三种，令 H = h×L 为有效劳动，则 $\hat{y} = Y/H$ 和 $\hat{k} = K/H$ 分别表示有效劳均产出和有效劳均资本。若 0 时期和 1 时期的劳均产出分别为 y_0 和 y_1，则有：

$$\frac{y_1}{y_0} = \frac{h_1}{h_0} \times \frac{\hat{y}_1}{\hat{y}_0} = HC \times \frac{\hat{y}_1}{\hat{y}_0} \tag{5.16}$$

由于 $HC = h_1/h_0$ 是可知的，所以需要对有效劳均产出比作进一步分解。通过线性规划求解可得出四个距离函数：

$$d^0(\hat{k}_0) = \frac{\hat{y}_0}{\overline{\hat{y}_0}(\hat{k}_0)} = \frac{A_0 P_0}{A_0 B_0} \tag{5.17}$$

$$d^1(\hat{k}_1) = \frac{\hat{y}_1}{\overline{\hat{y}_1}(\hat{k}_1)} = \frac{A_1 P_1}{A_1 C_1} \tag{5.18}$$

$$d^0(\hat{k}_1) = \frac{\hat{y}_1}{\overline{\hat{y}_0}(\hat{k}_1)} = \frac{A_1 P_1}{A_1 B_1} \tag{5.19}$$

$$d^1(\hat{k}_0) = \frac{\hat{y}_0}{\overline{\hat{y}_1}(\hat{k}_0)} = \frac{A_0 P_0}{A_0 C_0} \tag{5.20}$$

其中，式（5.17）和式（5.18）分别为 0 期和 1 期的效率指数，其投入和技术处于相同时期，而式（5.19）和式（5.20）的投入和技术则处于不同时期。由图 5-2 可知，有效劳均产出比可进一步分解为技术效率和潜在有效劳均产出之积：

$$\frac{\hat{y}_1}{\hat{y}_0} = \frac{A_1 P_1}{A_0 P_0} = \frac{d^1(\hat{k}_1) A_1 C_1}{d^0(\hat{k}_0) A_0 B_0} = MLEC \times \frac{\overline{\hat{y}_1}(\hat{k}_1)}{\overline{\hat{y}_0}(\hat{k}_0)} \tag{5.21}$$

而潜在有效劳均产出又可以分解为技术进步和物质资本积累之积，即：

$$\frac{A_1 C_1}{A_0 B_0} = \left[\frac{d^0(\hat{k}_1) d^0(\hat{k}_0)}{d^1(\hat{k}_1) d^1(\hat{k}_0)}\right]^{1/2} \times \left[\left[\frac{d^0(\hat{k}_0) d^1(\hat{k}_0)}{d^0(\hat{k}_1) d^1(\hat{k}_1)}\right]^{1/2} \frac{\hat{y}_1}{\hat{y}_0}\right] = MLTC \times KC \tag{5.22}$$

MLTC 度量的是图 5 – 2 中从 B_1 点到 C_1 点和 B_0 点到 C_0 点的几何平均数，即既定的资本存量条件下，技术进步带来的经济增长。KC 度量的是从 B_0 点到 B_1 点和从 C_0 点到 C_1 点的几何平均数，即技术既定时，资本存量增加带来的经济增长。

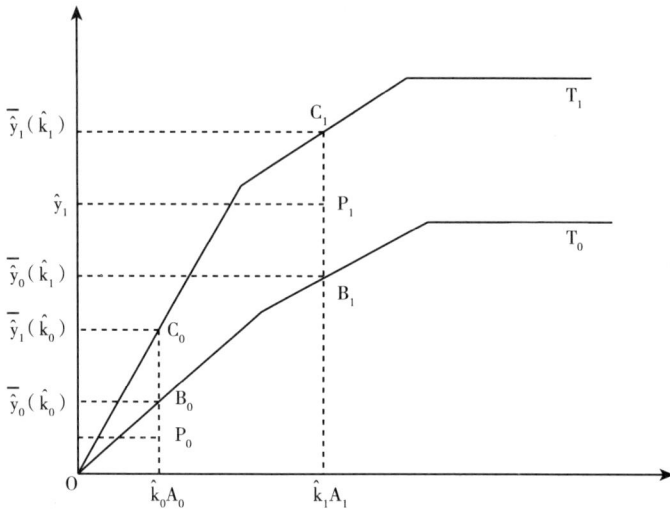

图 5 – 2　有效劳均 GDP 增长分解

这样，我们可以把两个时期的劳均产出比分解为：

$$\frac{y_1}{y_0} = \frac{h_1}{h_0} \times \frac{d^1(\hat{k}_1)}{d^0(\hat{k}_0)} \times \left[\frac{d^0(\hat{k}_1) d^0(\hat{k}_0)}{d^1(\hat{k}_1) d^1(\hat{k}_0)} \right]^{1/2} \times \left[\left[\frac{d^0(\hat{k}_0) d^1(\hat{k}_0)}{d^0(\hat{k}_1) d^1(\hat{k}_1)} \right]^{1/2} \frac{\hat{y}_1}{\hat{y}_0} \right]$$

$$= HC \times MLEC \times MLTC \times KC \tag{5.23}$$

其中，HC、MLEC、MLTC 和 KC 分别为人力资本、技术效率、技术进步和物质资本积累变化对劳均产出的影响。

上述原理可以简洁地表达如下：

若产出为 Y，投入为物质资本 K、劳动力 L 和人力资本 H 三种，则可以将劳动生产率增长进行如下四重分解：

$$\frac{y_{t+1}}{y_t} = (MLTC^t \times MLTC^{t+1})^{1/2} \times MLEC \times (KC^t \times KC^{t+1})^{1/2} \times (HC^t \times HC^{t+1})^{1/2}$$

$$= MLTC \times MLEC \times KC \times HC \tag{5.24}$$

其中，t 和 t+1 分别代表时期；y 代表劳动生产率，它等于产出 Y 与劳动力 L 之间的比率。等式左边表示在时期 t 和 t+1 之间劳动生产率的变化；MLEC、MLTC、KC 和 HC 分别代表在时期 t 和 t+1 之间，考虑多投入、多产出和技术效率差异情况下，源于环境技术效率改善、环境技术进步、资本深化和人力资本积累的劳动生产率变化。MLEC 和 MLTC 的乘积为源于环境全要素生产率变化的劳动生产率变化。

利用基于方向性距离函数的序列数据包络分析方法及经济增长的四元分解模型，我们对中国省区经济增长源泉进行了测算和分解，限于篇幅，本书只给出 1985~2010 年各指标的年均增长率，结果见表 5-11。

表 5-11　　　　　中国省区经济增长源泉的四重分解结果
（1985~2010 年年均变化率）　　　　　　单位:%

地区	g_y	g_{TFP}	g_{MLTC}	g_{MLEC}	g_{KC}	g_{HC}
北京	7.854	2.250	3.971	-1.721	3.824	1.780
天津	8.986	2.472	3.644	-1.172	4.759	1.755
河北	9.210	4.718	6.120	-1.402	2.810	1.682
辽宁	7.806	4.589	5.577	-0.988	1.488	1.729
上海	9.761	4.221	4.258	-0.037	3.919	1.621
江苏	8.501	5.663	6.274	-0.611	1.234	1.604
浙江	8.520	4.728	5.706	-0.978	2.197	1.595
福建	6.853	3.998	5.093	-1.095	1.285	1.570
山东	9.378	5.606	6.579	-0.973	1.961	1.811
广东	10.593	5.769	6.264	-0.495	2.858	1.966
东部平均	8.746	4.401	5.349	-0.947	2.634	1.711
山西	10.445	2.756	5.006	-2.250	5.798	1.891
吉林	7.807	3.063	4.651	-1.588	3.011	1.733
黑龙江	9.760	3.723	4.870	-1.147	4.351	1.686
安徽	8.422	3.826	4.933	-1.107	2.702	1.894
江西	9.315	3.854	6.231	-2.377	3.551	1.910
河南	8.060	4.353	5.371	-1.018	1.970	1.737
湖北	7.711	5.348	6.906	-1.558	0.543	1.820

地区	g_y	g_{TFP}	g_{MLTC}	g_{MLEC}	g_{KC}	g_{HC}
湖南	7.746	4.647	6.343	-1.696	1.307	1.792
中部平均	8.658	3.946	5.539	-1.593	2.904	1.808
内蒙古	9.937	3.599	6.713	-3.114	4.600	1.738
广西	7.988	3.508	6.031	-2.523	2.679	1.801
四川	9.963	5.993	7.155	-1.162	2.290	1.680
贵州	6.114	2.607	5.367	-2.760	1.519	1.988
云南	7.010	3.255	5.535	-2.280	1.981	1.774
陕西	7.951	3.415	5.528	-2.113	2.655	1.881
甘肃	8.240	2.621	4.903	-2.282	3.698	1.921
青海	5.961	-0.592	2.106	-2.698	4.089	2.464
宁夏	6.382	-0.175	2.336	-2.511	4.545	2.012
新疆	7.711	1.871	4.035	-2.164	4.079	1.761
西部平均	7.726	2.610	4.971	-2.361	3.214	1.902
全国平均	8.357	3.632	5.268	-1.636	2.918	1.807
变异系数	0.151	0.439	0.237	0.475	0.449	0.097

注：表中分解结果是由式（5.24）两边取对数，再除以时间跨度得到，其中 g_y 为经济增长率，g_{TFP}、g_{MLTC}、g_{MLEC}、g_{KC}、g_{HC} 分别为环境全要素生产率、环境技术效率、环境技术进步、资本深化及人力资本积累所贡献经济增长率。

由表 5 - 11 数据可知，从整体来看，1985 ~ 2010 年全国环境技术进步以年均 5.27% 的速度增长，在劳均产出增长率（8.36%）中占据了约 63.04% 的贡献份额，而资本深化和人力资本分别以 2.92% 和 1.81% 的速度增长，分别在劳均产出增长率中占据 34.92% 和 21.66% 的贡献份额，由此可见，在全国范围内，环境技术进步对劳均产出的增长起到了主要的推动作用。在环境全要素生产率分解项中，环境技术进步是环境全要素生产率增长的主要来源，而环境技术效率年均增长率为 -1.64%，即呈现恶化趋势，但其对环境全要素生产率增长的影响相对较小。

从具体地区来看，东部地区劳均产出增长（8.75%）快于中部地区（8.66%），而中部地区又快于西部地区（7.73%），这表明中国省际劳均产出差距在扩大。从各分解成分对地区经济增长差距的影响来看，它们所引致的劳均产出增长率的省际差异从大到小依次为：环境技术效率、资本深化、环境技术进步和人力资本增长，相应指标的变异系数分别为 0.475、0.449、0.237 和 0.097。这表明环境全要素生产率构成中的环境技术效率对地区经济增长率差距有重要影响，而投入因素中的人力资本对地区产出增长率差距的影响较小。

由于 1990 年以后中国地区经济差距呈现扩大趋势，是一个重要的转折点，因而我们再着重分析一下 1990～2010 年中国省区经济增长源泉的变化及收敛趋势。相关测算结果见表 5-12。

表 5-12 　　　　中国省区经济增长源泉的四重分解结果
（1990～2010 年年均变化率）　　　　　　　　单位:%

地区	g_y	g_{TFP}	g_{MLTC}	g_{MLEC}	g_{KC}	g_{HC}
北京	7.2065	1.9596	3.5397	-1.5801	3.5605	1.6864
天津	8.2563	2.1652	3.2397	-1.0746	4.4278	1.6633
河北	8.3617	4.1581	5.4453	-1.2872	2.6124	1.5913
辽宁	7.0781	4.0684	4.9626	-0.8942	1.3662	1.6435
上海	8.9397	3.7530	3.7852	-0.0322	3.6544	1.5324
江苏	7.6884	5.0237	5.5803	-0.5566	1.1513	1.5134
浙江	7.7363	4.1778	5.0730	-0.8952	2.0432	1.5152
福建	6.2107	3.5255	4.5311	-1.0056	1.1956	1.4896
山东	8.5021	4.9621	5.8526	-0.8906	1.8386	1.7015
广东	9.6433	5.1206	5.5723	-0.4517	2.6617	1.8611
东部平均	7.9623	3.8914	4.7582	-0.8668	2.4512	1.6197
山西	9.5718	2.3836	4.4518	-2.0682	5.4024	1.7858
吉林	7.1223	2.6767	4.1358	-1.4591	2.8012	1.6445
黑龙江	8.9227	3.2747	4.3281	-1.0534	4.0492	1.5989
安徽	7.6804	3.3711	4.3868	-1.0158	2.5129	1.7965
江西	8.4739	3.3315	5.5358	-2.2043	3.3313	1.8112
河南	7.3196	3.8338	4.7722	-0.9384	1.8404	1.6454
湖北	6.9440	4.7129	6.1518	-1.4389	0.5069	1.7243
湖南	7.0004	4.0779	5.6364	-1.5585	1.2230	1.6996
中部平均	7.8794	3.4578	4.9248	-1.4671	2.7084	1.7132
内蒙古	9.2910	3.1043	5.9710	-2.8667	4.5322	1.6545

续表

地区	g_y	g_{TFP}	g_{MLTC}	g_{MLEC}	g_{KC}	g_{HC}
广西	7. 4314	3. 0420	5. 3658	− 2. 3238	2. 6747	1. 7148
四川	9. 2723	5. 2964	6. 3599	− 1. 0635	2. 3817	1. 5941
贵州	5. 6283	2. 2369	4. 7715	− 2. 5346	1. 5057	1. 8858
云南	6. 4957	2. 8231	4. 9244	− 2. 1013	1. 9911	1. 6815
陕西	7. 3904	2. 9652	4. 9128	− 1. 9476	2. 6431	1. 7822
甘肃	7. 6288	2. 2558	4. 3610	− 2. 1052	3. 5575	1. 8155
青海	5. 3760	− 0. 6178	1. 8690	− 2. 4868	3. 6586	2. 3351
宁夏	5. 7555	− 0. 2254	2. 0755	− 2. 3009	4. 0743	1. 9067
新疆	7. 1463	1. 5959	3. 5831	− 1. 9872	3. 8790	1. 6713
西部平均	7. 1416	2. 2476	4. 4194	− 2. 1718	3. 0898	1. 8041
全国平均	7. 6455	3. 1804	4. 6848	− 1. 5044	2. 7527	1. 7123
变异系数	0. 1531	0. 4510	0. 2376	0. 4768	0. 4411	0. 0967

注: 表中分解结果是由式 (5. 24) 两边取对数,再除以时间跨度得到,其中 g_y 为经济增长率, g_{TFP} 、 g_{MLTC} 、 g_{MLEC} 、 g_{KC} 、 g_{HC} 分别为环境全要素生产率、环境技术效率、环境技术进步、资本深化及人力资本积累所贡献经济增长率。

由表 5 - 12 数据可知,1990 ~ 2010 年除全部省区的环境技术效率和青海、宁夏的环境全要素生产率外,中国省区劳均产出及其他分解成分都呈现显著的增长趋势,另外,环境技术效率、环境全要素生产率、资本深化及环境技术进步的年均增长率的省际波动幅度也较大,其变异系数分别为 0. 48、0. 45、0. 44 及 0. 24。从整体来看,全国环境全要素生产率以年均 3. 18% 的速度增长,在劳均产出增长率 (7. 65%) 中占据了约 41. 57% 的贡献份额,而资本深化和人力资本分别以 2. 75% 和 1. 71% 的速度增长,分别在劳均产出增长率中占据 35. 95% 和 22. 35% 的贡献份额。由此可见,在全国范围内,环境全要素生产率对劳均产出的增长起了重要的推动作用。在环境全要素生产率分解项中,环境技术进步贡献的年均增长率为 4. 68%,是环境全要素生产率增长的主要来源,而环境技术效率年均增长率为 - 1. 50%,即呈现恶化趋势,但其对环境全要素生产率增长的影响相对较小。

从具体地区来看,东部省区劳均产出增长快于中部省区,而中部省区又快于西部省区,即中国东、中、西部省区的劳均产出差距在持续扩大。在四个经济增长源泉中,环境技术进步均是东、中、西部三大地带劳均产出增长的主要来源，其贡献额分别为 59.76%、62.50% 和 61.88%。同时，从表 5 - 12 还可以看出，我国各省区环境技术效率的经济增长贡献率呈普遍下降趋势，其中西部省区下降最快，平均为 -2.17%；其次是中部，为 -1.47%；下降最慢的是东部省区，平均为 -0.87%。可见，我国省区环境技术效率的普遍恶化阻碍了地区经济增长。尽管中国省区环境技术效率出现恶化状况，但环境全要素生产率对省区产出增长的贡献率仍然比较高，其中东部为 48.87%，中部为 43.88%，西部为 31.47%。资本深化和人力资本积累在东、中、西部省区劳均产出中所占的份额均依次递增，其中资本深化的产出贡献率分别为 30.79%、34.37% 和 43.26%，人力资本积累的产出贡献率分别为 19.50%、20.83% 和 24.59%，从而总投入（包括资本深化和人力资本积累）的产出贡献率分别为 50.29%、55.2% 和 67.85%。由此可见，要素投入在中国省区特别是中西部省区经济增长中起着十分重要的作用，总体来看，中国经济增长仍然是要素驱动型增长。

通过对省区劳均产出增长率数据的分析可知，中国省际劳均产出差距较大，而且多数学者如许召元和李善同（2006）、林光平等（2006）也均认为中国地区经济差距从 1990 年以来逐步呈现扩大趋势。那么，劳均产出增长的四种源泉是否都导致了地区差距的扩大？哪些因素又处于主导地位呢？我们下面将通过相对趋同检验对此进行分析。

（三）中国省区经济增长的趋同检验

在进行相对趋同检验之前必须要选择一个参照点，由于上海的经济发展水平在全国来说是比较高的，因而我们选择它作为参照地区进行相对趋同检验，来分析其他 27 个省区在环境技术效率、环境技术进步、资本深化及人力资本积累等方面的变化是否发生"追赶"现象，并分析它们在省际经济增长差距扩大中所起到的作用。若某些变量产生相对趋同，则认为其抑制了地区差距的扩大；若产生相对趋异，则认为其促进了地区差距的扩大。我们依据 Los 和 Timmer（2005）所运用的模型进行相对趋同检验，模型如下：

$$\bar{g}_{E,i} - \bar{g}_{E,sh} = \alpha_E + \beta_E \log\left(\frac{g_{a,i}}{g_{a,sh}}\right) + \varepsilon_{E,i} \tag{5.25}$$

$$\bar{g}_{T,i} - \bar{g}_{T,sh} = \alpha_T + \beta_T \log\left(\frac{g_{a,i}}{g_{a,sh}}\right) + \varepsilon_{T,i} \tag{5.26}$$

$$\overline{g}_{k,i} - \overline{g}_{k,sh} = \alpha_k + \beta_k \log\left(\frac{g_{a,i}}{g_{a,sh}}\right) + \varepsilon_{k,i} \qquad (5.27)$$

$$\overline{g}_{h,i} - \overline{g}_{h,sh} = \alpha_h + \beta_h \log\left(\frac{g_{a,i}}{g_{a,sh}}\right) + \varepsilon_{h,i} \qquad (5.28)$$

其中，$\overline{g}_{E,i}$、$\overline{g}_{T,i}$、$\overline{g}_{k,i}$ 及 $\overline{g}_{h,i}$ 分别表示第 i 个省区源于环境技术效率改善、环境技术进步、资本深化和人力资本积累的劳均产出的年均增长率；$g_{a,i}$ 表示第 i 个省区在 1990 年的潜在劳均产出；下标 sh 代表上海，α 和 β 为估计参数，ε 为随机扰动项。估计结果见表 5 – 13。

表 5 – 13　　中国省区劳均产出分解结果的相对趋同检验（1990 ~ 2010 年）

模型	α	β	$\overline{R}^2$	D. W.	F
(5.25)	– 0. 0126 * （– 3. 1623）	0. 0087 ** （1. 8022）	0. 0724	1. 9300	3. 1206
(5.26)	0. 0148 * （2. 9012）	– 0. 1281 *** （– 1. 4004）	0. 2767	1. 7258	3. 9622
(5.27)	– 0. 0150 * （– 4. 6001）	0. 2105 ** （2. 1232）	0. 3516	2. 1502	3. 4598
(5.28)	0. 0018 * （2. 9024）	0. 0162 （1. 1140）	0. 0935	1. 9302	2. 1989

　　注：模型（5.26）通过加入 AR（1）、AR（2）消除了一阶、二阶自相关，模型（5.27）通过加入 AR（1）、AR（3）消除了一阶、三阶自相关；括号内的数值为相应参数估计值的 t 统计量；* 、* * 、*** 分别表示估计参数值在 1% 、5% 和 10% 水平上通过显著性检验。

　　表 5 – 13 表明，除模型（5.28）的回归系数 β 的值没有通过显著性检验外，其他所有回归系数值至少在 10% 的显著水平上通过 t 检验，且各模型的 D. W. 值均落在不存在自相关区域，F 统计量在 10% 的水平上显著，这说明回归结果在统计学上具有较高的可信度。具体来看，模型（5.25）和模型（5.27）的 β 参数估计值分别为 0. 0087 和 0. 2105，都在 5% 显著水平上通过了 t 检验，表明在样本期内，源于环境技术效率和资本深化的劳均产出增长都发生显著的相对趋异，环境技术效率和资本深化推动了省际劳均产出增长差距的扩大。这主要是因为，一方面，中西部地区高投入、高消耗、高污染的粗放型发展方式近年来并未根本改变，并且与东部的集约型发展方式差距越来越大，从而造成了地区环境技术效率和产出差距的扩大。另一方面，市场规则决定了

资本总是向投资收益率高的地区流动。东部和中西部地区在经济基础、发展水平、社会环境、基础设施等方面的差距，使投资者更偏好回报率高的东部，从而导致中西部资本形成不足，地区经济长期陷入低水平循环。

　　另外，从表 5－13 中还可以看出，模型（5.26）的 β 参数估计值为－0.1281，其在10%的显著水平上通过了 t 检验，表明由环境技术进步引致的劳均产出增长出现了显著的"追赶"现象，即它具有抑制省际劳均产出差距扩大的作用。对这一现象的解释是，国家实施的西部大开发、中部崛起战略加快了中西部的发展，地区研发投入不断加大，技术创新意识和创新能力不断增强。同时，随着改革开放的不断深入，地区间的体制障碍和技术壁垒逐渐被打破，从而促进了地区间的学习、模仿和技术交流，这些因素使我国地区技术水平差距趋于缩小，从而使得地区产出差距也趋于缩小。从表 5－13 可知，模型（5.28）的 β 参数估计值为 0.0162，但其没有通过显著性 t 检验，说明人力资本对省际劳均产出差距的扩大作用并不明显。这与一些学者如万光华等（2005）、姚先国和张海峰（2008）的研究结论基本一致。

　　通过以上分析我们可以看到以下几个方面：

　　（1）1990～2010 年中国各省区劳均产出都实现了快速增长，其中，环境技术进步是促进中国省区经济增长的重要源泉，其次是资本深化的作用，而人力资本积累对经济增长的贡献较小。研究还发现，中国省区环境技术效率出现了普遍恶化的趋势，其中西部恶化速度最快，其次是中部，东部恶化速度较慢。中国省区环境技术效率的普遍下降使得环境全要素生产率对产出的贡献低于要素投入（包括资本深化和人力资本积累）的贡献，中国省区经济增长主要是靠要素驱动来实现的。

　　（2）1990～2010 年，中国省际劳均产出仍然存在较大差距，通过经济增长的趋同检验发现，源于环境技术效率和资本深化的劳均产出增长发生了显著的相对趋异，这说明环境技术效率和资本深化的差异是导致中国省际经济增长差异的主要原因，这从其省区经济增长贡献率的变异系数也能得到反映。研究还表明，源于环境技术进步的劳均产出增长出现了显著的"趋同"现象，即它抑制了省际劳均产出差距的扩大，而人力资本积累对地区差距虽有扩大作用，但其效应并不明显。

（四）中国省际环境技术效率差距显著扩大的原因分析

　　通过利用考虑非期望产出的数据包络分析方法对环境全要素生产率进行测

算和分解，我们发现技术效率的省际差异在所有的变量中是较为突出的，并且在总体上呈现扩大趋势。一些学者如何枫（2004）、傅晓霞（2006）等也发现了这一现象，但他们均没有给出明确的解释。本书认为，总体来讲，导致省际技术效率差异扩大的主要因素是市场化程度和对外开放度地区差异的持续扩大。

市场化程度是指市场在资源配置中所起作用的程度，即转轨国家由传统计划经济体制向市场经济体制转变的进程，其实质在很大程度上是指经济决策的权力从中央计划部门逐渐转交到分散的经济主体手中的程度。一般来说，市场化程度越高的地区蕴涵的商机也就越多，在利益驱动下，大量国内资本、外资和高素质的人才必然会流向市场化程度较高的发达地区，从而使发达地区的企业和产业聚集程度越来越高。一个地区容纳的企业多了，企业间的交流及就业人员的流动都会变得频繁起来，从而便于管理经验的跨产业和跨行业扩散，企业可以借此提高自己的技术效率和劳动生产率。另外，市场化所导致的企业集聚有利于企业增强效率动机。大量同类企业的聚集使市场竞争变得更加激烈，迫使相关政府积极对效益落后的相关企业进行改制，以适应变化后的市场环境，这有助于提高企业的技术效率。同时，竞争性环境产生的信息比较动力、生存动力和信誉动力，都能够激励所有本地企业提高技术效率（顾乃华、李江帆，2006）。

1978年党的十一届三中全会以后，我国提出了"向东倾斜、梯度推进"的发展战略。为了推动"非均衡"发展战略的顺利实施，我国制定了一系列促进东部沿海地区快速发展的特殊优惠政策，包括投资政策、税收豁免、财政自主权、更大的管理经济的权力等，这些政策极大地促进了东部产品市场、要素市场、市场中介组织、法律制度环境等方面的发育和完善，从而使东部地区取得了市场化改革的先机。与东部相比，中、西部地区由于地理条件、政策等多方面因素的限制，市场化改革一直落后于东部。由表5-14中的数据可以看出，我国东部的市场化程度高于中部，而中部又高于西部，各地区的市场化程度总体呈现上升趋势，但与此同时，省际市场化程度差异也在不断扩大，省区市场化指数标准差由2000年的1.41上升至2005年的1.82。中西部地区的低市场化程度决定了该地区企业和产业的低聚集度，这妨碍了地区学习效应的形成，不利于管理经验的交流和扩散，使地区生产处于次优效率水平上。难以吸引外来资本和高素质的劳动力，从而导致先进的生产技术被"闲置"，不能发挥应有作用。

表 5 – 14　　　　　　　　我国各地带省区平均市场化指数及标准差

地区	2000 年	2001 年	2002 年	2003 年	2004 年	2005 年
东部	7. 16	6. 65	7. 16	7. 69	8. 29	8. 75
中部	5. 44	4. 03	4. 44	4. 95	5. 66	6. 07
西部	4. 39	3. 55	3. 88	4. 38	4. 90	5. 28
全部省区标准差	1. 41	1. 64	1. 74	1. 79	1. 80	1. 82

资料来源：根据樊纲、王小鲁等主持的《中国市场化指数——各省区市场化相对进程 2006 年度报告》研究成果整理得来。

　　另外一种影响地区技术效率差异的因素是对外开放度，对外开放度是指一个国家或地区经济对外开放的程度，具体表现为市场的开放程度，它反映在对外交易的各个方面。对外开放度为贸易依存度和外资依存度之和，其中，贸易依存度为进出口贸易额与 GDP 的百分比，外资依存度为实际利用外商直接投资与 GDP 的百分比。在对外贸易中对技术效率有显著影响的主要是出口。企业通过出口可以获得"学习效应"，即通过国际接触，企业可以获得新的生产技术、新的产品设计等，通过边出口边学习来积累生产和管理经验，从而提高企业的技术效率。出口还能够扩大生产规模，在国内市场规模比较小的情况下，出口就成为获得规模经济最本质的力量。而规模经济则有利于提高企业和产业的经济效益和实现资源的优化配置，还能促进产业内企业组织形式的创新和推进产业结构的高度化。另外，在国内市场被保护的情况下，在国外销售意味着需要更强的竞争力，这会迫使单个企业减少管理上的懒散和提高运营效率，这些都意味着技术效率的提高。

　　外商直接投资可以对东道国的技术效率产生两方面的影响。一方面，跨国公司在东道国实施外商直接投资可以通过模仿示范效应、人员流动和产业链关联效应等途径促进当地技术效率的提高，从而带来积极的技术外溢效应。另一方面，跨国公司还可以通过降低国内市场的垄断程度、减少垄断扭曲，促进竞争以提高资源配置效率等途径来推动本地企业生产率的增长。

　　通过表 5 – 15 的计算结果可以看出，从整体上看，东部地区的对外开放程度要远大于中西部地区，而中西部各省区的开放程度相差不大。同时从表 5 – 15 还可以看到，我国省区对外开放度标准差总体上呈现扩大趋势，这说明尽管东中西部各省区的对外开放水平总体在提高，但东部与中西部省区对外开放度的差距却也在不断扩大，其标准差由 1985 年的 0.3 扩大到 2007 年的 0.52。

由于对外开放度与技术效率密切相关，它可以通过技术溢出和知识溢出效应以及竞争效应来提高技术效率，因而当地区对外开放度差距扩大时，就会直接导致地区技术效率差异的扩大。

表 5 – 15 　　　　　 部分年份我国各地带省区平均对外开放度及标准差 　　　　 单位:%

地区	1985 年	1990 年	1995 年	2000 年	2005 年	2007 年
东部	33.92	46.91	76.03	74.13	96.60	97.28
中部	4.80	7.05	12.27	8.62	12.89	15.63
西部	4.46	6.53	13.48	9.67	12.56	13.97
全部省区标准差	0.30	0.34	0.50	0.45	0.51	0.52

资料来源：根据《中国统计年鉴》相关数据计算得来。

五、环境全要素生产率构成对省际经济差距 影响的虚拟增长分布分析

经济增长四重分解模型两边同时取对数就可以得到经济增长率计算公式：

$$\dot{y} = \dot{T}P + \dot{T}E + \dot{K} + \dot{H} \tag{5.29}$$

其中，$\dot{y}$ 为经济增长率，$\dot{T}P$、$\dot{T}E$、$\dot{K}$ 及 $\dot{H}$ 分别为环境技术进步、环境技术效率、资本深化及人力资本积累所贡献的经济增长率。借鉴傅晓霞和吴利学（2009）的方法，我们可以进一步得到经济虚拟增长的构造公式：

$$y_T = \prod_{t=S+1}^{T} (\dot{T}P_t + \dot{T}E_t + \dot{K}_t + \dot{H}_t + 1) y_S \tag{5.30}$$

其中，y_T 为末期产出水平；y_S 为初期产出水平；$\dot{T}FP_t = \dot{T}P_t + \dot{T}E_t$。

令 $\dot{X}_t = \dot{K}_t + \dot{H}_t$ 作为投入因素对经济增长的贡献，这样式（5.30）就可以简化为：

$$y_T = \prod_{t=S+1}^{T} (\dot{T}FP_t + \dot{X}_t + 1) y_S \tag{5.31}$$

在式（5.31）中可以通过单独保留 $\dot{T}FP_t$、$\dot{X}_t$ 或者它们构成成分中的任何

一部分来得出其在 y_s 基础上所达到的产出水平，再通过各增长源泉所贡献产出的分布图与初期及末期产出分布图相比较即可判断其对地区经济差距的影响。由式（5.31）可以得到全要素生产率和要素投入所贡献产出的分布见图 5-3。

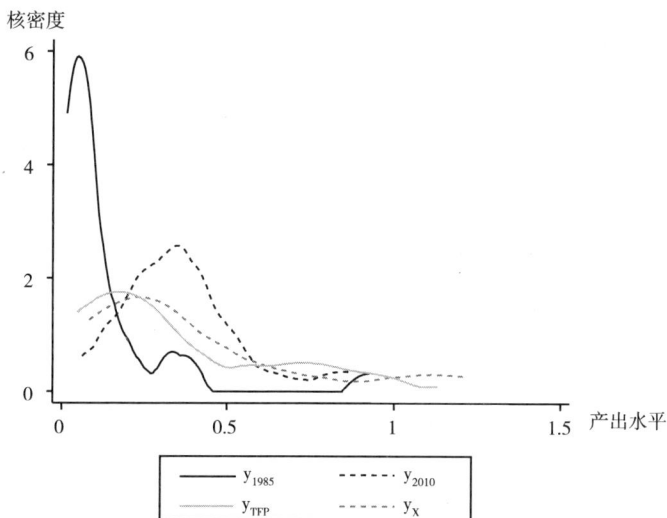

图 5-3　环境全要素生产率和要素投入所贡献产出的分布

　　由图 5-3 可以看出，与 1985 年劳均产出分布曲线相比，环境全要素生产率与要素投入所贡献产出的分布曲线都有所右移，其中环境全要素生产率分布曲线右移幅度稍大，这说明环境全要素生产率与要素投入对经济增长都起到的拉动作用。由图 5-3 还可以看到，环境全要素生产率与要素投入分布曲线右移的同时，峰体变宽，波峰均显著下降，而环境全要素生产率分布曲线的波峰比要素投入曲线更低，这说明环境全要素生产率和要素投入均造成了地区经济差距的扩大，其中环境全要素生产率在拉动经济增长方面造成的差距更大。另外，由图 5-3 可知，环境全要素生产率分布曲线的跨度也大于要素投入，这也说明了环境全要素生产率造成的省际经济差距要大于要素投入。

　　我们可以用同样的方法分析环境全要素生产率构成及各种投入因素对地区经济差距的影响。由图 5-4 可以看到，环境技术效率贡献产出的分布曲线在四种增长源泉分布曲线中峰体最宽，波峰最低，且与 2010 年劳均产出的分布曲线较为相似，据此我们推断，环境技术效率是致使中国省际经济差距扩大的重要原因。由图5-4可知，资本深化和环境技术进步贡献产出的分布曲线与1985年产出分布相比均有所不同。二者主峰峰体比1985年产出分布主峰峰体更宽，且主峰高度也比1985年产出分布要低，其中资本深化产出分布的波峰更低。据此我们也可以推断得出资本深化对地区经济差距的影响要大于环境技术进步的初步结论。通过计算还发现，资本深化贡献产出的极差为1.23，而环境技术进步贡献产出的极差仅为0.24，这也从另外一个角度佐证了这一判断。由图5-4可以看到，人力资本贡献产出分布曲线的波峰要高于1985年的产出分布波峰，其峰体也窄于1985年的产出分布峰体，这说明人力资本贡献产出分布的省际经济差距较小，即人力资本对省际经济差距的影响较小。

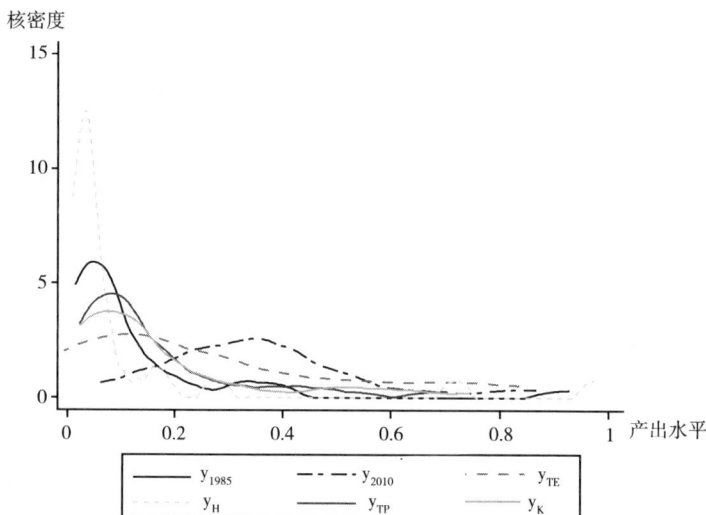

图5-4 环境全要素生产率构成和各种投入因素所贡献产出的分布

六、环境全要素生产率构成对省际经济差距影响的滤波分析

虚拟增长分布只是直观反映了各种因素对省际经济差距的影响，为了更准确地度量这些因素对地区经济差距的影响程度，同时也是为了进一步印证上述的一些判断，下面将进行环境全要素生产率构成对省际经济差距影响的滤波分析。

（一）卡尔曼滤波与状态空间模型

卡尔曼滤波是由匈牙利数学家卡尔曼于 20 世纪 60 年代初提出的一个最优化自回归数据处理算法，它以最小均方误差为估计的最佳准则，来寻求一套递推估计，其基本思想是：采用信号与噪声的状态空间模型，利用前一时刻的估计值和现时刻的观测值来更新对状态变量的估计，求出现时刻的估计值。它适合于实时处理和计算机运算。卡尔曼滤波的广泛应用已近 40 年，对于解决机器人导航、控制、传感器数据融合甚至军事方面的雷达系统，以及导弹追踪等方面的问题，它是最优、效率最高甚至是最有用的。卡尔曼滤波基本原理如下：设系统动态过程和量测过程的状态方程和输出方程分别为：

$$x_{k+1} = F_k x_k + G_k u_k + \Gamma_k w_k \tag{5.32}$$

$$y_k = H_k x_k + v_k \tag{5.33}$$

其中，u_k 为系统的非随机控制输入；w_k 为系统的随机扰动输入；v_k 为系统的量测噪声；y_k 为系统的量测输出；x_k 为系统的状态；x_0 表示系统的初始状态，一般情况下 x_0 是随机向量，而 F_k、G_k、Γ_k、H_k 都是实矩阵。

卡尔曼最优滤波的预报攻击公式为：

$$\hat{x}_{k+1|k} = F_k \hat{x}_{k|k} + G_k u_k \tag{5.34}$$

初始条件：$\hat{x}_0 = x_0$，其中增益矩阵 K_k 由 $P_{k|k-1}$ 决定，K_k 的计算公式为：

$$K_k = P_{k|k-1} H_k^T \left[H_k P_{k|k-1} H_k^T + R_k \right]^{-1} \tag{5.35}$$

如果上式中逆矩阵存在，则 $P_{k|k-1}$ 可由下式求得：

$$P_{k+1|k} = F_k P_{k|k} F_k^T + Q_k \tag{5.36}$$

初始条件：$P_{0|-1} = P_0$，滤波估计公式：

$$\hat{x}_{k+1|k+1} = \hat{x}_{k+1|k} + K_{k+1} \left[y_{k+1} + v_{k+1} - H_{k+1} \hat{x}_{k+1|k} \right] \tag{5.37}$$

$$P_{k+1|k+1} = \left[I - K_{k+1} H_{k+1} \right] P_{k+1|k} \tag{5.38}$$

式（5.34）至式（5.38）构成了卡尔曼滤波的五个最基本的递推公式，给定初值，算法可以自回归地运算下去。

状态空间模型是利用卡尔曼滤波方法来进行参数估计的，它主要应用于多变量的时间序列。设 y_t 是包含 k 个经济变量的 k×1 维可观测向量。这些变量与 m×1 维向量 α_t 有关，α_t 被称为状态向量。定义量测方程（信号方程）为：

$$y_t = Z_t\alpha_t + d_t + u_t, t = 1,2,\cdots,T \qquad (5.39)$$

其中，T 表示样本长度；Z_t 表示 k×m 矩阵；d_t 表示 k×1 向量；u_t 表示 k×1 向量，是均值为 0，协方差矩阵为 H_t 的连续的不相关扰动项，即：

$$E(u_t) = 0, var(u_t) = H_t \qquad (5.40)$$

一般来说，α_t 的元素是不可观测的，但可以表示为一阶马尔可夫（Markov）过程。定义状态方程（转移方程）为：

$$\alpha_t = T_t\alpha_{t-1} + c_t + R_t\varepsilon_t, t = 1,2,\cdots,T \qquad (5.41)$$

式（5.41）中，T_t 表示 m×m 矩阵；c_t 表示 m×1 向量；R_t 表示 m×g 矩阵；ε_t 表示 g×1 向量，是均值为 0，协方差矩阵为 Q_t 的连续的不相关扰动项，即：

$$E(\varepsilon_t) = 0, var(\varepsilon_t) = Q_t \qquad (5.42)$$

当 k=1 时，变为单变量方程模型，量测方程为：

$$y_t = Z_t\alpha_t + d_t + u_t, t = 1,2,\cdots,T \quad var(u_t) = h_t \qquad (5.43)$$

若使上述状态空间模型成立，还需满足以下两个假设条件：

（1）初始状态向量 α_0 的均值为 a_0，协方差矩阵为 P_0，即：

$$E(\alpha_0) = a_0, var(\alpha_0) = P_0 \qquad (5.44)$$

（2）在所有的时间区间上，扰动项 u_t 和 ε_t 相互独立，而且它们和初始状态 α_0 也不相关，即：

$$E(u_t, \varepsilon_s') = 0, s, t = 1,2,\cdots,T \qquad (5.45)$$

且

$$E(u_t\alpha_0') = 0, E(\varepsilon_t\alpha_0') = 0, t = 1,2,\cdots,T \qquad (5.46)$$

量测方程中的矩阵 Z_t，d_t，H_t 与转移方程中的矩阵 T_t，c_t，R_t，Q_t 统称为系统矩阵，它们一般都被假定为非随机的。

（二）实证结果分析

下面我们利用环境技术进步、环境技术效率、资本深化及人力资本所贡献的增长率的标准差即 SY、STP、STE、SK 及 SH 作为分析变量，采用基于卡尔曼滤波方法的状态空间模型来分析它们对省际经济差距影响的动态路径。状态空间模型要求方程中的变量是平稳的，或具有相同的单整阶数并存在协整关系，否则将会造成伪回归，因而在建模之前有必要检验相关变量的平稳性。

　　我们采用 ADF 单位根检验方法检验了上述变量的平稳性，结果见表 5 –16。由表 5 –16 可知，变量 SY、STP、STE、SK 及 SH 原序列是不平稳的，但其 1 阶差分序列是平稳的，因而它们是一个单整序列，即 I（1）序列。

表 5 –16　　　　　　　　　　变量的平稳性检验

变量	ADF 检验值	1% 临界值	5% 临界值	结论
SY	0.437（1）	−3.737	−2.992	不平稳
STP	−1.501（4）	−2.665	−1.956	不平稳
STE	−2.729（2）	−3.738	−2.992	不平稳
SK	−2.019（2）	−4.394	−3.612	不平稳
SH	−3.406（3）	−4.394	−3.612	不平稳
ΔSY	−4.277（3）	−4.416	−3.622	平稳
ΔSTP	−5.162（4）	−3.788	−3.012	平稳
ΔSTE	−5.333（3）	−3.769	−3.005	平稳
ΔSK	−4.646（2）	−4.416	−3.622	平稳
ΔSH	−5.871（1）	−3.769	−3.005	平稳

　　注：括号内数值是根据 SC 准则确定的最优滞后阶数；表中结果由笔者用 EViews7.0 软件计算得到。

　　由于上述变量是一个 I（1）序列，所以有必要对变量之间的协整关系作进一步检验，我们这里采用 JJ 方法进行协整检验，结果见表 5 – 17 和表 5 – 18。由结果可以看到，迹统计量和最大特征值协整检验结果是一致的，即均在 5% 的显著性水平上拒绝没有协整向量的零假设，四个变量至少存在两个协整关系即长期均衡关系，因而利用这四个变量建立状态空间模型不会存在伪回归问题。

表 5 – 17   迹统计量协整检验结果

零假设 H₀	特征值	迹统计量	5%临界值	相伴概率
r = 0*	0.882	95.004	69.818	0.000
r≤1*	0.797	48.059	47.856	0.047
r≤2	0.270	12.880	29.797	0.897
r≤3	0.230	5.927	15.494	0.704
r≤4	0.007	0.166	3.841	0.682

注：检验形式采取线性确定性趋势；综合考虑样本的数量、相应的残差诊断检验以及协整关系式的显著性，在协整检验时我们选取滞后期为 2；＊为在 5%的显著水平上拒绝零假设；表中结果由笔者用 EViews7.0 软件计算得到。

表 5 – 18   最大特征值协整检验结果

零假设 H₀	特征值	迹统计量	5%临界值	相伴概率
r = 0*	0.881	46.944	33.876	0.000
r≤1*	0.797	35.179	27.584	0.004
r≤2	0.270	6.953	21.131	0.955
r≤3	0.230	5.760	14.264	0.644
r≤4	0.007	0.166	3.841	0.682

注：检验形式采取线性确定性趋势；综合考虑样本的数量、相应的残差诊断检验以及协整关系式的显著性，在协整检验时我们选取滞后期为 2；＊为在 5%的显著水平上拒绝零假设；表中结果由笔者用 EViews7.0 软件计算得到。

我们建立以下形式的状态空间模型：

量测方程：

$$SY = C(1) + \alpha STP + \beta STE + \gamma SK + \lambda SH + \mu_t \qquad (5.47)$$

状态方程：

$$\alpha = \alpha(-1) + \varepsilon_{1t}; \ \beta = \beta(-1) + \varepsilon_{2t}; \ \gamma = \gamma(-1) + \varepsilon_{3t}; \ \lambda = \lambda(-1) + \varepsilon_{4t} \ (5.48)$$

$$(\mu_t, \varepsilon_t) \sim N\left(\binom{0}{0}, \binom{\delta^2 g}{g \ Q}\right) \qquad (5.49)$$

α、β、γ 和 λ 为模型的状态向量，即变量 STP、STE、SK 及 SH 的时变参数，它们反映了各变量对省际经济差距影响的动态过程。由于受初始值的影响，早期的时变参数不能真实地反映变量之间的动态关系，因此我们将从

1990 年开始讨论各变量对省际经济差距的动态影响。图 5 - 5 显示了环境技术进步对省际经济差距的时变影响。尽管有个别年份 α 取值为负，但多数时期其取值还是正的，即总的来看，环境技术进步的省际差异对省际经济增长差距有正向影响。α 的取值在 1990 年到 2000 年间不断起伏波动，其中 1993 年达到最大值 1.075，而到 1996 年则降至最小值 - 0.8，1997 年以后 α 值又呈现出小幅上升态势。就环境技术效率对省际经济差距的影响来看，图 5 - 6 中的时变参数 β 的取值始终为正值，这说明环境技术效率的地区差距对省际经济增长差距也具有正向影响，并且随着时间的推移这种影响在不断发生变化，这表现为参数 β 的波动上。具体来看，1990 年 β 的取值为 5.345，为历年最高水平，1991 年略有下降，而到 1992 年则陡然下降到 1.562，在经历了 1992 年到 1997 年的小幅起伏后，β 的数值又呈现上升的趋势。

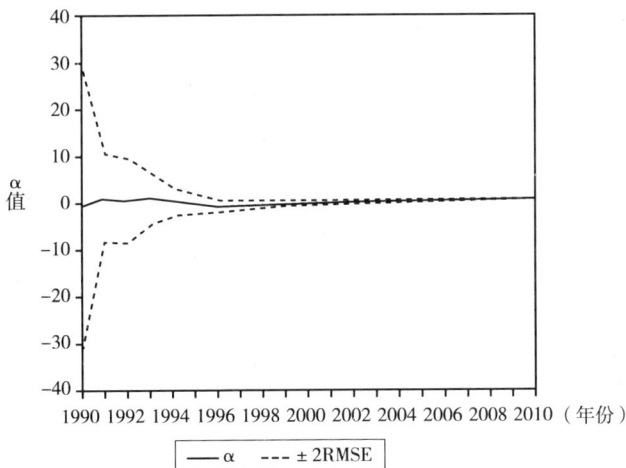

图 5 - 5　环境技术进步时变参数 α 变动

由图 5 - 7 中时变参数 γ 的变化情况可知，其取值在 1990 年为负值，之后历年均为正值，这说明资本深化的地区差距与省际经济增长差距具有同向变化的关系。这种变化的具体过程是，资本深化对省际经济差距的影响在 1990 ~ 1996 年总体呈上升趋势，在参数 γ 达到 1996 年的最大值 0.948 后，又一直小幅下降至 2010 年的 0.346。图 5 - 8 反映了人力资本积累的地区差异对省际经济增长差距的动态影响过程。由图 5 - 8 可以看到，参数 λ 尽管有个别年份为负值，但其历年均值达到了 0.037，这意味着，总的来看，人力资本积累的地区差异对省际经济差距同样有正向影响，只不过它的影响与其他变量相比比较小，这表现为图5-8中的λ值在1990~2010年的变化较小，其滤波曲线几乎成了一条水平线。

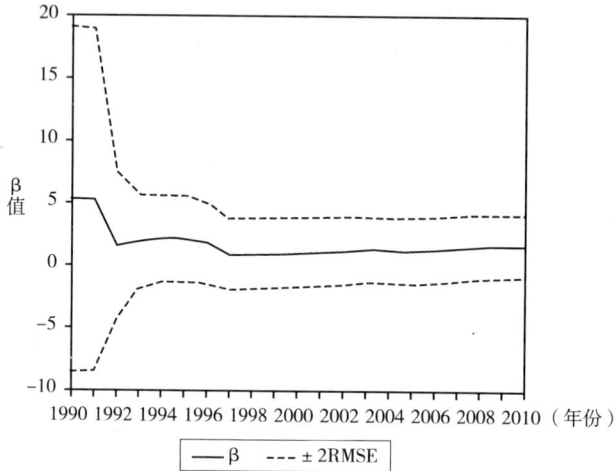

图5-6 环境技术效率时变参数 β 变动

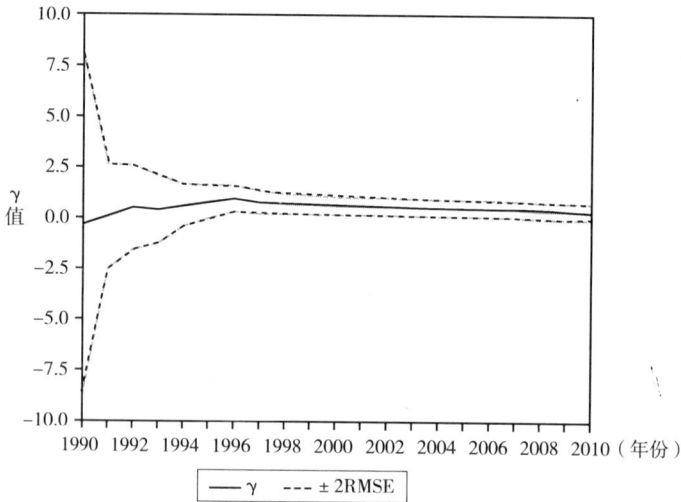

图5-7 资本深化时变参数 γ 变动

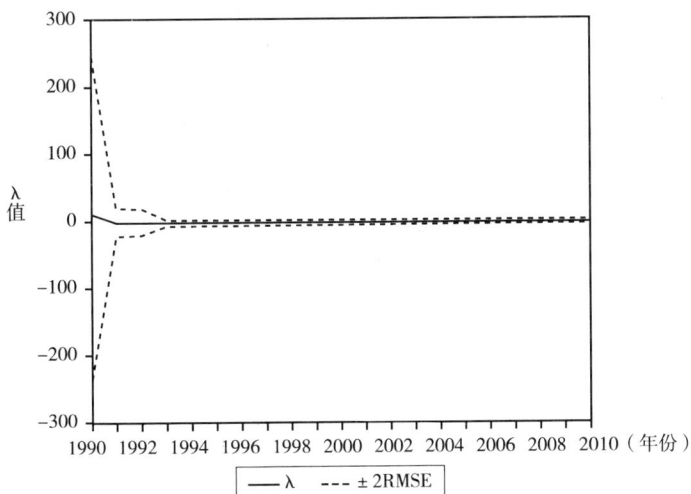

图 5 - 8　人力资本时变参数 λ 变动

下面我们总体比较一下环境技术进步、环境技术效率、资本深化及人力资本积累对省际经济差距的影响效应。通过上述分析可知，环境技术进步、环境技术效率、资本深化及人力资本积累对省际经济差距均有正向影响，其时变参数的年均值分别为 0.216、1.780、0.501 和 0.037。由此我们可知，总的来看，环境技术效率对省际经济差距的影响最大，其次是资本深化的影响，再次是环境技术进步的作用，而人力资本对省际经济差距的影响最小，这和我们用虚拟增长分布法所得到的结论基本上是一致的。由上述分析我们知道，环境全要素生产率（包括环境技术进步和环境技术效率）对省际经济差距的影响在 1997 年以后逐渐增强，而资本因素（主要是资本深化）的作用则在 1997 年之后稳步下降。对这一状况的解释是，1997 年香港回归以后，我国由内陆型封闭经济向沿海型外向经济转变，而 2001 年我国加入世贸组织更是使我国东部地区在更多领域更高层次上参与到国际经济技术合作与竞争中来，从而使东部地区在利用外国的先进技术、资金和管理经验推动经济发展方面比中西部地区先行一步。近年来，我国又提出了加快经济发展方式转变的战略任务，使得各地区特别是东部地区经济增长更多地依靠技术和管理水平的提高，而不是资本的投入。因而，相比资本而言，技术和管理因素对经济增长的贡献逐渐增加，而我国东西部的技术、管理水平的差距也日益扩大，从而使得环境全要素生产率对地区差距的影响也不断增强，而资本因素对地区差距的影响则相对减弱。

七、研究结论

本章测算了传统全要素生产率和环境全要素生产率，并对其进行了比较分析，发现不考虑环境因素会造成中国省区全要素生产率估计的偏误。为此，本章着重分析环境全要素生产率及其构成对中国省际经济差距的影响效应，具体研究结论如下：

（1）1985～2010年中国省区全要素生产率有所改善，平均增长率为2.4%，这主要是环境技术进步的贡献，而中国省区环境技术效率则总体呈现恶化趋势，平均下降0.9%。通过经济增长的四重分解发现，环境技术进步对中国省区经济增长的贡献最大，其贡献的增长率为5.268%；其次分别是资本深化和人力资本积累的贡献率，分别为2.918%和1.807；而环境技术效率的贡献率为 −1.638%，即中国省区环境技术效率的恶化对中国省区经济增长产生阻碍作用。

（2）通过比较分析各增长源泉所贡献产出的分布曲线的特征发现，环境全要素生产率比要素投入对省际经济差距有更大的影响。进一步深入分析发现，环境技术效率所贡献产出的分布曲线与2010年劳均产出的分布曲线最为相似，它是造成中国省际经济差距最主要的原因，其次是资本深化和环境技术进步的影响，而人力资本积累对中国省际经济差距扩大的影响较小。

（3）通过利用状态空间模型的定量分析发现，在样本期内，环境技术效率对省际经济差距影响的时变参数平均值为1.780，环境技术进步的时变参数平均值为0.216，资本深化和人力资本积累的时变参数平均值分别为0.501和0.037。由此可见，四种经济增长源泉对省际经济差距的影响大小依次是环境技术效率、资本深化、环境技术进步和人力资本积累，这进一步验证了虚拟增长分布分析的结论。

第六章　环境全要素生产率收敛性与
中国省际经济差距

本章首先对中国省区劳均产出和环境全要素生产率水平进行 σ 收敛和绝对 β 收敛分析和比较，然后建立基于空间面板数据的空间滞后和空间误差 β 收敛模型，利用这两种模型对中国省区劳均产出和环境全要素生产率的收敛性进行测算分析。最后在 Maudos（2000）方法的基础上，建立基于面板数据的空间动态收敛性贡献分析模型，测算环境技术进步、环境技术效率、劳均资本积累和人力资本效应对劳均产出收敛性的影响。

一、　收敛的含义和类别

收敛是新古典经济增长模型的一个典型结论，该理论认为，在生产函数的资本边际回报递减和技术的外生化及存在技术的扩散和同质化的前提条件下，不论一国储蓄率为多少，也不论国家起始人均资本存量或人 GDP 为多少，各国的人均 GDP 的最终增长率都会达到由技术进步率所决定的常数值，这即是经济增长的收敛思想。

收敛有不同的分类。

第一，σ 收敛与 β 收敛。σ 收敛是指不同经济系统间人均收入水平差距随时间推移而趋于下降，若各国家或地区的标准差随时间推移而趋于缩小，则认为是 σ 收敛。β 收敛即认为经济收敛趋势是与经济个体在经济增长中的稳态和其最初的产出水平有关的，它的最初的产出水平应该是与其增长率是负相关的。σ 收敛与 β 收敛有所不同，σ 收敛反映的是人均收入或产出存量水平的变化，β 收敛则反映的是人均收入或产出增量水平的变化。一般认为，β 收敛是 σ 收敛的必要条件，但非充分条件；σ 收敛是 β 收敛的充分条件，但非必要条件。

第二，绝对收敛和条件收敛。绝对收敛是指具有相似技术和偏好的经济体最终会具有相同的稳态，而它们暂时表现出人均产出的不同是资本劳动比不同的结果。在资本边际产出递减这一新古典生产函数的假设条件下，在给定的储蓄率水平下，较低的资本劳动比意味着较高的经济增长率，从而可以在理论上预期有更低人均产出的欠发达经济会有更高的经济增长率。这种不以经济的任何其他特征为条件，在人均量上穷经济体比富经济体增长更快的假说，被称为绝对收敛。条件收敛是指各地区的经济增长向不同的水平收敛，不同的经济体拥有不同的稳态，每个经济体都将趋同于自己的稳态，这种稳态水平与经济体自身特征有关，因而即使存在条件收敛也并不意味着各经济体之间的收入会趋同。绝对收敛与条件收敛的主要区别在于，绝对收敛认为各经济体人均收入具有均等化趋势，而条件收敛则认为各经济体最终将收敛于自己稳态，并且其稳态可能各不相同。当前有关收敛研究文献中一般分析 σ 收敛、绝对 β 收敛和条件 β 收敛（即条件收敛）三种收敛类型，其中 σ 收敛和绝对 β 收敛都属于绝对收敛。

二、中国省区劳均产出和环境全要素生产率的 σ 收敛及绝对 β 收敛分析

利用前面计算得出的绿色劳均产出、环境全要素生产率及要素投入，我们通过对其取对数标准差得到三个变量的 σ 收敛图，如图 6－1 所示。由于我们考虑了环境因素的影响，所以得到的劳均产出省际差距的变化情况与"中国省际经济差距概况"中所描述的差距变化有所不同。具体来看，1985～1996年，中国省际绿色劳均产出差距呈现下降趋势，而后又在 1996～2005 年和2005～2010 年两个时间段分别经历了一次缓慢上升和下降的过程。由图 6－1可以看出，环境全要素生产率也经历了和绿色劳均产出大致相同的变化过程，而要素投入省际差距在 1985～1992 年间基本保持稳定，1997 年之后则呈稳步下降之势，直到 2007 年后才略有上升。通过上述分析可知，环境全要素生产率省际差距的变化与绿色劳均产出省际差距变化趋势较为吻合，而要素投入省际差距的变化与它们的变化差距较大，因而我们可以判断环境全要素生产率对中国省际经济差距收敛性的影响可能要比要素投入大。

为了进一步印证上述判断，我们下面将对绿色劳均产出、环境全要素生产率及要素投入的进行绝对 β 收敛检验，相关结果见表 6－1。

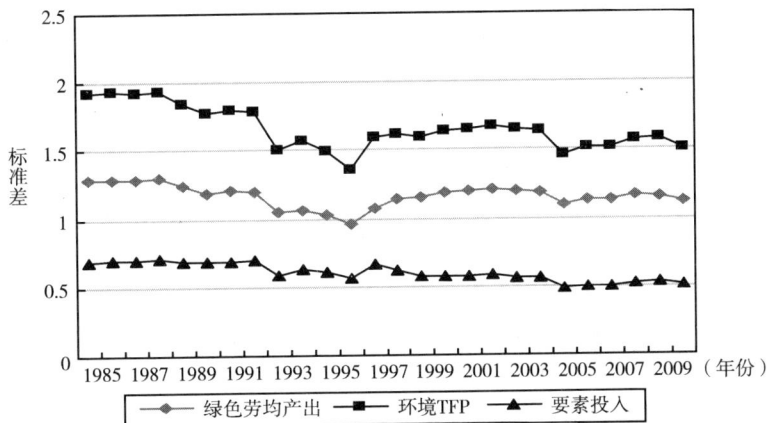

图 6 - 1　绿色劳均产出、环境全要素生产率及要素投入的 σ 收敛图

表 6 - 1　　　劳均产出、环境全要素生产率及要素投入的绝对 β 收敛检验

变量	绿色劳均产出	环境全要素生产率	要素投入
β	- 0.018*	- 0.022*	- 0.024
t 检验值	- 3.462	- 4.379	- 1.098
调整 R²	0.316	0.402	0.481

注：* 表示在 1% 的水平上通过显著性检验。

由表 6 - 1 结果可知，绿色劳均产出、环境全要素生产率及要素投入的 β 值均为负，并且仅有要素投入的参数没有通过显著性检验，这说明 1985 ~ 2010 年间，绿色劳均产出、环境全要素生产率的收敛趋势显著，而要素投入收敛不显著，即绿色劳均产出与环境全要素生产率省际差距变化状况接近，这一结果和 σ 收敛分析的结论基本是一致的。

三、中国省区劳均产出和环境全要素生产率的空间 β 收敛分析

当前对 β 收敛的估计多采用截面回归模型，截面分析方法通过对样本考察期始末两年的人均收入或产出计算平均经济增长率，这样估计的收敛结果具有很大的随机性和偶然性（Carlino and Mills，1996b）；而且截面数据分析方法

假定空间事物无关联且具有均质性即各地区具有相同的经济结构和技术水平，忽略了个体的联系和差异，同时也没有考虑时间因素，因而其分析结果的客观性和可靠性值得怀疑。面板数据方法结合了横截面和时间序列的优点，既考虑了个体差异和时间因素，又避免了解释变量的遗漏问题，但这种方法并没有考虑空间因素可能对经济发展差异所带来的影响。事实上，一个国家和地区的贸易、技术和知识扩散、要素流动以及其他意义上的区域溢出，会使区域经济增长存在空间上的相互作用和影响，即所谓的空间相关性。鉴于这种考虑，Anselin（1988）和 Elhorst（2003）等在传统的面板数据模型中引入空间滞后误差项或空间滞后被解释变量，详尽分析了空间面板数据模型的估计。我国的学者吴玉鸣（2006）、陈晓玲（2006）等也从空间相关性上分析了地区经济增长的聚集和差异现象。

（一）空间相关性

空间自相关是一种空间统计方法，用来描述在地区中的社会现象和经济现象之间的空间相互影响关系，是检验某一要素的属性值是否显著地与其相邻空间点上的属性值相关联的重要指标（Cliff A，Ord J.，1973），它是空间依赖性的重要形式。空间自相关可以分为正相关和负相关两类，正相关表明某单元的属性值变化与其相邻空间单元具有相同变化趋势，负相关则相反。近年来，这种方法被广泛地用来创建社会经济现象的空间模型进行社会—经济数据分析，对于分析地区空间经济竞争态势和制定相关经济政策具有十分重要的指导意义。

度量空间相关性的常用指标有 Moran's I 指数和 Geary'C 指数，它们是两个用来度量空间自相关的全局指标，二者存在负相关关系。而反映空间联系的局部指标（Local Indicators of Spatial Association，即 LISA）则包括 Local Moran's I 指数和 Getis 指数（localGeary），所有区域单元 LISA 的总和与全局的空间联系指标成比例。全局指标用于验证整个研究区域的空间模式，而局域指标则用于反映一个区域单元的某种地理现象或某一属性值与邻近单元同一地理现象或属性值的相关程度。由于 Moran's I 和 Geary'C 的作用基本相同，且多数学者在研究中采用 Moran's I 指标，因此本书也将利用这一指数进行相关变量的空间自相关分析。

1. 空间权重矩阵

空间权重矩阵是空间计量模型的关键，也是地区间空间影响方式的体现，在实际分析中通常采用二进制邻接空间权重矩阵和二进制距离空间权重矩阵两种地理权重矩阵。二进制邻接空间权重矩阵定义为：

$$W_{ij} = \begin{cases} 1 & \text{当区域 i 和 j 相邻} \\ 0 & \text{其他} \end{cases}$$

二进制距离空间权重矩阵定义为：

$$W_{ij} = \begin{cases} 1 & \text{当区域 i 和 j 的距离小于 d 时} \\ 0 & \text{其他} \end{cases}$$

地理空间权重矩阵的计算简便，使用广泛，但是这种方法过于简单，并不能完全体现各地区间经济上的相互联系和影响，于是人们引入了经济权重矩阵。该矩阵用各地区人均实际 GDP 占所有地区实际 GDP 之和比重的均值来衡量地区经济水平的高低，并假设经济实力强的地区对周围地区产生的空间影响力就大；反之影响就弱。经济空间权重矩阵（W^*）是地理空间权重与各地区人均 GDP 所占比重均值为对角元的对角矩阵的乘积（陈晓玲、李国平，2006），具体形式为：

$$W_i^* = W_i \, \text{diag} \left(\frac{\overline{Y}_1}{\sum\limits_{i=1}^{n} \overline{Y}_i}, \frac{\overline{Y}_2}{\sum\limits_{i=1}^{n} \overline{Y}_i}, \cdots, \frac{\overline{Y}_n}{\sum\limits_{i=1}^{n} \overline{Y}_i} \right) \tag{6.1}$$

其中，$\overline{Y}_i = \dfrac{\sum\limits_{t=t_0}^{t_1} Y_{it}}{t_1 - t_0 + 1}$；n 为地区总数，本书为 28。

由经济权重矩阵的设置可知，考察的每一时段都有一个共同的经济权重矩阵，并且常采用其标准化的权重矩阵（行元素和为 1）进行相关运算，以减少或消除区域间外在影响。

空间权重矩阵是进行空间计量的关键。地理权重矩阵是较常用的空间权重矩阵，但其仅仅体现了地理临近特征，而且由于地理关系基本是不变的，所以地理权重矩阵也基本上是固定不变的，而地区间许多经济关系是不断发展变化的，所以采用地理权重矩阵或与地理权重矩阵有关的经济权重矩阵进行相关计算是不可靠的，它们并不能够真正反映各地区间经济上的相互联系和影响。有鉴于此，本书将考虑建立一种能够较好反映地区间经济联系的经济协动空间权重矩阵进行相关计算。经济协动空间权重矩阵 W^* 是协动空间权重矩阵 W 与各地区劳均 GDP 所占比重均值为对角元的对角矩阵的乘积。具体说明如下。

变量 $Y_{i,t}$，$Y_{j,t}$ 分别为 i 地区和 j 地区的劳均 GDP，同一经济变量往往具有相似的变化趋势，令

$$Y_{i,t} = \alpha + \beta Y_{j,t} + \varepsilon, w_{i,j} = \begin{cases} \dfrac{1}{\text{std}(\varepsilon)} & i \neq j \\ 0 & i = j \end{cases} \tag{6.2}$$

$$W = (w_{i,j}), W^* = W\text{diag}\left(\frac{\bar{Y}_1}{\sum\limits_{i=1}^{n} \bar{Y}_i}, \frac{\bar{Y}_2}{\sum\limits_{i=1}^{n} \bar{Y}_i}, \cdots, \frac{\bar{Y}_n}{\sum\limits_{i=1}^{n} \bar{Y}_i}\right) \tag{6.3}$$

其中，ε 为随机干扰项，$\bar{Y}_i = \dfrac{\sum\limits_{t=t_0}^{t_1} Y_{it}}{t_1 - t_0 + 1}$，n 为地区总数。

2. 全局空间自相关 Moran's I 指数

Moran's I 的取值范围为 $[-1, 1]$，若相邻区域具有相似属性值，空间总体上会显现出正相关，即 Moran's I 大于 0；若空间区位上相邻区域具有不同属性值时，则空间模式会表现出负相关，即 Moran's I 则小于 0；若相邻区域间属性值表现出随机独立的样子，那么空间相关性为零，相应 Moran's I 为 0。

Moran's I 的定义如下：

$$I = \frac{\sum\limits_{i=1}^{n} \sum\limits_{j=1}^{n} W_{ij}(Y_i - \bar{Y})(Y_j - \bar{Y})}{S^2 \sum\limits_{i=1}^{n} \sum\limits_{j=1}^{n} W_{ij}} \tag{6.4}$$

其中，$S^2 = \dfrac{1}{n} \sum\limits_{i=1}^{n} (Y_i - \bar{Y})^2$；$\bar{Y} = \dfrac{1}{n} \sum\limits_{i=1}^{n} Y_i$；$Y_i$ 为第 i 地区的观测值，即为各省区劳均 GDP；n 为地区总数；W_{ij} 为空间权重矩阵。

3. 局部空间自相关

当需要进一步考虑是否存在观测值的局部空间集聚，哪个区域单元对于全

局空间自相关的贡献更大，以及空间自相关的全局评估在多大程度上掩盖了局部不稳定性时，就必须应用局部空间自相关分析，包括空间联系的局部指标（Local Indicators of Spatial Association，LISA）、Moran 散点图。

局域空间相关性指标（LISA）Local Moran's I 指数定义为：

$$I_i = \frac{(Y_i - \bar{Y})}{S^2} \sum_{j=1}^{n} W_{ij}(Y_j - \bar{Y}) \tag{6.5}$$

相关参数与全局 Moran's I 指数相同。全局统计指标与局域统计指标间存在 $\sum_{i=1}^{n} I_i = nI$ 的关系。局域空间相关性指标是反映每个观测单元周围的局部空间集聚的显著性评估，同时还是小范围内空间不稳定性的指标，可以揭示出对全局联系影响大的样本单元，以及不同的空间联系形式。

Moran 散点图用来研究局部的空间不稳定性，对 Wz 和 z 数据对进行了可视化的二维图示。其中 Wz 是相邻区域单元观测值的空间加权平均值，又称为"空间滞后"向量。采用向量形式，Moran's I 指数可表述如下：

$$I = \frac{n}{m} \frac{z'Wz}{z'z} \tag{6.6}$$

其中，$m = \sum_i \sum_j W_{ij}$；z 是由所有的观测值与均值之间的离差组成的向量。

在 Moran 散点图中，由于坐标（z，Wz）数据已经进行了标准化处理，所以不同年份的结果具有可比性。

Moran 散点图共有四个象限，其中第一、第三象限代表正的空间联系，第二、第四象限代表负的空间联系。具体来看，第一象限代表了高观测值的区域单元为高值区域所包围（H－H）；第二象限代表了低观测值的区域单元为高值区域所包围（L－H）；第三象限代表了低观测值的区域单元为低值区域所包围（L－L）；第四象限代表了高观测值的区域单元为低值区域所包围（H－L）。利用 Moran 散点图与 LISA 显著性水平我们可获得所谓的"LISA 显著性水平图"，使区域间的空间自相关更加直观具体。

（二）空间面板数据模型

空间相关性来自于两方面（Anselin，1988）：一方面，相邻地区间的经济联系客观存在，尤其是在区域一体化和经济全球化的今天，地区间经济联系更加密切；另一方面，不同地区经济变量样本数据的采集可能存在空间上的测量误差。由以上两方面可知，空间自相关性在空间自回归模型中体现在因变量的滞后项和误差项，因此，空间经济计量的两种基本模型分别是空间滞后模型（Spatial Autore-gressive Model，SAR）和空间误差模型（Spatial Error Model，SEM）。

空间滞后模型（SAR）为：

$$y = \rho Wy + \beta X + \varepsilon$$

整理为：

$$y(I - \rho W) = \beta X + \varepsilon \tag{6.7}$$

空间误差模型（SEM）为：

$$y = \beta X + \varepsilon, \varepsilon = \lambda W\varepsilon + \mu$$

整理为：

$$y = \beta X + (I - \lambda W)^{-1} \quad \varepsilon、\mu \sim N(0, \sigma^2 I) \tag{6.8}$$

其中，y 为因变量；X 为自变量向量；β 为变量系数；ρ 和 λ 分别为空间自回归系数和空间自相关系数；ε 和 μ 为随机误差项；W 为 $n \times n$ 的空间权重矩阵（n 为地区数）。相应地，地区经济增长收敛的空间面板数据模型分别如下：

空间滞后模型（SAR）：

$$\ln\left(\frac{y_{iT}}{y_{it}}\right) = \alpha_i + \beta\ln(y_{it}) + \rho W\ln\left(\frac{y_{iT}}{y_{it}}\right) + \varepsilon_{it}$$

整理为：

$$(I - \rho W)\ln\left(\frac{y_{iT}}{y_{it}}\right) = \alpha_i + \beta\ln(y_{it}) + \varepsilon_{it} \tag{6.9}$$

空间误差模型（SEM）为：

$$\ln\left(\frac{y_{iT}}{y_{it}}\right) = \alpha_i + \beta\ln(y_{it}) + \varepsilon_{it}, \varepsilon_{it} = \lambda W\varepsilon_{it} + \mu_{it}$$

整理为：

$$\ln\left(\frac{y_{iT}}{y_{it}}\right) = \alpha_i + \beta\ln(y_{it}) + (I - \lambda W)^{-1}\mu_{it} \quad \varepsilon_{it}、\mu_{it} \sim N(0, \sigma^2 I) \tag{6.10}$$

其中，y_{it} 是地区 i 在 t 年的产出，$\ln(y_{iT}/y_{it})$ 为从 t 年到 T 年产出增长率。α_i 为截距项，若 α_i 为固定常数，则以上两个模型是固定效应模型；若 α_i 是随机变量，且与其他自变量不相关，则两模型为随机效应模型。β 为体现经济收敛性的回归系数；若 β 为显著负值，表明地区经济增长存在收敛性；若 β 为显著正值，则表明地区经济增长发散。ρ 为空间滞后项系数，λ 为空间误差项系数，W 为空间权重矩阵，这里我们采用经济权重矩阵。ε_{it}、μ_{it} 为随机误差项。

普通最小二乘法不能用于空间计量模型的估计，而最大似然估计法则能够克服普通最小二乘法估计空间误差模型时所产生的有偏性和无效性，因此我们将采用二阶最大似然法进行估计，面板数据空间滞后模型（SAR）估计的最大对数似然函数为：

$$\ln L = T \sum_{i=1}^{n} \ln(1 - \rho w_i) - \frac{1}{2\sigma^2} \sum_{t=1}^{T} e'_t e_t - \frac{nT}{2}\ln(2\pi\sigma^2) \qquad (6.11)$$

其中，T 为考察期长度；e_t 为随机误差项；$e_t = (I - \rho W)[(y_t - \bar{y}) - (X_t - \bar{X})\beta]$；$\bar{X} = (\bar{X}_1', \cdots, \bar{X}_n')$、$\bar{y} = (\bar{y}_1, \cdots, \bar{y}_n)'$ 分别为变量的时间平均值和其增长率的时间平均值。

空间误差模型（SEM）估计的最大对数似然函数为：

$$\ln L = T \sum_{i=1}^{n} \ln(1 - \lambda w_i) - \frac{1}{2\sigma^2} \sum_{t=1}^{T} e'_t e_t - \frac{nT}{2}\ln(2\pi\sigma^2) \qquad (6.12)$$

$e_t = (I - \lambda W)[(y_t - \bar{y}) - (X_t - \bar{X})\beta]$，相关变量与 SAR 似然函数相同。

（三）实证结果分析

面板数据模型根据参数设定的不同可分为固定效应模型和随机效应模型。一般而言，如果仅以样本自身效应为条件进行推论，宜采用固定效应模型；如以样本对总体效应进行推论，则应采用随机效应模型。本书对中国省区进行劳均产出和环境全要素生产率的收敛性分析，所考察的截面单位是总体的所有单位，目的旨在对各省区自身的效应进行研究，因此应选用固定效应模型进行实证分析。

在应用空间面板数据模型之前，必须计算出各变量的 Moran's I 值，以检验其空间自相关性。经检验发现，绿色劳均产出及环境全要素生产率的 Moran's I 值均大于 0 且计算结果都通过了相应的 z 检验（$p \leqslant 0.05$），这表明中国各省区绿色劳均产出、环境全要素生产率在空间分布上并非表现出完全随机的状态，而是具有明显的正自相关关系，即具有显著的正向空间依赖性，因此可以利用基于面板数据的空间 β 收敛模型分析其收敛性，相关结果见表 6 - 2 和表 6 - 3。

表 6 - 2　　　　中国省区劳均产出空间 β 收敛分析结果（1985～2010 年）

模型参数	空间滞后模型（SAR）			空间误差模型（SEM）		
	地区固定	时间固定	地区、时间固定	地区固定	时间固定	地区、时间固定
β	0. 168 * (8. 580)	0. 109 * (7. 534)	0. 166 * (6. 122)	0. 047 ** (2. 392)	0. 110 * (4. 673)	0. 170 * (6. 073)
ρ（λ）	0. 131 * (2. 400)	0. 124 ** (2. 382)	0. 117 * (2. 545)	0. 703 * (110. 602)	0. 490 * (10. 217)	0. 476 * (10. 621)
$\overline{R}^2$	0. 354	- 0. 542	- 0. 419	0. 867	- 0. 302	- 0. 411
LOG - L	7. 235	- 268. 042	- 264. 132	598. 011	- 232. 863	- 245. 418

注：表中数据为相应的回归系数及 t 检验值（括号中数据），其中 *、** 分别表示在 1%、5% 的水平上显著，本表结果由 MATLAB6. 5 软件计算得出。

表 6 - 3　　　中国省区环境全要素生产率空间 β 收敛分析结果（1985～2010 年）

模型参数	空间滞后模型（SAR）			空间误差模型（SEM）		
	地区固定	时间固定	地区、时间固定	地区固定	时间固定	地区、时间固定
β	0. 005 (0. 723)	0. 013 * (2. 625)	0. 007 * (3. 354)	0. 024 ** (1. 989)	0. 013 * (3. 143)	0. 012 ** (2. 270)
ρ（λ）	- 0. 019 (- 0. 217)	0. 016 (0. 362)	0. 011 (0. 357)	0. 432 * (15. 144)	0. 328 * (4. 573)	0. 301 * (6. 048)
$\overline{R}^2$	- 0. 035	- 0. 530	- 0. 441	0. 432	- 0. 189	- 0. 250
LOG - L	635. 104	551. 022	635. 154	786. 901	582. 003	695. 157

注：表中数据为相应的回归系数及 t 检验值（括号中数据），其中 *、** 分别表示在 1%、5% 的水平上显著，本表结果由 MATLAB6. 5 软件计算得出。

通过综合比较表 6 - 2 和表 6 - 3 中的 β、ρ（λ）估计值的显著性以及 $\overline{R}^2$ 和对数似然值的大小，可以发现，中国省区绿色劳均产出、环境全要素生产率的空间误差模型估计结果较好，而在空间误差模型中，地区固定效应模型估计效果较好，即地区固定效应模型对绿色劳均产出和环境全要素生产率收敛性的解释力较强。由表 6 - 2 和表 6 - 3 中的空间误差模型的地区固定效应结果可知，绿色劳均产出和环境全要素生产率的 β 值均为正值，并且都通过了显著性检验。这说明在考虑了空间相关性后，中国省区绿色劳均产出和环境全要素生产率的差距总体呈扩大趋势，即表现出了一致的发散性。这说明各省区经济增长确实存在地理特征，相邻各省区经济增长的空间相关性较强，地区经济增长率的提高使相邻地区经济增长率提高，空间聚集性的特征在地区经济发展中表现十分突出。

四、环境全要素生产率构成对中国省际经济差距收敛性的贡献分析

通过上述分析可知，环境全要素生产率与绿色劳均产出具有相似的敛散性，那么环境全要素生产率及构成对绿色劳均产出的敛散性到底会有多大贡献？其作用机制如何？下面我们将以第五章中的经济增长四重分解结果为基础，利用动态空间面板计量模型并借鉴 Maudos（2000）的方法对此进行深入分析。

（一）动态空间面板数据模型

动态空间面板计量模型可以用下式表示：

$$SAR: Y_t = \delta Y_{t-1} + \rho W Y_t + X_t \beta \psi_t \tag{6.13}$$

$$SEM: Y_t = \delta Y_{t-1} + X_t \beta + \mu + \psi_t \tag{6.14}$$

$$\psi_t = \lambda W \psi_t + \varepsilon_t \tag{6.15}$$

其中，Y_t 为每个空间单元（$i=1, \cdots, N$）的因变量在第 t 时期（$t=1, \cdots, T$）观测值组成的 $N \times 1$ 向量；解释变量 X_t 为 $N \times K$ 矩阵。δ 和 β 为模型的响应参数。随机干扰项 $\mu=(\mu_1, \cdots, \mu_N)'$，$\psi_t=(\psi_{1t}, \cdots, \psi_{Nt})'$ 和 $\varepsilon_t=(\varepsilon_{1t}, \cdots, \varepsilon_{Nt})$。W 为非负空间权重矩阵，$\rho$、$\lambda$ 为空间自相关系数。

Maudos（2000）采用基于截面回归的绝对 β 收敛模型检验了 29 个 OECD 国家的全要素生产率及其构成以及资本积累、人力资本对劳均产出收敛性的影响，我们这里仍然沿用这种思路，但对其截面回归模型加以改进，建立基于动态空间面板数据的空间滞后绝对 β 收敛模型和空间误差绝对 β 收敛模型。以劳均产出增长率 g_y 为例，利用经济协动空间权重矩阵 W^* 建立空间滞后和空

间误差模型如下：

$$SAR: (I - \rho W^*) g_{yt} = \alpha + \delta g_{y,t-1} + \beta_y \ln(y_{i0}) + \varepsilon_{it} \qquad (6.16)$$

$$SEM: g_{yt} = \alpha + \delta g_{y,t-1} + \beta_y \ln y_{i0} + (I - \lambda W^*)^{-1} \mu_{it} \qquad (6.17)$$

其中，$\ln y_{i0}$ 为初始劳均产出对数值，α 为常数项，β 为回归系数。我们将式（6.16）和式（6.17）中的 g_{yt} 分别替换为 g_{MLTCt}、g_{MLECt}、g_{TFPt}、g_{KCt} 及 g_{HCt}，就可以得到各种经济增长源泉的动态空间滞后绝对 β 收敛模型和动态空间误差绝对 β 收敛模型。

（二）空间计量结果与分析

在应用动态空间面板数据模型之前，需要检验各变量的空间自相关性。经检验发现，变量 g_y、g_{TFP}、g_{MLTC}、g_{MLEC}、g_{KC}、g_{HC} 的 Moran's I 值均大于 0 且计算结果都通过了相应的 z 检验（$p \leq 0.05$），这表明中国各省区劳均产出、环境全要素生产率及其构成、资本深化、人力资本积累等变量引致的产出增长率变化在空间分布上具有显著的正向空间依赖性，因此，可以利用基于面板数据的动态空间 β 收敛模型进行了省区劳均产出收敛性来源的测算，在这里我们采用时间和空间双向固定效应模型进行相关计算，结果如表 6-4 和表 6-5 所示。由表 6-4 和表 6-5 可以看到，动态空间滞后模型和动态空间误差模型中 1985～1991 年的 β_y 值均为负，只是后者更为显著，而 1992～2010 年和 1985～2010 年的 β_y 值均显著为正，并且后者的自相关性更强，这说明 1985～1991 年中国省区劳均产出增长是收敛的，而另外两个时段则是发散的。

表 6-4　　　　　　　　双向固定效应动态空间滞后模型的估计结果

变量	1985～1991 年	1992～2010 年	1985～2010 年
β_y	-0.0104 (-1.1261)	0.0058 ** (1.9750)	0.0094 ** (1.8264)
ρ	0.1862 (1.1402)	0.2894 * (2.6814)	-0.0692 (-0.2867)
$\bar{R}^2$	0.0425	0.0643	0.1239

续表

变量	1985～1991 年	1992～2010 年	1985～2010 年
β_{MLTC}	-0.0044 (-1.2727)	-0.0048* (-3.3390)	-0.0012 (-0.8174)
ρ	0.122 (0.7188)	0.1789*** (1.5690)	-0.0365 (-0.3487)
$\overline{R}^2$	0.0371	0.0166	-0.0498
β_{MLEC}	-0.0019* (-8.0780)	0.0066* (5.0199)	0.0087* (3.6840)
ρ	0.4658* (6.7597)	0.2462** (2.0999)	0.2541*** (1.3966)
$\overline{R}^2$	0.2435	0.2897	0.2017
β_{TFP}	-0.0054 (-0.0880)	0.0065*** (1.3782)	0.0072 (0.8379)
ρ	0.2911** (1.8853)	0.2134** (1.7721)	0.3890** (1.9804)
$\overline{R}^2$	0.2200	0.1643	0.3324
β_{KC}	-0.0035 (-0.3451)	0.0038** (2.3609)	0.0064* (7.2412)
ρ	0.2266*** (1.3670)	0.2882* (2.6950)	0.2811* (3.6705)
$\overline{R}^2$	0.0312	0.0247	0.1912
β_{HC}	0.0006 (0.9351)	-0.0044* (-2.7700)	-0.0052* (-5.3986)
ρ	-0.3326** (-1.8659)	0.1245 (0.9987)	0.0836 (0.8920)
$\overline{R}^2$	0.0978	0.1251	-0.0882

注：表中数据为相应的回归系数、t检验值（括号中数据）及调整可决系数，其中 *、**、*** 分别表示在1%、5%和10%的水平上显著，本表结果由 MATLAB6.5 软件计算得出。

表 6 – 5　　　　　　双向固定效应动态空间误差模型的估计结果

变量	1985～1991 年	1992～2010 年	1985～2010 年
β_y	-0.0141 *** (-1.3778)	0.0056 *** (1.5489)	0.0081 ** (2.0668)
λ	0.1135 (0.6698)	0.2711 ** (2.4842)	-0.4173 ** (1.7854)
$\overline{R}^2$	-0.0460	-0.0957	0.0587
β_{MLTC}	-0.0049 *** (-1.3892)	-0.0058 * (-3.6800)	-0.0047 (-0.538)
λ	0.1892 (1.0530)	0.3211 * (2.9675)	0.1899 ** (2.2304)
$\overline{R}^2$	0.0422	0.0235	0.0377
β_{MLEC}	-0.0033 * (-16.2818)	0.0077 * (6.8086)	0.0089 * (4.8101)
λ	0.3160 ** (2.4524)	0.5505 * (7.1772)	0.3201 *** (1.7703)
$\overline{R}^2$	0.2689	0.4302	0.1542
β_{TFP}	-0.0077 (-0.0977)	0.0068 *** (1.688)	0.0071 (0.8340)
λ	0.5489 * (2.9702)	0.5002 * (6.0132)	0.4011 ** (2.8961)
$\overline{R}^2$	0.2354	0.2544	0.2682
β_{KC}	-0.0060 (-0.4475)	0.0020 ** (2.5467)	0.0052 *** (1.8868)
λ	0.3001 ** (1.9880)	0.2232 ** (1.9871)	0.5603 * (10.1190)
$\overline{R}^2$	0.0805	-0.3341	0.0376
β_{HC}	0.0007 *** (1.5003)	-0.0036 ** (-2.5436)	-0.0046 * (-5.8278)
λ	-0.6100 * (-3.7742)	0.27801 ** (2.0312)	0.1657 (1.2257)
$\overline{R}^2$	0.3996	0.2815	-0.1187

注：表中数据为相应的回归系数、t 检验值（括号中数据）及调整可决系数，其中 *、**、*** 分别表示在 1%、5% 和 10% 的水平上显著，本表结果由 MATLAB6.5 软件计算得出。

下面具体分析一下劳均产出收敛性的来源。由表 6-4 可以看到，1985~1991 年，环境全要素生产率贡献的收敛系数最大，为 -0.0054，其中环境技术进步贡献 -0.0044，环境技术效率贡献 -0.0019，环境技术效率贡献虽然较少，但其回归系数显著，并且呈现显著的空间自相关性，而环境技术进步回归系数和 ρ 估计值均不显著。人力资本和劳均资本积累尽管存在显著的空间自相关，但其回归系数值较低并且不显著。1992~2010 年，环境全要素生产率对地区产出发散的贡献依然是主要的，收敛回归系数为 0.0065，其中环境技术进步贡献 -0.0048，环境技术效率贡献 0.0066，并且二者回归系数和 ρ 估计值均显著。在此期间人力资本和劳均资本的回归系数也较显著，分别为 -0.0044 和 0.0038。从 1985~2010 年整个考察期来看，环境全要素生产率对省区经济发散的贡献仍是主要的，其中环境技术效率贡献 0.0087，回归系数显著且存在显著空间自相关性，而环境技术进步贡献为 -0.0012，回归系数及 ρ 估计值均不显著。人力资本和劳均资本分别对劳均产出收敛性贡献 -0.0052 和 0.0064，并且十分显著，但人力资本 ρ 估计值不显著，而劳均资本显著。

由表 6-5 中的动态空间误差模型估计结果可以知道，1985~1991 年环境全要素生产率的回归系数（即劳均产出收敛性贡献额）是最大的，为 -0.0077。其中环境技术进步和环境技术效率对劳均产出收敛性的贡献分别为 -0.0049 和 -0.0033，二者均显著，环境技术进步的 λ 值不显著，而环境技术效率显著，即存在明显的空间自相关。人力资本和劳均资本的收敛系数分别为 0.0007 和 -0.0060，并且二者的 λ 值均显著。1992~2010 年，环境全要素生产率的回归系数为 0.0068，是劳均产出发散的主要来源，其中环境技术进步和环境技术效率分别贡献 -0.0058 和 0.0077，其回归值和 λ 值均显著。人力资本和劳均资本的回归系数及 λ 值均显著，他们对产出收敛性的贡献分别为 -0.0036 和 0.0020。就 1985~2010 年整个考察时期来看，环境全要素生产率对发散的贡献为 0.0071，环境技术进步和环境技术效率均存在显著空间自相关性，二者分别贡献 -0.0047 和 0.0089，其中环境技术进步回归系数不显著，但环境技术效率显著。人力资本和劳均资本回归系数均显著，对劳均产出收敛性的贡献分别为 -0.0046 和 0.0052，但人力资本 λ 值不显著而劳均资本显著。

五、研 究 结 论

本章在对中国省区绿色劳均产出和环境全要素生产率进行 σ 收敛和 β 收敛分析的基础上，根据经济增长的四重分解结果并引入空间计量经济模型，深入探讨了 1985～2010 年环境全要素生产率及构成对中国省区经济增长收敛性的影响及作用机制，研究表明：

（1）通过 σ 收敛和 β 收敛分析发现，中国省区绿色劳均产出和环境全要素生产率具有十分相似的敛散性，而要素投入收敛性的变化与它们有较大差异。

（2）和各投入因素相比，环境全要素生产率对省区劳均产出敛散性的贡献最大，是导致省际经济差距变化的主要原因。在环境全要素生产率的构成要素中，环境技术进步在各个时期均促进了经济增长的收敛，而环境技术效率则是导致我国省际环境全要素生产率差距扩大进而导致省际产出差距扩大的主要原因。另外，研究还发现，尽管我国环境技术效率存在普遍恶化趋势，但我国省区环境技术效率在各时期均存在显著的空间自相关性。

（3）就投入因素而言，资本深化在 1985～1991 年促进了中国省区经济增长的收敛，而在 1992～2010 年和 1985～2010 年两个时段则均促进了经济增长的发散，而人力资本对经济增长收敛性的影响则恰好与之相反，这实际上表明资本深化对中国省际经济差距扩大作用要大于人力资本。

（4）通过各变量回归系数的比较可知，在所有促进经济增长的因素中，环境技术效率差异是导致省际经济差距扩大的首要原因，其次是资本深化和环境技术进步的作用，而人力资本因素对省际经济差距扩大的贡献并不明显。这一结果和第五章的分析结论基本上是一致的。

第七章 中国区域协调可持续发展的路径选择

一、中国省区环境全要素生产率影响因素分析

通过计量分析我们发现，环境全要素生产率是推动中国省区经济增长的重要力量，同时它的区域差异又是导致中国省际经济差距的主要原因。因而要缩小中国省际经济差距就必须缩小省际环境全要素生产率差距，而要缩小省际环境全要素生产率差距就必须研究环境全要素生产率的影响因素，通过影响因素分析来了解有哪些因素会促进或阻碍环境全要素生产率的提升，以便于有的放矢地制定实现中国省区经济协调发展的对策建议。

（一）相关研究综述

有关全要素生产率影响因素的研究文献较多。Griliches（1986）通过对1957～1977年约1000家美国大型制造业企业研究，发现研发投入对提高生产率起到重要作用。Miller 和 Upadhyay（2000）利用83个国家考察贸易开放度和人力资本对全要素生产率的影响，结果表明，贸易开放度对全要素生产率有显著的积极影响，而人力资本对全要素生产率的影响因不同国家而有所差异。而 Söderbom 和 Francis Teal（2003）则认为贸易开放度对生产率增长有显著影响，而人力资本对生产率没有显著影响。上述研究差异除与所采用的研究方法不同有关外，各个国家在经济、制度、文化等方面的较大差异也会对计量分析结果产生重要的影响。

国内的一些学者也对我国全要素生产率影响因素进行了相关研究，这些研究多是从行业或产业以及区域视角展开。张海洋（2005）运用数据包络分析方法对中国内资工业部门生产率、技术效率和技术进步进行了测算，然后检验了在控制自主研发的情况下，外资活动对内资工业部门生产率增长的影响。研究发现，在控制自主研发的情况下，外资活动对内资工业部门生产率提高没有

显著影响。研发和外资活动都推动了内资工业部门技术进步，但来源分别为研发创新能力和正向竞争效应，而不是技术扩散。许和连等（2006）在新增长理论框架下，分析了人力资本在生产函数中的作用及贸易开放度和人力资本积累水平对中国全要素生产率的影响。结果表明，人力资本积累有助于提高物质资本的利用率，人力资本积累水平的提高对全要素生产率的影响比对经济增长的影响更加直接，它主要通过影响全要素生产率而作用于经济增长。贸易开放度主要是通过影响人力资本的积累水平而影响全要素生产率，贸易开放度和人力资本对全要素生产率的影响在东中西部存在差异。何元庆（2007）研究了对外开放和进出口对全要素生产率的影响，发现人力资本和出口对我国技术效率的提高有显著的正向作用，但人力资本对技术效率的影响要大于出口，进口对技术效率的变化产生显著的负向作用，外商直接投资的影响不显著。李小平和卢现祥等（2008）利用中国工业行业数据，采用数据包络分析方法探讨了进出口和全要素生产率的关系，结果发现，贸易开放度高的行业并不比贸易开放度低的行业具有更高的技术效率和规模效率，出口和生产率增长的关系不显著，但进口显著地促进了工业行业的全要素生产率增长和技术进步的增长。从上述分析可以看到，现有的文献多是研究全要素生产率增长率的影响因素，而较少把全要素生产率水平作为被解释变量进行相关分析。另外，当前的相关研究也多是分析研发、人力资本、对外贸易对全要素生产率的影响，而较少考虑外商直接投资及工业化的影响。为克服上述研究不足，我们将同时以环境全要素生产率水平及环境全要素生产率增长率作为被解释变量，利用固定效应面板数据模型来研究研发、人力资本、对外贸易、外商直接投资及工业化等因素对它们的影响。

（二）主要影响因素分析

1. 研发

根据联合国教科文组织（UNESCO）的定义，研发是指在科学技术领域中，为增加知识以及运用这些知识去创造新的运用而进行的系统的、创造性的活动。包括基础研究（Basic Researeh），应用研究（Applied Researeh）和试验开发（Experiment Development）三类科技研究活动。上述定义主要强调了研发活动的内容和阶段，对于研发活动，还应该包括研发成果应用，即为解决研发活动所创造的新产品、新装置、新工艺、新技术和新方法等在生产实践运用中所产生的技术问题而进行的活动。

　　早在 20 世纪 60 年代早期，学者们就已开始从计量角度对研发在经济增长中的作用进行了研究（Griliches，Z，1964；Mansfield，E.，1965）。这些研究将研发存量（或知识存量）作为一个独立的生产要素纳入传统柯布—道格拉斯生产函数中，试图测算出研发产出弹性或研发收益率。虽然早期的研究在理论框架上尚不成熟，但均发现研发对生产率有显著促进作用（吴延兵，2006）。20 世纪 80 年代，内生经济增长理论兴起，研发与生产率之间关系的理论研究框架趋于成熟。在众多内生经济增长理论的流派中，有许多学者认为以利润最大化为导向的研发活动是经济增长的引擎。很多理论模型都表明国内研发资本与全要素生产率有着正向促进作用，如 Romer（1990），Aghion 和 Howitt（1992）等。这些模型的一个显著特点是，认为保持一定水平的研发活动即能够实现持续的全要素生产率增长。

　　研发活动生产出所需的技术知识，而技术创新始于新知识的创新，其逻辑过程是：知识是按照一个有章可循的步骤不断变得更具有应用性。随着此过程的发展，知识逐渐被物化到物理设备上，内化到系统要素中，形成新技术元素。一旦一项新技术被商业化，各种技术元素就要随着市场演化不断被调整和改进，由此持续产生技术创新。研发投资不仅可以产生新的知识和信息，而且可以增强企业吸收现有知识和信息的能力，促进知识和技术的外溢，即研发投资具提高创新能力和吸收能力的两面性（张海洋，2005），而这对于促进技术进步和提高全要素生产率水平都具有非常重要的意义。

2. 人力资本

　　内生经济增长理论认为人力资本对经济增长施加影响的一个重要途径就是促进全要素生产率的增长和技术进步，但 Nelson 和 Phelps（1966）认为，简单地把人力资本或教育水平指数作为另外的一种投入要素包括到生产函数中是不正确的。他们认为在新技术以一个外生的速率被发明出来的情况下，人力资本或教育的主要作用是促进新技术的采用或实施。在这种思想的指导下，他们提出了一个人力资本促进技术吸收的模型：

$$\dot{A}_t / A_t = c + \delta H_t / L_t + \gamma \log(A_t / \bar{A}_t) \tag{7.1}$$

其中，$\dot{A}_t = dA_t/dt$ 表示全要素生产率的变化量，c 为常数，$\bar{A}_t$ 表示技术前沿，δ 和 γ 分别表示人力资本和追赶效应对全要素生产率增长率的影响。H_t 表示 t

时刻的人力资本总量，其表达式为：

$$H_t = \int_0^\infty h_{it} d\mu_t(h_{it}) \tag{7.2}$$

其中，h_{it} 表示个体 i 的人力资本存量，假设个体的人力资本水平是受教育年限 n_{it} 的函数，即：$h_{it} = g(n_{it})$，对该函数在 $x_0 = \mu_t$ 点进行二阶泰勒级数展开如下：

$$g(n_{it}) \cong g(\mu_t) + g'(\mu_t)(n_{it} - \mu_t) + g''(\mu_t)(n_{it} - \mu_t)^2 \tag{7.3}$$

其中，μ_t 表示总人口的平均受教育年限；$(n_{it} - \mu_t)^2$ 为总人口受教育年限的方差。人力资本总量是全部人口的 h_{it} 加总，所以：

$$H_t = \sum_{i=1}^{L_t} h_{it} \cong L_t \cdot g(\mu_t) + L_t \cdot g''(\mu_t)(n_{it} - \mu_t)^2 \tag{7.4}$$

$$\dot{A}_t/A_t = c + \delta H_t/L_t + \gamma \log(A_t/\bar{A}_t) = c + \delta g(\mu_t) + \delta g''(\mu_t)(n_{it} - \mu_t)^2 \tag{7.5}$$

由于 $g'(n_{it}) > 0$，受教育年限越多，人力资本水平越高，所以当人力资本的时间投资回报递减时，$g''(n_{it}) < 0$，全要素生产率增长率与人口受教育年限的不平等程度反向相关。而当人力资本的时间投资回报递增时，$g''(n_{it}) > 0$，全要素生产率增长率与人口受教育年限的不平等程度正向相关。当人力资本的时间投资回报为线性时，$g''(n_{it}) = 0$，全要素生产率增长率与人口受教育年限的不平等程度无关。

Nelson 和 Phelps 模型为研究人力资本与全要素生产率的关系提供了一个很好的思路，国外一些学者开始沿着这个方向作出了有益的探讨，如 Aiyar 和 Feyrer（2002）、Benhabib 和 Spiegel（2002）等。但是，国外关于人力资本与全要素生产率的实证研究并没有取得一致的结论。一方面，一些研究认为人力资本与全要素生产率有显著的正相关关系，如 Benhabib 和 Spiegel（1994）的跨国实证研究表明，全要素生产率的增长依赖于人力资本的水平；Aiyar 和 Feyrer（2002）的跨国实证认为人力资本对全要素生产率有很强的促进作用。另一方面，有些研究认为这二者之间没有相关关系，即使有也是负的，如 Miller 和 Upadhyay（2000）认为人力资本对全要素生产率没有显著的独立决定作用，Pritchett（2001）认为，全要素生产率的增长与教育增长存在显著的负相关关系。造成这种结果的可能原因是对人力资本的界定和度量还没有形成统一的认识，而不同类别的人力资本对全要素生产率可能会起到不同的作用（彭国华，2007）。

3. 对外经济活动

外商直接投资（FDI）和国际贸易也是促进技术进步和全要素生产率提高的重要因素，它们通常是通过国际技术溢出来推动技术进步的。所谓国际技术溢出，是指通过技术在国际范围内的非自觉扩散，促进东道国技术水平和生产力水平的提高，它是技术扩散的外部效应，即技术溢出在国与国之间发生。

MacDougall（1960）首次分析了外商直接投资的技术溢出现象。他认为，国际技术溢出效应是外商直接投资的一个外部性现象，具有重要的福利效应。随着外商直接投资的注入，外国公司必然会带来先进的专业知识和操作技能，这种行动是通过成立比本国公司更先进更有效率的跨国公司来实现的，从而促进了先进技术和管理经验向东道国的扩散。外商直接投资除了通过技术扩散提高本地企业的生产率外，还可以通过降低国内市场的垄断程度，促进竞争以及提高资源配置效率等途径来促进本地企业生产率的提高。此外，外商直接投资技术扩散特别是关键核心技术的成功扩散是有条件的，即本地企业必须拥有一定的吸收能力（absorptive capacity），才能成功地模仿、吸收和消化外资先进技术。Findlay（1978）构建了一个内生技术变迁模型，假设外商直接投资可以通过传染效应（contagion ef－fect）提高东道国的技术水平，检验了技术差距、外资份额等因素对技术扩散的影响。研究认为，外商直接投资输出国与东道国的技术差距越大，技术扩散率就越高；跨国公司在东道国的资本份额越高，技术扩散的速度就越快。

内生增长理论强调国际贸易渠道的国际技术溢出，并把研发和国际贸易作为技术进步的发动机。在开放经济中，由于国家之间存在水平或者垂直差异的中间产品国际贸易，一国的技术进步不仅依赖于国内的研发资本，而且依赖于外国的研发资本；研发资本通过增加产品品种或者提高产品质量，促进技术进步。

国际贸易作为研发溢出的一个主要渠道受到了国外许多学者的关注，Coe和Helpman（1995）通过建立实证模型研究发现，工业化国家之间的贸易存在研发溢出现象，并且最发达的七个国家的研发资本存量对其他 OECD 国家全要素生产率增长有显著的促进作用。Bin Xu 和 Jianmao Wang（2000）通过运用两种不同的方法来重新分析 OECD 工业化国家之间的研发溢出，他们的结论再次证实了 Coe 和 Helpman 的观点，即 OECD 国家之间的贸易确实存在研发溢出现象。

在分析国际贸易的研发溢出时，一般都使用所谓的国际研发溢出回归方法。该方法假定一个国家的全要素生产率不仅与本国的研发资本有关，也与其贸易伙伴国的研发资本有关。Coe 和 Helpman（1995）最早使用该方法发现了发达国家之间国际贸易研发溢出的存在，所以该方法通常被称为 CH 模型。

4. 工业化

工业化的实质在于，工业在一国经济中的比重不断提高，以致取代农业成为经济主体的过程。其主要特征是农业劳动力大量转向工业，农村人口向城镇转移，城镇人口超过农村人口。在一个非均衡的经济中，不同产业部门的要素边际生产率不相等，要素和资源在不同部门之间的流动会促进经济总体的全要素生产率的提升，这就是产业结构变迁对提升资源配置效率、推动经济增长的作用。在我国，与农业相比，工业的技术装备较为先进，生产效率较高，是整体经济效率的主要来源，因而工业化过程既是经济总量不断增长的过程，也是经济结构调整升级和经济效率提高的过程。另外，工业化导致的城市化所产生的集聚效应和创新中介效应也会促进全要素生产率的提高。由此可见，工业化与技术进步和全要素生产率的提高存在密切的关系。

（三）固定效应模型

面板数据（Panel Data）模型包括变截距模型和变系数模型，而这两种模型又都有固定效应模型和随机效应模型之分，并分别对应不同的参数估计方法。固定效应模型把个体特性或时期特性当作未知的确定常数，而随机效应模型则把它们视为如同随机误差项一样的随机变量。当时间序列长度 T 很小而截面单元个数 N 又比较大时，两种模型的结果差异可能非常大。当数据中所包含的个体成员是所研究总体的所有单位时，即个体成员单位之间的差异可以被看作回归系数的参数变动时，应选择固定效应模型。而当个体成员单位是随机抽取自一个大的总体，想以样本结果对总体进行分析时，应该选取随机效应模型。由于我们的研究包括了所有的省份，并且仅以这些省份自身效应为条件进行研究，所以应该采用固定效应模型。

固定效应模型可分为个体固定效应模型、时间固定效应模型和个体时间双向固定效应模型三种类型。由于上述影响变量在各地区之间存在较大差异，并且它们随着时间的推移而发生变化，因而采用双向固定效应模型更为恰当。

双向固定效应模型的一般形式为：

$$y_{it} = \lambda_i + \gamma_t + \sum_{k=2}^{K} \beta_k x_{kit} + u_{it}, i = 1, 2, \cdots, N, \quad t = 1, 2, \cdots, T \qquad (7.6)$$

其矩阵表示为：

$$Y = (I_N \otimes l_T)\lambda + (l_N \otimes I_T)\gamma + X\beta + U \qquad (7.7)$$

设：

$$D = I_{NT} - I_N \otimes \left(\frac{1}{T} l_T l'_T\right) - \left(\frac{1}{N} l_N l'_N\right) \otimes I_T + \left(\frac{1}{N} l_N l'_N\right) \otimes \left(\frac{1}{T} l_T l'_T\right) \qquad (7.8)$$

则 D 左乘模型（7.7）得到：

$$DY = DX\beta + DU \qquad (7.9)$$

于是，在 DU 满足随机误差项期望值为 0，并与解释变量相互独立等一系列假设条件时，模型（7.7）参数 β 的一致无偏有效估计为：

$$\hat{\beta}_{CV} = (X'DX)^{-1} X'DY \qquad (7.10)$$

事实上，D 左乘模型（7.7）就消除了截距项的个体效应 α_i 和时间效应 γ_t。

按照 Wallace 和 Hussian（1969）的研究，双向固定效应模型为：

$$Y = l_{NT}\delta + \lambda \otimes l_T + (l_N \otimes I_T)\gamma + X\beta + U \qquad (7.11)$$

其中，$\lambda = (\lambda_1 \lambda_2 \cdots \lambda_N)'$，$\gamma = (\gamma_1 \gamma_2 \cdots \gamma_T)'$。

当 λ 是确定性个体效应，并且 $\sum_{i=1}^{N} \lambda_i = 0$，γ 是确定性时间效应，并且 $\sum_{t=1}^{T} \gamma_t = 0$ 时，基于模型（7.11）可以分离出时点、个体和共同因素对被解释变量的固定效应 δ、λ 和 γ：

$$\hat{\delta} = \bar{y} \cdots - \bar{X} \cdots \hat{\beta}_{CV} \qquad (7.12)$$

$$\hat{\lambda}_i = (\bar{y}_{i\cdot} - \bar{y} \cdots) - (\bar{X}_{i\cdot} - \bar{X} \cdots)\hat{\beta}_{CV} \qquad (7.13)$$

$$\hat{\gamma}_t = (\bar{y}_{\cdot t} - \bar{y} \cdots) - (\bar{x}_{\cdot t} - \bar{x} \cdots)\hat{\beta}_{CV} \qquad (7.14)$$

（四）相关变量及数据的说明

全要素生产率的影响因素较多，为了防止出现多重共线性并保证自由度我们只能选取研发、人力资本、对外贸易、外商直接投资及工业化等有限的几个主要影响因素进行计量分析。我们选取研发费用支出与 GDP 比率（R）来表示研发投入变量。《中国科技统计年鉴》仅提供了 1998～2010 年的研发费用支出数据，而研发投入又是研究全要素生产率影响因素又不得不考虑的变量，因而我们的研究期限只能缩短为 1998～2010 年。人力资本（h）我们采用各省区人均受教育年限来表示，进出口变量我们分别选取进口占 GDP 的比重（M）和出口占 GDP 的比重（X）来表示，利用外资情况用外商直接投资占 GDP 比重（FDI）来表示，工业化（ind）用各省区工业总产值占全国工业总产值的比率来表示。以上数据均来自历年中国统计年鉴和各省区统计年鉴。

（五）实证结果分析

利用双向固定效应模型我们对环境全要素生产率影响因素进行了回归，结果如表 7-1 所示。由表 7-1 可知，研发对环境全要素生产率水平及增长率都具有显著线性影响。这主要是因为研发活动能够生产出所需的技术知识，通过对研发投资创造出新设计、新发明、新工艺、新产品以及新技术等，促成了新资本品如机器设备的产生或使原有资本品升级，提高了生产中所使用的资本品的技术水平及生产效率，从而形成知识和技术因素推动经济效率增长的内在过程。研发投资不仅可以产生新的知识和信息，而且可以增强企业吸收现有知识和信息的能力，促进知识和技术的外溢，即研发投资具提高创新能力和吸收能力的两面性（张海洋，2005），而这对于促进环境技术进步和提高环境全要素生产率都具有非常重要的意义。由表 7-1 可以看出，人力资本对环境全要素生产率提高具有正向作用，但这种作用并不显著，这可能与我国当前的人才培养模式有关。改革开放以来，我国各类教育培养了大批的人才，但这些人才多数都是理论性人才，技能型人才特别是高层次的技能性人才缺口较大，这在一定程度上妨碍了我国环境全要素生产率的提高。

表 7 - 1　环境全要素生产率影响因素的固定效应模型回归结果（1998 ~ 2010 年）

变量	TFP（环境全要素生产率水平）		TFPR（环境全要素生产率增长率）	
	系数	t 检验值	系数	t 检验值
C	1. 437	1. 728	0. 730 *	4. 851
R	4. 468 *	5. 564	0. 946 *	6. 602
h	0. 717	1. 627	0. 140	1. 753
M	0. 132	0. 166	− 0. 174	− 1. 215
X	0. 189 **	3. 196	0. 332 **	2. 908
FDI	0. 415 *	3. 099	1. 170 **	2. 548
ind	− 1. 745	− 1. 043	− 0. 044 *	− 3. 443
调整 R^2	0.483		0.621	

注：* 、** 分别表示在 1% 、5% 显著水平上通过检验；表中数据由笔者用 Eviews7.0 软件计算得到。

由表 7 - 1 可知，进口对环境全要素生产率水平的提高具有不显著的正向影响，而对环境全要素生产率增长率则具有不显著的反向影响。这因为进口虽然能够在一定程度上提高我国的技术装备水平，但核心的关键技术我们始终是难以引进的，同时过多依赖外国的进口也会影响技术研发的投入，从长期来看，这样会使我国的技术进步缺乏后劲，致使环境全要素生产率的增长速度放缓。

表 7 - 1 结果显示出口对环境全要素生产率的提高可以产生促进作用。出口对全要素生产率的促进作用可以从宏观和微观两个层面进行解释。从宏观层面来看，出口能够带来规模经济效应。出口贸易所带来的规模经济效应主要是指随着市场的扩大而带来的规模经济报酬递增效应以及由于出口"干中学"而带来的动态规模经济效应。这些效应可以促进出口国生产率的增长。从微观层面来看，一方面，出口能够产生促进效率提高的学习效应，即通过国际接触，企业可以获得新的生产技术、新的产品设计等，从而提高企业生产率；另一方面，出口还可以产生要素重新配置效应，即出口市场存在进入成本，这些成本对不同生产率企业的影响是不同的，从而引起企业之间利润和资源的再分配。只有效率较高的企业可以从出口市场获得较高的市场份额和利润。而效率较低的企业的市场份额和利润都将减少，从而贸易促使这些效率较低的企业退出市场，资源转移到行业内效率较高的企业，从而促进整个产业生产率的提

高。另外，出口贸易形成的国际竞争对环境全要素生产率的效应也很重要。贸易开放使得国内企业面临更多的市场竞争压力，可以促使企业更多地开展重组以及技术创新活动，而这种活动对企业所处产业的环境全要素生产率也会产生积极的影响（何元庆，2007）。

由表 7-1 回归结果还表明，外商直接投资对我国环境全要素生产率水平及增长率都具有较显著的促进作用，这一影响可以从多方面得到解释。跨国公司的"以技术优势换取市场优势"的策略，使外商直接投资带来了一批先进适用的技术，填补了我国许多产品技术空白。随着生产和市场国际化的加强以及国际技术竞争的加剧，跨国公司的技术创新也越来越呈现出国际化趋势。许多跨国公司把研发基地的重点转移到了我国，这无疑为我国掌握和研究最新技术提供了契机。技术要素显著的外部经济通过扩散、模仿、传播等方式带动了我国相关产业技术水平的提升。另外，外资在我国市场的竞争、战略计划，对我国企业改革和机制转换都提出了新的内容和挑战，有利于打破国内长期存在的经济和体制垄断，从而提高我国企业的生产效率和产品质量。

由表 7-1 还可以看到，工业化对我国省区环境全要素生产率的提高产生了阻碍作用，这一结果并不难理解。工业发展可以为技术进步提供必要的社会环境和主要载体，从而促进社会环境全要素生产率的提高，但我国工业化是一个粗放型的过程，在工业飞速发展的同时，也导致了严重的环境污染和生态破坏，工业化的资源环境代价十分巨大，从而又极大降低了社会环境全要素生产率水平及其增长速度。因而对我国来说，走科技含量高、经济效益好、资源消耗低、环境污染少以及人力资源优势得到充分发挥的新型工业化道路迫在眉睫。

二、美国、日本区域协调发展政策实践及启示

区域经济发展不平衡是当今世界普遍存在的问题，也是各国政府宏观调控的一个重要目标。作为发达的资本主义国家，美国、日本在经济高速增长时期，都曾遇到过区域经济发展差距过大的问题，经过长期的探索和努力，两国都找到了解决这一问题的方法，并形成了各具特色、行之有效的政策体系。自改革开放以来，随着国民经济的快速增长，我国的地区差距也呈现出了扩大态势。地区差距的扩大不但会阻碍国家整体经济实力的进一步提升，而且也会影响社会的繁荣和稳定。因而，缩小地区差距，实现区域经济协调发展，已成为

我国政府谋求解决的重大课题。美国、日本是世界上解决区域经济差距问题较为成功的国家，学习借鉴这两个发达资本主义国家的成功经验，对于实现我国的区域协调发展战略有着十分重大的意义。

（一）美国、日本区域经济差距的历史考察

美国历史上曾是一个区域差距较大的国家。美国国情普查局根据相关经济指标将美国分为东北部、中北部、南部和西部，其中东北部和中北部也合称北部，是美国资本主义的发源地，这里气候寒冷，不利于农业耕作和作物生长，但是煤、铁、木材、水等自然资源较为丰富，因而成为美国最早的工场手工业的集中地。再加上其地处整个英属北美殖民地的东北端，比其他殖民地更接近于欧洲大陆和英国，因而在大西洋航运和贸易中居于有利地位。这就确立了该地区在全国经济发展中的领先地位，逐渐形成了完备的工业体系，巨大的商业规模，丰富的人力资源以及配套的基础设施。第二次世界大战初期，这一地区面积占全国的15%，人口占全国的1/2，工业生产占全国工业生产的3/4。美国南部资源丰富，但经济发展水平历来都落后于其他地区。尤其是内战以后，南部的政治地位渐衰，与其他地区的经济差距日益扩大，逐渐沦落为美国的黑暗地带和边缘地带。直到"二战"前，这里仍以贫困、落后、种族歧视、人口外流而著称。美国历史上的"西部"最初是指从阿巴拉契亚山到密西西比河之间的地带，习惯上称为"旧西部"。后来，随着领土的扩张，密西西比河以西的地区也被划为"西部"，其中，密西西比河至洛基山脉之间的地带被称为"新西部"，洛基山脉至太平洋沿岸之间的地带为"远西部"。大开发初期的美国西部十分落后。这里地域辽阔，人烟稀少，处处荒野高山，交通十分不便，产业结构也非常单一，主要是农业和初加工业，而且生产手段落后。由于过度的垦荒和对森林的大量砍伐，美国西部水土流失也非常严重，各种自然灾害频繁发生。

日本也存在着严重的区域间发展不平衡问题，其中最为突出的是以东京为中心的三大城市经济圈和过疏地区之间的两极分化。20世纪50年代后期以来，随着新的产业政策的推进，大量重化工业的设备投资在环太平洋带状地区进行，东京、大阪和名古屋三大城市圈成为全日本的政治、金融、研究开发、信息中心和生产流通管理的中枢地区。20世纪90年代以来，在信息化和经济全球化的潮流中，这些地区又得到进一步发展。三大城市圈过度膨胀引发了城市"过密问题"（如地价高涨、交通堵塞、环境污染、犯罪率上升等）和一些

地区的"过疏问题"，即当地人口向大城市急剧流失，影响了本地社会经济的正常运行，导致经济衰退。与三大城市圈的高附加值产业相比，过疏地区产业不仅规模小，而且缺少有竞争力的产业支撑。过疏地区与其他地区相比人均收入水平也有很大差距，1994 年，岛根、高知、宫崎、鹿儿岛等地的人均收入水平也只有东京的 52% 左右，最低的冲绳只相当于东京的 48%。

（二）美国、日本区域协调发展的实现

美国、日本的中央和地方政府高度重视对落后地区的调控，通过采取一系列开发与再开发的措施，对欠发达地区的发展进行统一规划和指导，并给予资金上的支持和法律上的保障。两国区域发展政策的实施有效地解决了地区差距过大的问题，各大区域的经济形成了协调发展的局面。

1. 美国、日本区域协调发展政策的制定与实施

美国采取的是"市场重心"的区域协调发展模式，其协调战略立足于市场，市场机制是政府解决区域差距问题首要工具。而日本采取的则是"政府重心"的协调模式，区域协调的手段带有强烈的政府色彩，政府的角色非常重要。尽管美国、日本的协调模式侧重点有所不同，但他们实施的区域发展政策却有很多相似之处。

（1）制定区域发展规划，建立健全区域发展的法律制度和管理机构。

美国政府通过严格的立法并成立专门的执法、管理机构来援助欠发达地区经济发展，如国会于 1933 年通过了《麻梭浅滩和田纳西河流域发展法》，并依法成立了田纳西河流域管理局，专职领导、组织和管理田纳西河和密西西比河中下游一带的水利综合开发和利用，目的涉及改善河道、控制洪水、促进绿化、开垦和重新指导利用边缘土地、生产化肥、发电等方面。1965 年，美国国会通过《阿巴拉契亚地区发展法》，并依法成立了阿巴拉契亚区域委员会，负责制定地区发展总体规划，确定优先发展领域，并通过财政援助和技术服务等途径，促进地区经济的增长。另外，美国政府在 20 世纪 60～90 年代还颁布了《地区再开发法》、《公共工程与经济发展法》和《联邦受援区和受援社区法》等多个法案，这些法案的颁布和实施以及专门管理机构的建立，对落后地区的发展起到了极大的促进作用。

日本是个法制完备的国家。先立法，计划与立法相结合是日本开发落后地区的成功经验之一。在日本经济发展的各个阶段，对落后地区的开发都首先始

于立法，其法律大体上分为全国性大法和地方法。全国性的法规有《国土综合开发法》（1950 年）和《国土利用计划法》（1974 年）；地方性法规则多达184 种，如《北海道开发法》、《孤岛振兴法》、《东北开发促进法》等。这些根本法和专项法律一道构成了完备的区域发展法律体系，为日本区域经济协调发展提供了制度保障。面对经济空间布局的"过密"、"过疏"问题，1962 ~1977 年，日本先后通过三个全国综合开发计划，重点开发建设经济落后地区，促进区域经济协调发展。为了使相关法律规划能够有效实施，日本政府还成立了专门的区域发展管理机构，如北海道开发厅和冲绳开发厅，这种中央级的开发机构有利于中央各部门的综合协调，而且能保证中央的开发意图在地方的实现。

（2）通过财税金融政策支持欠发达地区经济发展。

财税政策是美国政府援助欠发达地区的重要手段之一。其具体做法是政府从经济发达的东北部、中北部征集巨额税收，通过财政支出的各个渠道，将相当一部分资金用于南部和西部的经济发展，仅 1975 年就有 106.39 亿美元的资金从东北部和中北部流入西部地区。1984 年，联邦政府用于国内的 6995.28亿美元财政支出中，南部占 34.5%，西部占 22.6%，东北部仅占 21.6%，中北部占 21.3%。美国政府还实行优惠的税收政策。"二战"后，美国南部、西部的税负始终低于东北部和五大湖地区。克林顿政府 1993 年颁布的《联邦受援区和受援社区法案》规定，政府拨款 25 亿美元无偿用于税收优惠。为了进一步激励资本向落后地区流动，联邦政府还扩大了州和地方政府的税收豁免权。州政府也积极利用减免税政策，如康涅狄格州对到贫困地区投资的企业减免所得税 5 年，再投资将继续享受税收优惠。为了鼓励企业对欠发达地区投资，政府对在欠发达地区投资的企业提供低息贷款，贷款数额最高可达土地、建筑以及机器和设备总成本的 65%，贷款期限最长可达 25 年以上。

财政转移支付是日本区域经济政策中最基础、最重要的手段，如政府给予北海道的开发项目补贴均高于其他地区、1995 年在港口建设上多补贴 35%、公路及其他基础设施建设多补贴 18% 等。另外，日本政府还采取减免税收、价格补贴等措施，促进"过疏"地区的经济发展，保证每一位日本公民不会因经济水平的地区差异而影响其基本生活。在金融手段方面，日本通过政府的金融机构以优惠贷款方式向落后地区提供援助，同时在政府金融体系的 10 个公库中，设立两个直接服务地于落后地区的开发公库，即"北海道东北开发公库"和"冲绳振兴金融开发公库"。

（3）增加落后地区公共物品投资。

美国政府通过增加公共物品投资来促进落后地区经济发展。①全国公路网建设。目前美国已经形成纵横交错、连接各地的州际高速公路干线网络，占全世界高速公路里程的2/3，另外还有60多万公里的支线公路。②全国信息网络建设。最近20多年来，美国政府特别重视信息高速公路建设，全国乃至全球的经济、科技等信息各地区均能享受，为一些落后地区和老工业基地及时掌握市场信息、发展高新技术产业创造了条件。③环境保护。联邦政府制定了比较完整的环境保护法规和政策，各地区经济发展项目无论大小均要进行环境影响评价。④基础教育。美国从小学、中学到州立大学基本实现义务教育，州政府每年财政支出的85%用于教育，联邦政府的教育支出主要用于落后地区。

日本中央和地方的财政支出很大部分是用于交通、信息系统的建设，把加快和加强基础设施的建设工作作为区域开发的突破口。地方政府主要负责城市间的干线和支线的道路建设，而中央政府成立的国家控股的"道路公团"，重点承建跨地区的干线道路和高速公路。近年来，日本的高速公路不断向偏远的欠发达地区延伸，加强了这些地区和东京等大城市的经济联系，为推动欠发达地区的经济发展发挥了巨大的作用。为了满足民众对高级化、多样化的国际信息通信服务的需求，日本政府于2000年7月成立了信息通信技术战略本部，并制定了《建立高度信息通信网络社会基本法》，加强了对高度信息通信技术研究开发的指导和支持。日本政府十分重视改善落后地区的文化教育条件。为了振兴落后地区的教育，国家和地区政府逐年增加教育投资，同时国家还对都道府县及市町村政府的教育经费支出补助50%。

（4）以技术创新和产业结构调整促进落后地区经济发展。

美国南部和西部地区在很长时间内工业基础非常薄弱，但另一方面，这里土地廉价、资源丰富、气候温和、劳动力价值相对便宜，非常适合高新技术工业的发展。"后冷战"时期，美国大量的军工企业转为民用，西部和南部地区抓住这个契机，迅速发展了宇航、原子能、计算机网络、生物工程为代表的高新科技产业，新技术的研制和应用，不仅大大提高了劳动生产率，而且极大地加快了本地区产业结构升级换代的步伐。美国几个著名的高新技术工业科研生产基地，如加州的"硅谷"、北卡罗来纳的"三角研究区"、佛罗里达的"硅滩"、亚特兰大的计算机工业等都位于西部和南部。高新技术科研基地的兴起使美国经济重心逐渐向西部和南部转移，从而在整体上实现了各大区域经济发展的均衡化。

日本于 20 世纪 70 年代后期提出"技术立国论",并在 1983 年 4 月颁布了《技术聚集城市法》。该法明确规定:技术聚集城市的建设必须在三大经济圈以外。政府指定了 26 个地区进行高技术聚集城市的建设,如宫崎、西播磨等地区。在九州,除了原来产业集中地福冈之外,各县都有技术聚集城市。日本政府这一举措强化了技术创新,促进了日本尖端产业的快速发展。高技术聚集城市所产生的创新扩散效应带动了欠发达地区经济的腾飞,实现了经济地域空间结构的合理化。

2. 美国、日本区域协调发展政策的实施效果

美国实施的区域协调发展政策是成功的。自罗斯福新政到 20 世纪 70 年代中后期,经过几十年的区域开发,美国南部的经济发展速度逐渐超过了东北部和中西部,由一个落后的边缘化区域崛起为美国阳光地带的核心区域。从 1950 年到 1977 年人均收入的变化情况来看,传统制造业带在人均收入的增长速度上远落后于南部各州。1950 ~ 1976 年,南部各州除了路易斯安那(381%)、佛罗里达(377%)和得克萨斯(363%)外,人均收入的增长率都高于 400%。同期,制造业带的平均增长率为 313%,低于全美平均水平(331%)。随着人均收入的较快增长,南部与其他地区的绝对差距逐渐缩小,其人均收入占全美平均水平的份额由 1940 年的 58%,提高到 1960 年的 72%,1970 年的 81% 和 1980 年的 85%。到了 20 世纪 80 年代,美国南部的田纳西河流域已是河网密布、群山碧绿、良田万顷、工厂林立的经济高度发达地区。1983 年,全流域工业总产值比开发初期增长了 20 倍,农业总产值增长了 17 倍,1990 年居民收入达 14803 美元,已接近全国平均水平,成为美国欠发达地区摆脱贫困的一个成功范例。美国早在 20 世纪 20 年代初,西部经济就赶超东部,实现了东、西部经济一体化和西部经济的腾飞。此后 60 年代的科技革命催生了西部的高技术产业并与西部国防工业紧密结合,进一步促进了西部经济的发展。80 年代初,美国西海岸与太平洋国家和地区的贸易额首次超过了东海岸与大西洋国家和地区的贸易额。西海岸的经济发展速度和城市化水平远远高于全国的平均水平,西海岸大都市区已经成为美国新的经济中心。由于南部和西部的快速发展,美国区域差距已大大缩小,到 80 年代末,全国已形成了各大区域相对均衡发展的局面。

经过几十年的开发建设,日本在缩小地区间差距上成效显著。日本"新

产业城市"和"工业特区"的"据点式"开发使当地工业迅速发展，产值增长率超过三大都市圈，同时当地基础设施建设也有了迅速发展，工业集聚度和居民收入分别超过和接近全国平均水平。日本的技术聚集城市建设也取得了很大的成功。1980～1990 年，日本全国工业产值的增长率为 0.95%，而 26 个技术聚集城市区则达到 6.69%，远远高于全国水平。尤为值得一提的是日本开发最为成功的北海道地区。过去的北海道曾是地广人稀和经济落后的地区，经过战后近半个世纪的开发，北海道已经实现了经济和社会的现代化。从产业结构上看，20 世纪 90 年代初，北海道第一产业占道内 GDP 比重为 5.5%（同一时期日本为 2.3%），第二产业占 GDP 比重为 24.6%（同一时期日本为 39.4%），第三产业占 GDP 比重为 69.9%（同一时期日本为 58.3%），产业结构基本上达到发达水平。特别是粮食生产、渔业产量和牛奶产量分别占到全国产量的 20%、29% 和 43%。从生活水平上看，1996 年，日本人均国民收入为 312.1 万日元，北海道人均收入为 285.7 万日元，只略低于东京等日本中心地带。从生活基础设施看，北海道在上下水道普及率、每十万人口医院数量和每百万人口图书馆和公众体育设施数量都超过了全国水平。

（三）对我国的几点启示

尽管我国的国情与美国、日本存在较大差异，但其成功实现区域协调发展的政策实践仍具有较大的借鉴价值。根据美国、日本开发欠发达地区的实践经验，并结合我国区域经济发展的实际情况，对我国当前及未来实现区域协调发展的政策措施提出以下思考和构想。

1. 加快区域经济立法步伐

美国、日本在解决区域经济不平衡问题时，国家的有关政策和措施很多都是以法律法规的形式出现的，如美国有专门的《地区再开发法》、日本有《过疏地区振兴特别措施法》等，这些法律法规的制定在制度上保证了经济开发的长期性、连续性和稳定性。而我国关于区域经济的法律和法规几乎是一片空白，这使区域政策的制定和实施带有较大的随意性和非连续性。因此，必须加快建立适合我国国情的区域政策法律体系的步伐，只有把促进地区经济协调发展提到国家法制建设的高度，才能使欠发达地区的振兴和发展有充分的法律保障。

2. 建立全国性的区域经济发展领导机构

发达国家政府为了保证区域开发和援助计划的顺利实施，一般都成立专门的组织管理机构，负责领导、组织、协调落后地区的开发，同时制定区域政策并监督区域政策执行情况。如美国政府为开发田纳西河流域而设立的跨地区的开发管理委员会和日本政府设立的"北海道开发厅"等。因而，我国也应设立国家级有权威的区域经济领导机构，加强组织机构建设，并通过法律制度建设，明确界定中央政府和地方政府的权责范围，保障国家关于区域协调发展政策的出台和顺利实施。

3. 建立健全区域发展的财政金融支持体系

从美国、日本两国的经验来看，中央政府对落后地区的财政金融支持在缩小地区经济差距中的作用是非常大的。因此，为了更好地支持欠发达地区经济发展，有必要从以下几个方面来完善我国的财政金融支持体系：①在强化中央政府财政的基础上，坚持科学合理、透明规范的原则，建立统一规范的财政转移支付制度，增加对不发达地区政府间的转移支付补助；②深化税制改革，建立起具有区域调节功能的税收体制，完善中央与地方分税制，充分发挥税收杠杆在统筹区域发展中的作用；③设立国家区域共同发展基金，对问题区域实行支持性政策等；④以较优惠的信贷条款、较低的利率以及提供信用担保等方式来支持落后地区的企业融资、项目融资，并通过多种途径拓宽落后地区的融资渠道。

4. 加强落后地区的基础设施建设

基础设施是生产力赖以建立和发展的基本条件，美国、日本对落后地区的开发都是以建设交通、通信、电力等基础设施为突破口的。我国欠发达地区经济发展的一个主要的制约因素就是基础设施建设落后。因而，为了实现我国区域的协调发展，国家应按照"先行建设，适度超前"的方针，进一步加大对中西部落后地区的交通、水利、电网等基础设施的投资力度，同时积极推进基础设施投资主体的多元化，合理应用经济杠杆促进基础设施建设，进一步完善价格运行机制，采用支持性价格政策筹集建设资金，并坚决贯彻落实"受益者负担，投资者受益"的原则。

5. 以人为本，大力开发人力资源

优先发展教育，提高劳动者的素质，开发利用人力资源，是美国、日本推进国家工业化进程，促进区域协调发展的重要战略措施。所以，我国政府应加大对中西部落后地区的教育投入，普及基础教育，加速普及中等教育和农村工业化发展所需的中等职业教育，重点扶持基础较好的高等院校。同时，东部地区要建立"中西部技术人才培训"工程，每年无偿为中西部地区培训一定数量的懂技术、会管理的人才，以便尽快提高我国中西部地区的科技水平。另外，还可以通过企业合作和引进外资等方式，实现劳动者的跨区域流动，吸引外地人才到欠发达地区落户。

6. 以科技创新为动力，促进产业结构的优化升级

一般而言，在各种投入大体相同的情况下，一个地区能否获得相对较快的发展，主要取决于它是否拥有较为有利的产业结构。我国可以借鉴日本"技术立国"的经验，在调整中西部地区产业结构中，实施高起点、跨越式的产业调整战略，从重点开发自然资源转向开发人力资源和知识资源，把高新技术、信息产业作为未来发展的战略产业，使知识要素成为加快落后地区发展的最主要的推动力。经济落后地区还应从全球经济化的角度来考虑产业结构的调整，建立起与国际经济相协调的产业结构体系。

三、促进我国区域协调可持续发展的对策

本书通过实证分析发现中国省际经济差距主要是由环境全要素生产率的地区差异造成，这一结论有着非常重要的政策含义。我国长期以来实行的是粗放型经济发展方式，这种发展方式使我们面临着较大的资源环境压力，影响了经济发展的可持续性。环境全要素生产率是促进经济长期持续快速增长的重要力量，像我们这样一个人均资源比较匮乏、经济发展相对落后的国家更应该重视其作用，努力提高其水平。重视环境全要素生产率，努力提高环境全要素生产率水平，充分发挥其对经济发展的促进作用，对于当前贯彻落实科学发展观，实现我国经济发展方式的转变，从而最终实现经济社会的全面协调可持续发展具有极其重大的现实意义。

首先，重视提高环境全要素生产率有利于建设创新型国家。建设创新型国

家的关键是提高自主创新能力，而提高自主创新能力的关键是人才。环境全要素生产率主要反映了技术进步、技术创新和劳动者素质的提高对经济增长的贡献，重视环境全要素生产率就是重视科技和人才。提高环境全要素生产率实际上就是要求我们更多依靠增强技术、管理等方面的自主创新能力和提高劳动者素质，推动经济的快速平稳发展，从而实现我国经济社会发展由资源驱动向创新驱动的战略性转变。

其次，重视提高环境全要素生产率有利于产业结构的优化升级。产业结构是资源配置的结果，产业结构优化升级就是优化资源在各产业部门间的配置比例和提高配置效率，因而，产业结构调整的主要任务就是改善资源的配置效率。而资源配置效率是环境全要素生产率所强调的一个重要内容，提高环境全要素生产率就意味着提高资源配置效率，而资源配置效率的改善则可以进一步促进产业结构的优化升级。

再次，重视提高环境全要素生产率有利于保护生态环境，实现经济的可持续发展。长期以来我国实行的是高投入、高消耗、高污染、低效益的粗放式经营方式，当前有限的物质资源和不断恶化的生态环境对经济发展已构成严重制约，过去的粗放型经济发展方式已难以为继。提高环境全要素生产率则意味着促进经济增长由主要依靠增加物质资源消耗向主要依靠科技进步、劳动者素质提高和管理创新转变。这对于当前建设资源节约型、环境友好型社会，增强经济社会可持续发展能力具有十分重大的意义。

最后，重视提高环境全要素生产率有利于缩小地区经济差距。自改革开放以来，随着国民经济的快速发展，我国的地区差距呈现出了扩大态势。地区差距的扩大固然有投入要素积累差异的原因，但环境全要素生产率差异也是造成地区差距扩大的一个重要因素。较中西部而言，东部地区对外开放程度高、技术管理水平高、资源利用效率高，这些有利因素决定了其具有较高的环境全要素生产率水平，从而也就有较快的经济增长速度。因而，要缩小我国地区差距，实现区域经济协调发展，中西部地区在适度增加投入的同时，要更加重视技术、管理等非投入因素对经济发展的推动作用，通过提高环境全要素生产率水平来实现对发达地区的"追赶"。

基于本课题研究结论并借鉴美国、日本区域协调发展的成功经验，笔者认为，要缩小我国地区经济差距，实现区域协调可持续发展，广大中西部落后省区必须在经济体制、绿色化发展、技术创新、人力资源开发、对外经济活动以及工业化和城市化等方面采取相应的政策措施来提高其环境全要素生产率。

第一，进一步深化制度和体制方面的改革。

首先，政府应加快健全宏观调控体系，重点搞好宏观规划、政策制定和指导协调，进一步退出微观经济领域，积极推进政企、政资、政事、政府与市场中介组织分开，更多地运用经济手段和法律手段调节经济活动。要继续深化改革，加快市场经济体制建设步伐。在市场经济条件下，要素投入的节约，要素质量的提高以及新技术的开发和采用，都会成为企业的自觉行为。因为企业具有硬的预算约束，投资者和经营者分别承担投资和经营风险。市场竞争的压力、企业破产的压力会迫使企业从自身利益上对使用各种要素的成本和收益进行权衡，主动地改进生产技术、改善经营管理，从而提高了环境全要素生产率。其次，市场化改革有利于打破各种要素和资源的流动壁垒，促进技术的扩散和资源配置效率的改善，这也有利于环境全要素生产率水平的提高。因而，要提高环境全要素生产率就必须继续深化改革，完善社会主义市场经济体制，培育市场功能，增强市场在配置资源中的基础性作用，增强市场机制对技术进步和节能降耗的激励和"倒逼"效应。要继续深化国有企业改革，进一步探索公有制特别是国有制的多种有效实现形式，寻找适合中国国情的产权制度安排，大力推进企业的体制、技术和管理创新，以提高企业效率水平和竞争力。同时还要注意积极推动各种非公有制经济和中小企业的发展，增强其参与市场竞争、增加就业、发展经济的活力和竞争力。要通过降低市场进入壁垒和恰当地发挥政府的管制作用来减少行业垄断，促进竞争，从而实现市场结构的优化和经济效率的提高。

第二，加强生态环境建设。

促进地区经济的绿色化发展是提升地区环境全要素生产率的重要环节。我国落后省区首先要在科学发展观的指导下，一是要树立绿色发展理念，进一步加强生态环境建设，促进环境与经济的协调发展；二是要建立绿色经济核算体系和以此为基础的地方政府政绩考核制度，促使政府转变政绩观，实现地方经济的绿色发展和可持续发展；三是要通过加大投入、建设平台、建立机制来促进节能减排生产技术的研发与应用，充分发挥绿色技术拉动经济增长的作用；四是我国省区特别是中西部省区要注重地方产业结构的转型升级，大力发展节能环保产业。同时也要积极向国外和发达地区学习先进的生产技术和管理经验，引进节能环保设备，实现生产的适度规模化发展，促进地区环境技术效率的提升和地区经济差距的缩小。

第三，加大研发投入，推动技术创新。

研发投入，技术创新对提高区环境全要素生产率，进而增强区域经济实力和竞争力具有直接而有效的作用。环境技术进步和技术创新对提高环境全要素生产率作用巨大，而在当今的国际竞争格局中，真正的核心技术和关键技术是买不来的，因而要全面提高我国的环境全要素生产率就必须走出一条具有中国特色的自主创新之路。为此，国家应该从整体上加大对研发经费的投入力度，在营造有利于科技创新和人才成长的政策环境的同时，注意引导鼓励企业增加对研发经费的投入，大力推动产学研相结合，实现科技成果产业化。为此，应引导和促进高等学校、科研单位创办高新技术企业，支持其与有实力的大企业进行联合和重组，共建技术中心，联合开发新产品，优化高新技术成果转化机制，逐渐形成以发展生产力为中心，以企业为主体，研究开发生产一体化的新体制。另外还要积极拓宽研发和技术创新的投资渠道，建立创业风险投资基金，引导社会资金投向科技研发和科技成果产业化，使科技成果转化得更快，效益更好。同时政府应在金融、税收、信贷等方面制定鼓励技术创新、成果转化以及高新技术产业化发展的优惠政策，引导企业加快技术创新，特别是自主创新。对于中西部落后地区，政府和企业在增加研发资金投入的同时，还应注意保持研发人员队伍的稳定。

第四，大力实施人力资源开发战略。

人才是提高环境全要素生产率的关键，广大落后省区应优先发展教育事业、大力开发人力资源，为本地区提供雄厚的科研型、技能型和综合型后备人才队伍，构建科技创新人才高地。为此，我国政府应加大对中西部落后省区的教育投入，普及基础教育，加速普及中等教育和农村工业化发展所需的中等职业教育，重点扶持基础较好的高等院校。同时要建立多种形式的专业和技能培训学校，加强对广大农民和职工的教育培训。另外，由于企业家是进行要素组合和开展创新活动的组织者，所以培养和造就企业家、加快企业家职业化进程，也应成为人力资本投资的一个重点。同时，东部地区要建立"中西部技术人才培训"工程，每年无偿为中西部地区培训一定数量的懂技术、会管理的人才，以便尽快提高我国中西部地区的科技水平。另外，还要通过各种企业合作、引进外资、优惠政策和条件来实现劳动者的跨区域流动，吸引外地人才到欠发达地区落户，以提高落后地区的技术管理水平，缩小与发达地区在环境全要素生产率上的差距。最后，落后地区还要注意利用人力资本的外溢效应带动产业结构的调整，促进人才的吸引和聚集，形成人力资源开发战略与国家或地区产业发展战略相互协调、相互促进的良性互动局面。

第五，积极发展外向型经济。

实证结果表明，外贸和外商直接投资也有利于促进环境全要素生产率的提高。为此，落后省区应进一步扩大对外开放，大力发展对外贸易，特别是出口贸易，努力提高出口产品的质量和技术含量，通过在激烈的国际市场竞争中所产生的学习效应和规模经济效应，不断地提高生产管理经验，实现技术效率的显著提升。30 多年的改革开放为我国的社会主义建设事业带来了日新月异的变化，我们要继续推进对外开放进程，以合作、参股等多种形式努力吸引外国的直接投资，注意引进具有较强技术实力的跨国公司，并在此过程中以培训和技术合作等方式学习外国的先进技术和管理经验，通过消化、吸收进行创新和再提高。我国省区特别是落后省区要努力扩大吸收外资规模，进一步优化利用外资结构，鼓励外资重点投向高新技术产业、先进制造业、现代服务业、现代农业和节能环保产业，促进产业结构的调整升级，增强外商投资的技术溢出效应。同时，落后省区还应积极探索和拓展吸收外资的新方式，鼓励外国投资者以并购、参股等多种方式参与国有企业改组改造，促进体制和机制创新。

第六，加快新型工业化城市化进程。

工业化需要聚集状态，只有人类活动集中才会降低工业生产成本，才会形成积聚效应。因此，城市化是工业化的必然产物。在工业化推动下发展起来的城市，具备较完备的工业体系，拥有较发达的交通通信网络，各种生产要素市场及服务业市场得到较好发展，配套产业较为齐全，这些因素将吸引企业进一步向城市集聚，促进城市化聚集效益作用的发挥和技术创新（达捷，2007）。可见，工业化对环境全要素生产率的促进作用在较大程度上体现在城市化对环境全要素生产率的作用上。有鉴于此，我国中西部地区应在坚持走新型工业化道路的原则下加快推进城市化进程，不断完善城市软环境和硬环境，为各类资源的集聚及技术创新和扩散创造必要条件。广大农村地区要通过乡镇企业的支撑、科学规划的指导、市场机制的调节，按照因地制宜，合理布局，突出特色，注重实效的原则大力推进农村小城镇建设。

四、可能的创新与不足

（一）研究特色及可能的创新

本书内容为探索性实证研究，其特色和创新性主要体现在以下 3 个方面：

1. 研究视角的独特性

从经济增长绿色分解视角研究中国省际经济差距的决定机制，从而探讨实现中国省区经济的协调可持续发展的路径选择。有关区域经济差距研究的文献众多，但从经济增长绿色分解和环境全要素生产率角度进行相关研究的文献却极为罕见。忽略环境因素研究地区差距问题是不客观的，也是与经济的全面协调可持续发展理念相背离的，因而从经济增长绿色分解视角研究中国地区差距问题，是对区域经济差距理论研究的一个新补充。

2. 研究内容的新颖性

将中国省区经济增长绿色分解和省际经济差距以及实现经济的协调可持续发展对策的研究结合起来，形成一个有机的全新研究体系。本书在中国省区经济增长绿色分解的基础上，研究中国省际经济差距的决定机制及扩散模式，并提出对策建议，这是对国内外相关研究的一个新拓展。

3. 研究方法的探索性

采用基于方向性距离函数的序列数据包络分析方法进行环境全要素生产率的测算，并进行经济增长源泉的分解，在此基础上，利用动态和空间计量方法分析各经济增长源泉对中国省际经济差距的影响和作用机制。国内外关于经济增长绿色分解和环境全要素生产率研究的文献很少，而从这一视角研究中国省际经济差距的形成机制的文献则更为罕见。本书利用虚拟增长分布法、空间收敛检验法、脉冲响应及滤波分析法对中国省区经济增长绿色分解结果进行相关测算，以探寻中国省际经济差距的演化模式和形成机制，这是对中国地区差距计量研究的一个新探索。

具体创新点表现在以下几方面。

（1）利用协整技术分析了省区要素投入、环境全要素生产率及劳均产出差距的长期均衡关系，运用脉冲响应分析和方差分解分析测度了各变量对省际经济差距的短期影响。计量结果显示,无论长期还是短期环境全要素生产率均是造成中国省际经济差距的主要原因。

(2) 在利用数据包络分析方法对环境全要素生产率进行分解的基础上,通过经济增长的四重分解模型测算了环境技术进步、环境技术效率、资本深化及人力资本积累对省区经济增长和省际经济差距的贡献和影响;在基于方向性距离函数的数据包络分析结果的基础上,利用核密度估计方法测度了要素投入、环境全要素生产率及其构成对省际经济差距的影响,同时还使用状态空间模型的卡尔曼滤波方法测算了各因素对省际经济差距的影响程度及动态变化趋势。结果发现,环境全要素生产率构成中的环境技术效率是导致省际经济差距的首要原因。

(3) 利用基于经济协动空间权重矩阵的 Moran's I 指数检验了省区劳均产出、环境全要素生产率的空间自相关性,并对其进行了基于空间面板数据的 β 收敛检验;对传统的 Maudos 模型进行了改进,建立基于空间面板数据的空间误差 Maudos 模型和空间滞后 Maudos 模型测度环境全要素生产率的收敛性对劳均产出收敛性的影响。研究结果表明,中国省区环境全要素生产率的收敛性决定着劳均产出的收敛性。

(4) 利用 Panel Data 固定效应模型测算了研发投入、人力资本、进口、出口、外商直接投资以及工业化水平等变量对中国省区环境全要素生产率水平、环境全要素生产率增长率的影响。结果发现,研发、人力资本、出口、外商直接投资对省区环境全要素生产率均有正向影响,是省区环境全要素生产率的主要来源。

(二) 不足与缺陷

(1) 数据的收集和处理方面还有许多不足,有待进一步完善。由于本书研究内容需要进行大量的计量分析,因而,数据的准确性至关重要。国家统计年鉴和省区统计年鉴有些指标的统计口径存在差异,而且个别数据还存在缺失的情况,这给我们的研究带来困难。

(2) 影响省际经济差距的因素很多,如产业结构、产业集聚、基础设施、生态环境、风俗习惯等,而本书未将这些方面纳入研究范围。

(3) 地区差距、环境全要素生产率和其他许多变量相互交织、相互影响、相互作用,形成一个复杂的经济系统,而本书所采用的研究工具是较为简单的、初步的,这些问题决定了本书研究工作的不足。

五、进一步的研究展望

本书利用省区面板数据，从环境全要素生产率的视角研究了中国省际经济差距问题，而影响地区差距的因素是多方面的，如政府效率、环境规制、产业集聚、产业结构、地理环境等，本书并没有考虑这些因素，这些方面将构成后续的研究内容。

参 考 文 献

[1] Abramoviz M. . Catching-up, Forging Ahead, and Falling Behind [J]. Journal of Eco-nomic History, 1986, 46 (2): 385 –406.

[2] Abramovitz M. . Resource and Out-put Trends in the U. S. Since 1870 [J]. America Economics Review, 1956, 46 (2): 5 –23.

[3] Aghion P. , Howitt P. W. . A model of growth through creative destruction [J]. Econometrica , 1992, 60: 323 –351.

[4] Aigner D. J, Chu S. F. . On Estimating the Industry Production Function [J]. American Economic Review , 1968, 58 (4): 826 –839.

[5] Aigner J. , Lovel K. , Schmidt P. . Formulation and Estimation of Stochastic Frontier ProductionFunction Models [J], Journal of Econometric, 1977, 16: 21 –37.

[6] Aiyar S. , J. Feyrer. A Contribution to the Empirics of Total Factor Productivity. Dartmouth College Working Paper No. 02 –09, 2002.

[7] Allan Rae, Hengyun Ma. Projecting China's Grains and MeatsTrade: Sensitivity to Agricultural Productivity Growth, Presented at International Agricultural Trade Research Consortium Annual General Meeting, Session, on Research Plan and Reports, San Antonio, Texas, 14 –16 December, 2003.

[8] Anselin L. . Spatial Econometrics: Methods and Models [M]. Dordrecht: Kluwer Academic, 1988.

[9] Aziz J. , Duenwald C. . China's Provincial Growth Dynamics [D]. IMF Working Paper , 2001, WP/01/3.

[10] Battese E. , Coelli T. . A Model of Technical Inefficiency Effects in Stochastic Frontier Production for Panel Data [J]. Empirical Economics, 1995, 20: 325 –332.

[11] Battese E. , Coelli T. . Frontier Production Functions, Technical Effi-

ciency and Panel Data: With Application to Paddy Farmers in India [J]. Journal of Productivity Analysis, 1992, 3: 153 – 169.

[12] Battese E. , Coelli T. . Prediction of Firm-level Technical Efficiencies with A Generalized Frontier Production Function and Panel Data [J], Journal of Econometrics, 1988, 38: 387 –399.

[13] Baumol W. J. . Productivity Growth, Convergence Welfare: What the Long-Run Data Show [J]. American Economic Review, 1986, 76: 1072 –1085.

[14] Benhabib J. , M. Spiegel. Human Capital and Technology Diffusion. Federal Reserve Bank of San Francisco Working Paper 03 – 02, 2002.

[15] Benhabib J. , M. Spiegel. The Role of Human Capital in Economic Development: Evidence from Aggregate Cross-Country Data [J]. Journal of Monetary Economics, 1994, 34 (2): 143 –173.

[16] Bernard A. B. , Durlauf S. N. . Convergence in international output [J]. Journal of Applied Econometrics, 1995, 10: 97 –108.

[17] Bin Xu, Jianmao Wang. Trade, FDI, and International Technology Diffusion [J]. Journal of Economic Integration, 2000, 11.

[18] Carlino, Gerald A. , Leornard Mills. Convergence and US States: A Time Series Analysis [J]. Journal of Monetary Economics, 1993, 32: 335 –346.

[19] Carlino, Mills L. . Convergence and the US states: A time-series Analysis [J]. J. Reg. Sci. , 1996b , 36: 597 –616.

[20] Caves D. W. , Christensen L. R. , Diewert W. E. . Multilateral Comparisons of Output, Input and Porductivity Using Superlative Index Numbesr [J], Economic Jounral, 1982, 92: 73 –86.

[21] Chow, Gregory C. . Capital Formation and Economic Growth in China [J]. Quarterly Journal of Economics , 1993, CVIII (3): 809 –842.

[22] Chow, Gregory C. China's Economic Transformation [M]. Oxford: Blackwell Publishers, 2002.

[23] Chung Y. , Färe R. , Grosskopf S. . Productivity and istance function approach [J]. Journal of Environmental Management, 1997, 51 (3): 229 –240.

[24] Cliff A. , Ord J. . Spatial Autocorrelation [M]. Pion, London, 1973.

[25] Coe D. T. , Helpman . International R&D spillover [J]. European

Economic Review, 1995, 39: 859 – 887.

[26] Comwell C. , P. Schmidt, R. C. Sickles. Production the Efficiency of Decision Making Units [J]. European Journal of Operational Research , 1990, 2: 429 – 444.

[27] D. Wallace, A. Hussain. The Use of Error Components Models in Combining Cross-section and Time-series Data [J]. Econometrica, 1969, 37: 55 – 72.

[28] Easterly W. . R. Levine. It s Not Factor Accumulation: Stylized Facts and Growth Models [J]. World Bank Economic Review2001, 15 (2): 177 – 219.

[29] Elhorst J. P. . Specification and Estimation of Spatial Panel Data Models [J]. International Regional Science Review, 2003, 26: 244 – 268.

[30] Fare R. , Primont D. . Multioutput Production and Duality: Theory and Applications [M]. Boston: Kluwer Academic Publishers, 1995.

[31] Fare R. , Grosskopf S. , Norris M. , Zhang Z. . Productivity Growth, Technical Progress, and Efficiency Change in Industrialized Countries [J]. American Economic Review, 1994, 84 (1): 66 – 83.

[32] Fare R. . Grosskopf, Shawna, Pasurka, Carl, Accounting for Air Pollution Emissions in Measuring State Manufacturing Productivity Growth [J]. Journal of Regional Science, 2001, 41: 381 – 409.

[33] Farrell J. . The Measurement of Productive Efficiency [J]. Journal of the Royal Statistical Society, 1957, 120: 253 – 281.

[34] Findlay R. . Relative Backwardness Direct Foreign Investment and The Transfer of Technology: A Simple Dynamic Model [J]. Quarterly Journal of Economics, 1978, 92: 1 – 16.

[35] Griliches Z. . Productivity, R&D, and Basic Research at the Firm Level in the 1970's [J]. American Economic Review, 1986, 76: 141 – 154.

[36] Griliches Z. . Research Expenditures, Education, and the Aggregate Production Function [J]. American Economic Review, 1964, 54 (6) .

[37] Hall R. , C. Jones. Why Do Some Countries Produce So Much More Output per Worker than Others? [J]. Quarterly Journal of Economics, 1999, 114 (1): 83 – 116.

[38] Huang Y. , X. Meng. China's Industrial Growth and Efficiency: A Comparison Between the State and TVE Sectors [J]. Journal of the Asia Pacific Economy, 1997, (2): 101 – 121.

[39] Huntel. Total Factor Productivity : A Short Biography [D]. NBER Working Paper, 2000 (1) .

[40] Jeon B. M. , Sickles R. C. . The Role of Environmental Factors in Growth Accounting [J]. Journal of Applied Econometrics, 2004, 19: 567 – 591.

[41] Jondrow J. , C. Lovell, I. Materov, P. Schmidt. On the Estimation of Technical Inefficiency in the Stochastic Frontier Production Function Model [J]. Journal of Econometrics, 1982, 19 (2/3): 233 – 238.

[42] Jones C. I. . Sourcees of U. S. EconomicGrowth in a World of Ideas [J]. Ameriean Eeonomie Review, 2002, 92 (1): 220 – 239.

[43] Jorgenson, Dale W. , Zvi Grillches. The Explanation of Productivity Change [J]. Review of Economic Studies, 1967, 34: 249 – 283.

[44] Kendrick J. . Productivity Trends in the United States [M]. New York: NBER, 1961.

[45] Klenow P. , A. Rodriguez-Clare. The Neoclassical Revival in Growth Economics: Has It Gone Too Far? [M]. in Ben S. Bernanke and Julio J. Rotemberg, eds. , NBER Macroeconomics Annual1997: 73 – 103. Cambridge, MA: MITPress.

[46] Koopmans T. . An Analysis of Production as an Effieient Combination of Activities , in T . Koop-mans (Ed.), Activity Analysis of Production and Allocation. New York, Wiley, 1951: 177 – 189.

[47] Krugman, Paul. The Myth of Asia's Miracle [J]. Foreign Affairs, 1994, 73 (November / December): 62 –78.

[48] Kumar S. . Environmentally Sensitive Productivity Growth: A Global Analysis Using Malmquist-Luenberger Index [J]. Ecological Economics, 2006, 56: 280 – 293.

[49] Kumbhakar S. . A parametric Approach to Efficiency Measurement Using a Flexible Profit Function [J]. Southern Econmic Journal , 1996, 63 (2): 473 – 487.

[50] Kumbhakar S. . Production Frontiers, Panel Data , and Time-varying

Technical Inefficiency [J]. Journal of Productivity Analysis , 1990, 5 : 171 – 180.

[51] Kutan A. M. , Yigit T. M. . Real and nominal Stochastic Convergence: Are the New EU Members Ready to Join the Euro Zone? [J]. Journal of Comparative Economics, 2005, (33): 387 – 400.

[52] Lin, Justin Yifu. Rural Reforms and Agricultural Growth in China [J]. American Economic Review, 1992, 82 (1): 34 – 51.

[53] Los B. , Timmer M. P. . The 'appropriate Technology' Explanation of Productivity growth Differentials: An Empirical Approach [J]. Journal of Development Economics, 2005, 77.

[54] Lu, Ding. Rural-Urban Income Disparity: Impact of Growth, Allocative Efficiency and Local Growth Welfare [J]. China Economic Review, 2002 (4): 419 – 429.

[55] MacDougall. The Benefits and Costs of Private Investment from Abroad: A theoretical Approach, Economic Record , 1960 , 36: 13 – 35.

[56] Mansfield E. . Rates of Return from Industrial Research and Development [J]. American Economic Review, 1965, 55: 110 – 122.

[57] Maudos J. , Pastor J. M. , Serrano L. . Convergence in OECD29 Countries: Technical Change, Efficiency and Productivity [J]. Applied Economics, 2000, 32: 757 – 765.

[58] Meeusen W. , Broeck J. , Van Den. Efficiency Estimation from Cobb-Douglas Production Functions with Composed Error [J], International Economic Review, 1977, 18: 435 – 444.

[59] Miller S. , M. Upadhyay. The Effects of Openness, Trade orientation, and Human Capital on Total Factor Productivity [J]. Journal of Development Economics, 2000, 63: 399 – 423.

[60] Nelson R. , E. Phelps. Investmentin Humans, Technological Diffusion, and Economic Growth [J]. American Economic Review, 1966, 56 (2): 69 – 75.

[61] Nishimizu M. , J. M. Page. Total Factor Productivity Growth, Technical Progress and Technical Efficiency Change: Dimensions of Productivity Change inYugoslavia, [J]. The Economic Journal, 1982, 92: 929 – 936.

[62] Pritchett L. Where Has All the Education Gone [J]. World Bank Economic Review, 2001, 15 (3): 367 – 391.

[63] Qi S.. Efficiency, productivity, national accounts and economic growth: A green view theory, methodology and application [D]. Dissertation for Ph. D, University of Minnesota, 2005.

[64] Quah D. T.. Empirical cross-section dynamics in economic growth [J]. EuroPean Econornic Review, 1993, 37: 427 – 443.

[65] Ravi K., Xiaobo Z.. Which Regional Inequality? The Evolution of Rural-Urban and Inland-Coastal Inequality in China from 1983 to 1995 [C]. Journal of Comparative Economics, 1999, (4): 686 – 700

[66] R. J. Barro, X. Sala-Martin. Convergence across States and Regions [C]. Brookings Papers on Economic Activity , 1991, (1): 107 – 158.

[67] Romer P. M.. Human capital and growth: theory and evidence [M], Carnegie Rochester Conference Series on Public Policy, 1990, 32: 251 – 286.

[68] Söderbom, Francis Teal. Openness and Human Capital as Sources of Productivity Growth: An Empirical Investigation Department for Internation Development of the UK Government, 2003.

[69] Shephard R. W.. Theory of Cost and Production Functions [M]. Princeton , Princeton Univ Press , 1970.

[70] Shi, Xinzheng. Empirical Researchon Urban-Rural Income Differentials: The Case of China. Forthing-coming [C]. CCER, Beijing University, 2002.

[71] Solow, Robert M.. Technical change and the Aggregate Production Function, Review of Economics and Statistics [J]. 1957, 39 (8): 312 –320.

[72] Tsui K. Y.. Economic reform and interprovincialinequalities in China [J]. Develop. Econ. , 1996, (50): 353 – 368.

[73] Wang Y., Yao Y.. Sources of China's Economic Growth 1952 – 1999: Incorporating Human Capital Accumulation [J]. China Economic Review, 2003, 14: 32 – 52.

[74] World Bank. China 2020: Development Challenges in the New Century [R], 1997.

[75] Wu, Yanrui. Is China's Economic Growth Sustainable? A Productivity Analysis [J]. China Economic Review, 2000, 11: 278 – 296.

[76] Yoruk B. , Zaim O.. Productivity Growth in OECD Countries : A Comparison with Malmquist Indices [J]. Journal of Comparative Economics, 2005,

33: 401 −420.

[77] Young A. . The Tyranny of Numbers: Confronting the Statistical Realities of the East Asian Growth Experience [J]. Quarterly Journal of Economics, 1995, 110 (3): 641 −680.

[78] Zhang, Xiaobo, Kanbur, Ravi. Spatial Inequality in Education and Health Care in China [C]. IFPRI paper, 2003.

[79] Zheng J. , A. Bigsten, Angang Hu. Can China's growth be sustained? a productivity perspective [J]. World Development, 2009, 37: 874 −888.

[80] 敖荣军. 美国南部地区的边缘化及其崛起的启示 [J]. 地域研究与开发, 2006 (2): 31.

[81] 蔡昉, 杨涛. 城乡收入差距的政治经济学 [J]. 中国社会科学, 2000 (4): 11 −22.

[82] 蔡昉, 都阳. 中国地区经济增长的趋同与差异——对西部开发战略的启示 [J]. 经济研究, 2000 (10): 30 −37.

[83] 蔡昉. 农村剩余劳动力流动的制度性障碍分析——解释流动与差距同时扩大的悖论 [J]. 经济学动态, 2005 (1): 35 −39.

[84] 曾国安. 论工业化过程中导致城乡居民收入差距扩大的自然因素与制度因素 [J]. 经济评论, 2007 (3): 41 −47.

[85] 陈安平, 李国平. 中国地区经济增长的收敛性: 时间序列的经验研究 [J]. 数量经济技术经济研究, 2004, (11): 31 −35.

[86] 陈诗一. 能源消耗、二氧化碳排放与中国工业的可持续发展 [J]. 经济研究, 2009 (4): 41 −55.

[87] 陈晓玲, 李国平. 我国地区经济收敛的空间面板数据模型分析 [J]. 经济科学, 2006 (5): 5 −17.

[88] 陈秀山, 徐瑛. 中国区域差距影响因素的实证研究 [J]. 中国社会科学, 2004 (5): 117 −129.

[89] 陈永清. 我国城乡居民收入差距演变的路径及原因分析 [J]. 经济评论, 2006 (4): 49 −53.

[90] 陈钊, 陆铭, 金煜. 中国人力资本和教育发展的区域差异: 对于面板数据的估算 [J]. 世界经济, 2004 (12): 25 −31.

[91] 程建, 连玉君. 中国区域经济增长收敛的协整分析 [J]. 经济科学, 2005 (5): 16 −24.

［92］程开明，李金昌．城市偏向、城市化与城乡收入差距的作用机制及动态分析［J］．数量经济技术经济研究，2007（7）：116－125．

［93］达捷．我国工业化与城市化协调发展研究［J］．经济体制改革，2007（2）．

［94］邓翔，李建平．中国区域经济增长的动力分析［J］．管理世界，2004（11）：68－76．

［95］丁琳，陈平．一个中国各地区经济增长的实证研究［J］．经济科学，1998（4）：46－54．

［96］［日］町田博．区域开发序论［M］．多贺出版有限公司，1994：124－125．

［97］董敏杰，李钢，梁泳梅．中国工业环境全要素生产率的来源分解——基于要素投入与污染治理的分析［J］．数量经济技术经济研究，2012（2）：3－18．

［98］范爱军，王丽丽．中国技术效率的地区差异与增长收敛——基于省际数据的研究［J］．经济学家，2009（4）：83－89．

［99］范剑勇，朱国林．中国地区差距的演变及其结构分解［J］．管理世界，2002（7）37－44．

［100］傅晓霞，吴利学．全要素生产率在中国地区差异中的贡献［J］．世界经济，2006（9）：12－21．

［101］傅晓霞，吴利学．中国地区差异的动态演进及其决定机制：基于随机前沿模型和反事实收入分布方法的分析［J］．世界经济，2009（5）：41－55．

［102］顾乃华，李江帆．中国服务业技术效率区域差异的实证分析［J］．经济研究，2006（1）．

［103］郭剑雄．人力资本、生育率与城乡收入差距的收敛［J］．中国社会科学．2005（3）：27－37．

［104］郭庆旺，贾俊雪．中国全要素生产率的估算：1979－2004［J］．经济研究，2005（6）．

［105］郭庆旺，赵志耘，贾俊雪．中国省份经济的全要素生产率分析［J］．世界经济，2005（5）：46－53．

［106］郭玉清，姜磊．中国地区经济差距扩散的源泉：资本深化还是效率改进？［J］．数量经济技术经济研究，2010（7）：38－52．

［107］郝睿．经济效率和地区平等：中国省际经济增长与差距的实证分析（1978～2003）［J］．世界经济，2006（2）：11－21．

［108］何枫．经济开放度对我国技术效率影响的实证分析［J］．中国软科学，2004（1）：48－52．

［109］何元庆．对外开放与 TFP 增长：基于中国省际面板数据的经验研究［J］．经济学（季刊），2007（4）：127－142．

［110］贺胜兵．考虑能源和环境因素的中国省级生产率研究［D］．华中科技大学博士论文，2009：17－18．

［111］侯风云，张凤兵．农村人力资本投资及外溢与城乡差距实证研究［J］．财经研究，2007（8）：118－130．

［112］胡鞍钢．未来经济增长取决于全要素生产率提高［J］．政策，2003（1）：29－30．

［113］胡霞．日本过疏地区开发方式及政策演变［J］．日本学刊，2007（5）：82－83．

［114］黄勇峰，任若恩．中美制造业全要素生产率比较［J］．经济学（季刊），2002（1）．

［115］贾小玫，周瑛．对缩小城乡收入分配差距的思考［J］．财经科学，2006（4）：76－81．

［116］靳贞来．城乡居民收入差距与农民增收［J］．农业经济，2006（1）：22－24．

［117］久玉林．中美西部开发比较研究［J］．开发研究，2003（3）：28．

［118］孔翔，Rorbert E. Marks，万广华．国有企业全要素生产率变化及其决定因素：1990－1994［J］．经济研究，1999（7）．

［119］匡远凤，彭代彦．中国环境生产效率与环境全要素生产率分析［J］．经济研究，2012（7）：62－73．

［120］李国柱．经济增长与环境协调发展的计量分析［M］．中国统计出版社，2007．

［121］李京文，钟学义．中国生产率分析前沿［M］．中国社会科学文献出版社，1998．

［122］李静，孟令杰，吴福象．中国地区发展差异的再检验：要素积累抑或 TFP［J］．世界经济，2006（1）：12－20．

［123］李静．中国省区经济增长进程中的生产率角色研究［D］．南京农

业大学博士论文, 2006: 81 - 84.

[124] 李玲, 陶锋. 中国制造业最优环境规制强度的选择——基于绿色全要素生产率的视角 [J]. 中国工业经济, 2012 (5): 70 - 81.

[125] 李胜文, 李新春, 杨学儒. 中国的环境效率与环境管制——基于 1986 ~ 2007 年省级水平的估算 [J]. 财经研究, 2010 (2): 59 - 68.

[126] 李实. 中国个人收入分配研究回顾与展望. 经济学 (季刊) [J], 2003 (2).

[127] 李伟娜, 金晓雨. 中国制造业的环境技术效率研究 [J]. 中国科技论坛, 2011 (2): 33 - 38.

[128] 李小平, 卢现祥, 朱钟棣. 国际贸易、技术进步和中国工业行业的生产率增长 [J]. 经济学 (季刊), 2008 (2).

[129] 林光彬. 等级制度、市场经济与城乡收入差距扩大 [J]. 管理世界, 2004 (4): 30 - 40.

[130] 林光平, 龙志和, 吴梅. 我国地区经济收敛的空间计量实证分析 1978 ~ 2002 [C]. 第四届经济学年会入选论文.

[131] 林光平, 龙志和, 吴梅. 中国地区经济 σ - 收敛的空间计量实证分析 [J]. 数量经济技术经济研究, 2006 (4): 14 - 20.

[132] 林毅夫, 蔡昉, 李周. 中国经济转型时期的地区差距分析 [J]. 经济研究, 1998 (6): 3 - 10.

[133] 林毅夫, 刘明兴. 中国的经济增长收敛与收入分配 [J]. 世界经济, 2003 (8): 3 - 14.

[134] 林毅夫, 刘培林. 中国的经济发展战略与地区收入差距 [J]. 经济研究, 2003 (3): 19 - 25.

[135] 刘建芳. 美国的区域经济政策及其启示 [J]. 东南大学学报, 2002 (1): 69.

[136] 刘强. 中国经济增长的收敛性分析 [J]. 经济研究, 2001 (6): 70 - 77.

[137] 刘瑞翔, 安同良. 资源环境约束下中国经济增长绩效变化趋势与原因分析 [J]. 经济研究, 2012 (11): 34 - 46.

[138] 刘文忻, 陆云航. 要素积累、政府政策与我国城乡收入差距 [J]. 经济理论与经济管理, 2006 (4): 13 - 20.

[139] 陆铭, 陈钊. 城市化、城市倾向的经济政策与城乡收入差距 [J].

经济研究，2004（6）：50-57.

[140] 马栓友，于红霞. 转移支付与地区经济收敛 [J]. 经济研究，2003（3）：26-33.

[141] 庞德良. 战后日本北海道开发及其新方向 [J]. 现代日本经济，2002（6）：17.

[142] 彭国华. 我国地区全要素生产率与人力资本构成 [J]. 中国工业经济，2007（2）.

[143] 彭国华. 中国地区收入差距、全要素生产率及其收敛分析 [J]. 经济研究，2005（9）：19-28.

[144] 曲建君. 全要素生产率研究综述 [J]. 经济师，2007（1）：76-77.

[145] 阮杨，陆铭，陈钊. 经济转型中的就业重构与收入分配 [J]. 管理世界，2002（11）：50-56.

[146] 沈可挺，龚健健. 环境污染技术进步与中国高耗能产业——基于环境全要素生产率的实证分析 [J]. 中国工业经济，2011（12）：25-33.

[147] 沈坤荣，马俊. 中国经济增长的"俱乐部收敛"特征及其成因研究 [J]. 经济研究，2002（1）：33-39.

[148] 沈坤荣. 1978~1997年中国经济增长因素的实证分析 [J]. 经济科学，1999（4）.

[149] 史清琪. 技术进步与经济增长 [M]. 科学技术文献出版社，1985.

[150] 史修松，赵曙东. 中国经济增长的地区差异及其收敛机制（1978~2009）[J]. 数量经济技术经济研究，2011（1）：51-62.

[151] 唐杰，孟亚强. 效率改善、经济发展和地区差异 [J]. 数量经济技术经济研究，2008（3）：102-113.

[152] 滕建州，梁琪. 中国区域经济增长收敛吗——基于时序列的随机收敛和收敛研究 [J]. 管理世界，2006（12）：32-39.

[153] 田银华，贺胜兵，胡石其. 环境约束下地区全要素生产率增长的再估算：1998~2008 [J]. 中国工业经济，2011（1）：47-57.

[154] 涂正革，肖耿. 中国的工业生产力革命——用随机前沿生产模型对中国大中型工业企业全要素生产率增长的分解及分析 [J]. 经济研究，2005（3）.

[155] 涂正革. 资源、环境与工业增长的协调性 [J]. 经济研究, 2008 (2): 93 – 105.

[156] 万广华, 陆铭, 陈钊. 全球化与地区间收入差距: 来自中国的证据 [J]. 中国社会科学, 2005 (3): 17 – 26.

[157] 王兵, 吴延瑞, 颜鹏飞. 环境管制与全要素生产率增长: APEC 的实证研究 [J]. 经济研究, 2008 (5): 19 – 32.

[158] 王兵, 吴延瑞, 颜鹏飞. 中国区域环境效率与环境全要素生产率增长 [J]. 经济研究, 2010 (5): 95 – 107.

[159] 王德文, 何宇鹏. 城乡差距的本质、多面性与政策含义 [J]. 中国农村观察, 2005 (3): 25 – 37.

[160] 王海宁. FDI、出口密集度与环境技术效率——基于产业数据的分位数回归方法分析 [J]. 财贸研究, 2011 (2): 24 – 32.

[161] 王建喜, 屈小娥. 资源、环境约束与制造业增长模式转变 [J]. 人文地理, 2011 (1): 88 – 93.

[162] 王小鲁, 樊纲, 刘鹏. 中国经济增长方式转换和增长可持续性 [J]. 经济研究, 2009 (1): 4 – 16.

[163] 王小鲁, 樊纲. 中国收入差距的走势和影响因素分析 [J]. 经济研究, 2005 (10): 28 – 34.

[164] 王小鲁, 樊纲等. 中国经济增长的可持续性——跨世纪的回顾与展望 [J]. 北京: 经济科学出版社, 2000.

[165] 王志刚, 龚六堂, 陈玉宇. 地区间生产效率与全要素生产率增长率分解 (1978 ~ 2003) [J]. 中国社会科学, 2006, (2): 55 – 66.

[166] 王志平. 生产效率的区域特征与生产率增长的分解 [J]. 数量经济技术经济研究, 2010 (1): 33 – 43.

[167] 魏后凯. 中国地区经济增长及其收敛性 [J]. 中国工业经济, 1997 (3): 31 – 37.

[168] 魏世红. 中国高技术产业技术效率研究 [D]. 大连理工大学博士论文, 2008.

[169] 吴建新. 技术、效率、资本积累与中国地区发展差异 [J]. 数量经济技术经济研究, 2009 (11): 28 – 62.

[170] 吴延兵. R &D 与生产率——基于中国制造业的实证研究 [J]. 经济研究, 2006 (11): 60 – 69.

［171］吴玉鸣，徐建华. 中国区域经济增长集聚的空间统计分析［J］. 地理科学，2004（6）：654－658.

［172］武群丽. 我国全要素生产率变化解构及区域收敛性分析［J］. 经济经纬，2010（1）：12－16.

［173］徐现祥，李郇. 中国城市经济增长的趋同分析［J］. 经济研究，2004（5）：40－48.

［174］徐现祥，舒元. 物质资本人力资本与中国地区双峰趋同［J］. 世界经济，2005（1）：47－57.

［175］许和连等. 贸易开放度、人力资本与全要素生产率：基于中国省际面板数据的经验分析［J］. 世界经济，2006（12）：3－9.

［176］许召元，李善同. 近年来中国地区差距的变化趋势［J］. 经济研究，2006（7）：106－116.

［177］颜鹏飞，王兵. 技术效率、技术进步与生产率增长：基于 DEA 的实证分析［J］. 经济研究，2004（12）：55－63.

［178］杨洁. 国外区域经济政策的实践及对我国的启示［J］. 经济研究参考，2002（81）：39.

［179］杨俊，邵汉华. 环境约束下的中国工业增长状况研究——基于 ML 指数的实证分析［J］. 数量经济技术经济研究，2009（9）：64－78.

［180］杨开忠. 中国区域经济差异的变动研究［J］. 经济研究，1994（12）：28－33.

［181］杨文举. 基于 DEA 的绿色经济增长核算：以中国地区工业为例［J］. 数量经济技术经济研究，2011（1）：19－34.

［182］姚先国，张海峰. 教育、人力资本与地区经济差异［J］. 经济研究，2008（5）：47－57.

［183］叶祥松，彭良燕. 我国环境规制下的规制效率与全要素生产率研究：1999－2008［J］. 财贸经济，2011（2）：102－109.

［184］衣保中，任莉. 论日本的区域经济政策及其特色［J］. 现代日本经济，2003（5）：23.

［185］易纲，樊纲，李岩：关于中国经济增长与全要素生产率的理论思考［J］. 经济研究，2003（8）.

［186］易先忠. 我国科技进步度量方法的文献述评［J］. 现代商业，2010（3）：206－208.

［187］袁鹏．我国制造业劳动生产率地区差异的演变趋势与成因研究
［D］．南京航空航天大学博士论文，2008．

［188］岳书敬，刘朝明．人力资本与区域全要素生产率分析［J］．经济
研究，2006（4）：90 – 127．

［189］张昌彩．"十一五"时期我国城乡结构及劳动力变动趋势研究
［J］．经济研究参考，2004（27）：2 – 14．

［190］张海洋．R&D两面性、外资活动与中国工业生产率增长［J］．经
济研究，2005（5）：107 – 116．

［191］张焕明．扩展的 Solow 模型的应用：我国经济增长的地区性趋同
［J］．经济学季刊，2004（3）：605 – 618．

［192］张军，施少华．中国经济全要素生产率变动：1952～1998［J］．
世界经济文汇，2003（2）：17 – 24．

［193］张军，吴桂英，张吉鹏．中国省级物质资本存量估算：1952～
2000［J］．经济研究，2004（10）：35 – 44．

［194］张立军，湛泳．我国农村金融发展对城乡收入差距的影响——基
于 1978～2004 年数据的检验［J］．中央财经大学学报，2006（5）：34 – 39．

［195］张胜，郭军，陈金贤．中国省际长期经济增长绝对收敛的经验分
析［J］．世界经济，2001（6）：67 – 70．

［196］赵满华．我国现阶段城乡居民收入差距研究［J］．当代经济研究，
2000（3）：44 – 47．

［197］赵伟，马瑞永，何元庆．全要素生产率变动的分解——基于
Malmquist 生产力指数的实证分析［J］．统计研究，2005（7）：37 – 42．

［198］郑京海，胡鞍钢，Arne Bigsten．中国的经济增长能否持续——一个
生产率视角［J］．经济学（季刊），2008（3）．

［199］郑京海，胡鞍钢．中国改革时期省际生产率增长变化的实证分析
（1979～2001 年）［J］．经济学（季刊），2005（4）．

［200］郑京海，刘小玄，Arne Bigsten．1980～1994 年期间中国国有企业的
效率、技术进步和最佳实践［J］．经济学 2002（3）．